语言政策与规划研究

第 十 七 辑

主编：张天伟

外语教学与研究出版社
FOREIGN LANGUAGE TEACHING AND RESEARCH PRESS
北京 BEIJING

图书在版编目 (CIP) 数据

语言政策与规划研究. 第十七辑 / 张天伟主编. —— 北京 ：外语教学与研究出版社，
2023.6
ISBN 978-7-5213-4609-1

I. ①语… II. ①张… III. ①语言政策－研究 IV. ①H002

中国国家版本馆 CIP 数据核字 (2023) 第 123719 号

出 版 人　王　芳
责任编辑　蔡　喆
责任校对　孙凤兰
封面设计　孙敬沂　彩奇风
出版发行　外语教学与研究出版社
社　　址　北京市西三环北路 19 号（100089）
网　　址　https://www.fltrp.com
印　　刷　北京捷迅佳彩印刷有限公司
开　　本　787×1092　1/16
印　　张　12
版　　次　2023 年 6 月第 1 版 2023 年 6 月第 1 次印刷
书　　号　ISBN 978-7-5213-4609-1
定　　价　40.00 元

如有图书采购需求，图书内容或印刷装订等问题，侵权、盗版书籍等线索，请拨打以下电话或关注官方服务号：
客服电话：400 898 7008
官方服务号：微信搜索并关注公众号"外研社官方服务号"
外研社购书网址：https://fltrp.tmall.com

物料号：346090001

记载人类文明
沟通世界文化
www.fltrp.com

《语言政策与规划研究》
第十七辑

目　录

语言政策理论与实践研究

中东欧国家语言政策研究专栏

书刊评介

Journal of Language Policy and Language Planning

Volume 17
Table of Contents

新媒体语言的共同体构建与身份认同：
B站弹幕互动的线上民族志研究

清华大学　外文系　**董　洁**

提　要： 本文研究视频网站的弹幕语言现象，并探讨其中所蕴含的互动关系、共同体构建和身份认同现象。文章首先对新媒体的发展及其与语言的关系进行梳理，认为新媒体对语言的使用产生了重要的影响。其次，本文探讨言语共同体和身份认同理论，并认为"轻共同体"和"轻身份"概念在网络新媒体研究中具有重要作用。在实证研究部分，本文报告了一则线上民族志研究，通过长时间的线上田野调查对视频网站Bilibili（B站）的弹幕语言及其所代表的社会文化意义进行研究。本文所呈现的语料来自三位B站投稿用户上传的视频，通过对语料在具体网络新媒体语境中的分析，本文提出弹幕语言显示出多种互动关系，即观众与视频本身的互动、观众与视频创作者的互动以及观众之间的互动。同时，通过发布弹幕，视频观众构建多种共同体和成员身份认同，并在不同的共同体之间调整和转换，形成轻共同体。研究结果显示，在实际的线上语言生活中，轻共同体与厚重共同体相互交织重合，差异和区别是相对的。

关键词： 新媒体；弹幕；言语共同体；身份认同；互动社会语言学；线上民族志

1　引言

随着互联网的快速普及，尤其是移动互联技术的广泛应用，新的传播渠道和媒体平台不断涌现。"新媒体"是一个相对概念，不同时代有不同的新媒体。从今天的视角来看，报刊、广播、电视等是主要的传统媒体，新媒体通常是以互联网为基础的媒体平台，包括搜索引擎、新闻门户网站、视频网站、线上社区，以及依托于移动通信设备的社交软件、短视频、直播平台和手机游戏等。其中，机构官方网站和新闻门户网站的内容往往来源于机构官方文本或传统媒体，可以看作从传统媒体向新媒体的过渡性产物，兼具二者的共同特征，而视频网站、社交软件、短视频和直播平台等则在很大程度上依赖用户自主创造内容，观众参与度高，互动频繁，具有新媒体的典型特征。

新媒体环境下，新的语言现象层出不穷。相比传统媒体而言，新媒体语言具有更强的创新性、口语化、碎片化、更替频繁等特征。有些新媒体语言在短时间内经历了从出现到广泛使用再到消失的过程，而另一些则有着更长的生命周期。新媒体语言的"更新换代"迅速，对其展开全面深入的研究非常有必要（董洁等，2023）。一方面，研究新媒体语言不仅是探究某些"转瞬即逝"的语言现象；当一些新媒体语言消失后，还有更多的新媒体语言不断涌现，因此对其生命周期、传播模式和使用规律的把握十分关键。另一方面，有些新媒体语言从线上走向线下，成功地保持了使用活力，成为人们日常交际互动话语的一部分。更为重要的是，不论是快速更新的还是长久使用的新媒体语言，都可以直观、高效地反映社会生活中出现的新事物、新现象、新趋势，从而成为语言学者分析和研究当今社会生活的重要切入点。

新媒体对语言的使用产生了重要的影响，这一研究领域也引起了越来越多语言学者的关注。从子学科角度来看，社会语言学、语用学、符号学、语言教育等语言学科都投入到新媒体语言研究中来，共同推动了这一新兴领域的发展；从研究对象角度看，目前研究主要关注网络新词、表情符号、语码转换、特定句法和表达方式、多模态资源等；从研究视角来看，对新媒体语言的研究多集中在描述、规范和治理方向；从媒介平台来看，探究微博、微信等社交媒体的相关研究较多，也出现了对于视频、短视频、直播、手游等平台的语言研究，如刘昌华（2018），不过相较于新媒体发展之快速、影响之广泛，对其中语言使用的研究仍然十分欠缺。

本研究聚焦视频平台 Bilibili（以下简称 B 站）投稿用户（或称 Up 主）上传视频中的弹幕语言。B 站创建于 2009 年，在新媒体视频平台中具有代表性，也是国内率先引进弹幕功能的平台之一。B 站的弹幕功能对观众有较强的吸引力，由其用户创造并广泛使用的新媒体词汇和表达法（如"爷青回""破防了"）影响力比较大，且有扩散到其他新媒体平台和走向线下的趋势。早期的弹幕研究多集中在传播学领域，语言学研究则关注对弹幕新词特征的描写，而对于全面深入探究这一新媒体语言特征及深层社会因素的研究尚显不足。本研究通过线上民族志收集和分析视频弹幕语料，探究 B 站投稿用户通过使用弹幕语言进行"交际互动"，从而构建共同体和身份认同等复杂的社会语言学现象。

2　社会语言学视角下的共同体构建与身份认同

共同体和身份认同是社会语言学的基本概念。言语共同体（或称"言语社区"）概念来源于多个语言学科，社会语言学的不同流派也对这一概念进行了不同的定义。Hymes（1962）提出言语共同体是由共享言语规范、并且共享解释言语行为所遵循准则的人们所组成的。他指出使用同一种语言并不能作为界定一个言语共同体的标准，为了有效地参与到共同体中去，人们需要掌握这个群体中语言的使用场景、模式、功能等一系列规范。Gumperz（1964）将言语共同体定义为是有频繁互动、共享话语符号，并且可以根据语言使用进行显著区分的人群。Labov（1972）则认为言语共同体的主要指标是共同体成员需要共同遵守一套共有的规范，以及他们在结构化的语言变异中体现出语言的一致性。经典的交际、互动、变异视角对言语共同体的定义既有相通之处，如共享的语言使用规范或话语符合；又各有侧重，如 Hymes 强调对语言使用方式的解释准则，Gumperz 关注互动频率，而 Labov 则提出变异的一致性问题。

近年来，对言语共同体的认识持续推进，不同流派之间的定义也相互融合，激励了社会语言学者对这一概念不断反思和拓展。Silverstein（1998）指出"言语共同体"和"语言共同体"有重要区别，Blommaert（2006）进一步提出言语共同体是在一个多层级的价值评判体系中，人们的语言使用展现出共同的指向意义（indexicality）以及指向的核心元素（centering institution），并通过这些指向意义在不同层级构建不同的共同体成员身份。当言语的指向意义发生了变化，他们所构建的言语共同体随之产生了变化。因此言语共同体是人们通过言语指向意义构建的，规模可大可小、时间可长可短、打破时空界限、动态且具有弹性的群体（董洁 等，2021）。

身份认同与共同体密切相关。人们在日常交际中通过运用多种语言、语言变体以及细微的语言特征，展示、构建和协商不同的身份。总体来说，语言身份认同具有以下三个特点：（1）身份不是一成不变的，而是通过人们的语言和社会实践不断构建的；（2）身份认同不是单一的，而是多重的；（3）身份认同的构建是一个协商的过程（董洁，2014）。共同体成员身份是身份认同的重要部分，可以说人们的身份认同常常涉及他们是否是某个群体的成员，还是群体的"他者"。正如 Hymes 所说，在协商共同体成员身份的过程中，人们需要掌握这个群体中语言的使用场景、模式、功能等一系列规范。在共同体内部，成员的多重身份很常见，话语中展现出的细微的特征变化指向共同体身份的变化，因此人们可以同时属于多个言语共同体，具有多重共同体身份，也通过语言指向性的变化在不同共同体中"切换"。

在近年来的网络语言研究中，Blommaert 提出了"轻共同体"（light community）和"轻身份"（light identity）概念，即人们通过关注细节和"细微"的事物，如网络新媒体中的多模态资源等，通过特定的线上互动模式构建"轻共同体"。这就与民族、国家、社会阶层等"厚重"（thick）且长期形成的组织形式形成了对比（Blommaert, 2017a; Blommaert, 2017b; Blommaert, 2019）。由此而形成的身份即为轻身份（Blommaert, 2017c; Blommaert et al., 2012）。例如，在某汽车爱好者线上社区中，人们按照不同的汽车类型和品牌组成了不同的共同体，共同体成员共享一套特定的汽车话语进行发帖和互动，形成轻共同体。与传统意义上的共同体相比，轻共同体的边界模糊，具有更强的不稳定性和流动性（Dong, 2017）。不过从下文的案例来看，轻共同体与厚重共同体之间也有不少交集，其差异和区别是相对的。

3 B 站视频弹幕的线上民族志研究

本研究通过线上民族志（online ethnology）田野调查收集和分析 B 站弹幕语

料。线上民族志也被称为互联网民族志（Internet ethnography）（boyd，2008）[①]、数字民族志（digital ethnology）（Murthy，2008）、虚拟民族志（virtual ethnology）（Hine，2000）。本文使用"线上民族志"这一概念，将新媒体线上空间看作是人们线下生活的延续。随着人们越来越多地使用网络新媒体获取资讯、交际互动、开展工作和学习，线上与线下生活之间的界限已经模糊，它们共同构成了人们的生活空间（Blommaert et al.，2020）。线上民族志承袭经典民族志中的理论基础和实践原则，聚焦线上生活中实际的语言使用，反对将语言剥离出其具体语境情景，抽象地进行研究。在方法论层面，线上民族志认为语言作为一种社会实践具有复杂性、动态性和多层级性，因此只有通过长时间、沉浸式、深度参与的田野工作，采用多种语料收集方法才能对人们在线上空间的语言生活进行分析和研究（Varis，2016；Blommaert et al.，2020）。

本研究的民族志线上田野是 B 站的用户投稿视频，语料为投稿视频中的弹幕。弹幕是以文字形式出现在视频画面上，通常由屏幕右侧向左侧如子弹一样飞过的观看者即时评论，密集时犹如天空中的幕布，因此称为弹幕（刘梦梦 等，2020）。一般学者认为弹幕最初是军事用语，但也有学者反对这一看法，提出军事词典和工具书中均查找不到弹幕一词，因此认为这是一种军事上常用的描述性语言，而不是专门的军事用语（肖潇，2016）。弹幕起源于 2006 年日本 Niconico 动画公司推出的"宅文化"视频，包括动画（Animation）、漫画（Comic）和游戏（Game），简称 AGC。弹幕视频 2007 年由 AcFun 网站引入中国，后广泛应用于 B 站视频中，当前 B 站仍然是国内弹幕最活跃的视频网站。2014 年后，主流网络视频网站如爱奇艺、优酷、腾讯等相继引入弹幕功能，弹幕也由此从小众亚文化走向大众流行文化，成为网络新媒体的重要语言现象。

弹幕语言有其鲜明的特点。第一，由于弹幕来源于日本的宅文化并通过 B 站的"二次元"动画视频流行开来，因此具有明显的日源 AGC 烙印，包括直接使用日语汉字的"腹黑""暴走"，音译的"萝莉""空耳"，以及意译的"吐槽""黑化"等（刘昌华，2018）。不过，越来越多来源于中文、拼音以及数字的弹幕流行词，尤其是谐音化的"火钳刘明""233333""Duang"等在弹幕圈普遍使用。第二，由于弹幕通常是针对视频某一画面或场景的即时评论，因此其表达具有简洁和碎片化特征，以词汇、短语、省略句、符号、颜文字为主，便于即时发送以及被其他视频观看者注意到。第三，弹幕具有鲜明的互动属性，包括观看者与视频的互动以及观看者之间的互动。当观看者对视频有感而发并上传弹幕，可以看作与视频的互动；当后来的观看者对前人留下的弹幕进行反馈时，就是观看者之间的互动。不过也有学者认为这是一种"伪互动"，因为观看者只是单方面地发表弹幕评论视频的某个场景或画面，而视频本身并不会因此而发生变化（潘宁儿，

[①] 根据 danah boyd 本人意愿，其姓名字母采用小写。

2021）。同理，弹幕一经发出便长时间地保持在固定位置，并且由于其"飞过"屏幕的动态特征给处于不同时空中的观看者一种"隔空对话"的感受，后来者可以呼应前人的弹幕，但前人弹幕并不会做出回应。不过笔者认为，一方发出话语，另一方进行回应，已经形成了一轮互动；多轮互动并不是必需的。第四，由于弹幕是匿名发表的，其中也夹杂了一些不和谐、不健康的声音，使网络新媒体的语言生态遭到破坏。不过，宣泄负面情绪的弹幕属于极少数，大多数弹幕反映出新媒体充满生机和朝气的时代特征，并对视频观众产生了强大的吸引力。有些观众表示，看弹幕比看视频本身更有趣，弹幕是对于视频的二次创作，观看视频时打开弹幕和不打开弹幕，观看的是两个"截然不同"的作品。

本研究的线上民族志田野调查开始于 2020 年 9 月，结束于 2022 年 10 月。田野调查分为三个阶段。第一个阶段对 B 站各个版块中的弹幕进行全面观察，包括番剧、国创、综艺、动画、鬼畜等，调查目标是全面熟悉和把握 B 站的内容及其弹幕的使用情况。第二阶段重点关注 B 站热门排行榜，包括综合热门（如百万播放、十万点赞、很多人分享等），每周必看（指不同板块最受欢迎 Up 主本周的更新视频），入站必刷（B 站 Up 主过往上传的经典视频），以及各个板块的播放排行榜。第三阶段聚焦美食版块、知识版块和音乐版块 Up 主各一位并展开深度研究，包括但不限于观看他们上传的所有视频、对弹幕进行截屏、与该 Up 主私信往来等。虽然 B 站的二次元文化依然盛行，但是本研究没有选取 AGC 视频，原因是随着 B 站的内容不断丰富、版块持续扩充，其用户和观众已经从小众二次元文化走向大众群体，弹幕的核心用户也不再局限于二次元受众。因此选取更具普遍意义的版块和投稿视频对于弹幕研究更为合适。本次线上民族志研究共持续 26 个月，在线观察约 1,650 小时，收集弹幕语料近万条，与 Up 主的私信往来百余次。在线上研究伦理方面，由于所有投稿视频及弹幕都是公开发布和播放的，因此默认弹幕语料所涉及的视频及其 Up 主没有匿名需要。不过所有的私信都经过了严格的匿名处理。私信没有在此次研究中进行呈现，只作为语料分析的佐证。

4　B站弹幕互动中的共同体和身份认同

本研究选取三个 B 站用户投稿视频案例进行分析，分别为美食版块的"美食作家王刚 R"，音乐版块的"碰碰彭碰彭"和知识版块的"毛立平《细说紫禁》"，从共同体构建和身份认同角度探讨弹幕语言互动。①

案例一：美食作家王刚和他的"邪神"共同体

王刚是一位厨师兼美食博主，在美食教学视频中喜欢用"宽油""滑锅"等专业术语，以及标志性的口头禅如"嫌麻烦的同学可以交给热心摊主处理"等。此

---

① 以下资料均来源于B站（读取日期：2023年5月27日）。

外，王刚视频中的"四伯"（或"四伯爷"）出镜率很高，其形象与电影《功夫》里的"火云邪神"相似，言语亲切幽默，受到王刚粉丝们的欢迎。王刚在 B 站上传了 617 支视频，播放量 8.4 亿，拥有 653 万粉丝（截至 2022 年 11 月）。本研究随机选取的视频是 2022 年 9 月 23 日上传的《给四伯爷做"香酥鸡"》。

语料 1.1："参见邪神"（00:01/04:16）

在这支视频刚刚开始的部分，王刚和四伯向观众打招呼，观众在弹幕中也纷纷回应。有趣的是，弹幕回应大多集中在向四伯打招呼"参见邪神！""邪神の打招呼""邪神皮肤"等，之后的部分还源源不断地"飞出"类似的弹幕。初次看王刚的视频或者对他视频中人物关系不熟悉的观众可能会感到疑惑，谁是"邪神"，"为什么称一位乡村老者为邪神"，"为什么他如此受到观众的欢迎"。只有向前回看很多期，找到之前的视频弹幕中关于"邪神"的解释，新观众才能懂得这一不断重复的弹幕所表达的意思；而老观众和粉丝则会心一笑，默认了这一称呼在特定语境下的意义。通过高频重复使用"邪神"这一共享的话语符号（Gumperz，1964），王刚视频的粉丝们构建了一个线上言语共同体，并且不断加强对共同体身份的认同。

语料 1.2："宽盐"（00:20/04:16）

起到定义共同体边界作用的不只是"邪神"，还包括一系列话语符号。在语料 1.2 中，当王刚在视频中说"大家可以提前腌的话就可以少放一点盐"时，网友在弹幕中纷纷回应说"多放盐，不放油""宽盐""只腌两年半"等，形成了和 Up 主的互动，其中的"宽盐"是粉丝对于王刚经常使用烹饪术语"宽油"的戏谑，进而自造了这个只有共同体成员才能读懂的词语（另见语料 1.3）。正如 Hymes（1962）所说，共同体成员通过共享言语规范、并且共享解释言语行为所遵循的准则，从而构建共同体。为了参与到共同体交际互动中，他们需要掌握该群体中语言的使用场景、功能等一系列规范；在本案例中，王刚的粉丝将"宽盐"这一自造词在适当的视频场景中发送弹幕，并获得共同体其他成员对于其意义的认同，实现了这一自造词的交际功能，使用和理解这一自造词就指向了他们的共同体成员身份。

语料 1.3："整好多油哦"（01:49/04:16）

语料 1.3、1.4 展示的是关于四伯心疼油的"梗"。因为王刚曾经是饭店厨师，所以炒菜通常使用"宽油"，即向锅中倒入大量油，用于需油炸或者油淋的菜品。然而四伯"嫌弃"他用油太多，几乎每次视频中当王刚向锅中倒入宽油时，四伯都会发出惊呼或者质疑的声音，如语料 1.3 中他感叹道"整好多油哦"，配上他的四川自贡当地口音，非常具有喜剧效果。当这一场景出现，弹幕出现许多观众或赞同四伯的观点，或以四伯的口吻表达意见的内容，如"400 爷：怪不得你小子刚才不敢说做什么菜"，是指视频开始时王刚卖了个"关子"，没有直接透露这支视频准备教观众做的菜品名称；"400爷"的读音与四川自贡口音中的"四伯爷"相近，所有不少网友会用这一谐音词或类似的谐音词"四百爷"以获得戏谑和亲昵的效果。

语料1.4："邪神心痛"（02:03/04:16）

语料1.4中的"邪神心痛"，同时飞出的弹幕还包括展出"邪王皱眉头了""邪神的弱点""自动加水的四伯""400爷看了直摇头"等弹幕，都是在描述四伯此刻的面部表情或者心理活动；以及"心疼油量""老一辈，节约是本能"，呼应和支持四伯对于宽油的看法，与他产生共情，使互相赞同的正面情绪在共同体成员之间流动，加深了共同体的凝聚力（Wenger，1998）。简言之，在这支视频中，以及在王刚的许多视频中，只要四伯出现，观众都对他非常关注，并发布与他相呼应的弹幕。他已经成为一个共同体符号式的人物，观众通过围绕他以及王刚视频的其他重要元素展开的共享话语构建了一个线上言语共同体，并在使用这些共享话语的过程中构建共同体身份认同。

案例二："碰碰"和她的古筝文化共同体

通过语言构建"王刚弹幕共同体"的观众不是固态地只属于这一个共同体，他们在多个频道间切换，并通过弹幕语言表达对不同Up主的看法（通常是赞赏）以及对共同体成员观点的呼应和共鸣。案例二中"碰碰彭碰彭"的投稿视频是她在法国街头的古筝演奏。由于不少弹幕昵称这位Up主为"碰碰"，本文也采用这一称呼。碰碰毕业于武汉音乐学院，目前在法国攻读硕士学位，在B站主页显示的签名是"民族的就是世界的"，上传视频282支，播放量3.3亿，拥有粉丝260万（截至2022年11月），是B站认证"知名音乐Up主""全民音乐Up主年度30强"。她上传的古筝表演视频包括传统乐曲《十面埋伏》《高山流水》，改编的中国风乐曲《梁祝》《葬花吟》，中国流行音乐的改编曲《牧羊曲》《霍元甲》，西方音乐改编曲《卡农》和 See You Again 等。她的古筝表演，搭配汉服和中国传统头饰妆容，在西方街景和围观人群的衬托下显得尤其优美、神秘又富有感染力。

语料2.1："霍元甲：中国水印"（00:01/02:40）

本文选取的是主页置顶视频《霍元甲》，上传于2021年春节期间，视频中Up主身着红色汉服，头系红色发带，与春节气氛非常谐调。视频一开始屏幕上就涌入"中国水印""来声明一下，这里面是个中国人""弘扬我国传统文化"等弹幕（语料2.1），强调碰碰是中国人，以及她所演奏的古筝是中国传统乐器，并构建了对于中国传统文化以及中国人身份的认同。在国家和民族认同这一层面，共同体构建的核心是中国传统文化，通过指向这一核心元素的弹幕话语所构建的是相对"厚重"的国家和民族共同体及其相对应的身份认同。

语料 2.2：“小朋友：有杀气！”（00:25/02:40）

语料 2.3：“帅哥：无语 刚来就没了”（02:25/02:40）

语料 2.2 选取的场景中，围观表演人群里有三位法国小观众听得入神，引得弹幕纷纷留言“小朋友已经准备好要开打了”以及用小朋友的口吻说出“小朋友：事情开始变得不简单”“小朋友：有杀气！”等，以表达看到法国小朋友被古筝表演深深吸引时的喜悦。在碰碰视频中原本充当“背景板”的国外观众实际上大大增加了视频的吸引力，成为视频中的重要部分；许多视频观众正是被碰碰充满中国风的演奏与海外街头景观的反差所吸引，才成为她的长期观众和粉丝。究其原因，一部分是出于视频观众对异国（这里主要是欧洲）街头景致和人物的好奇，如语料 2.3 所示“帅哥：无语 刚来就没了”“法国街头居然挂红灯笼”等；但更重要的是出于对中国文化在海外传播的关注，以及外国人（这里主要是欧洲人）对中国传统文化接受度的关心，而这份关注和关心正是来自观众对自身国家和民族文化的认同。弹幕纷纷表达这一身份认同，并且前后呼应，强化了共同体话语和成员间的共识。

语料 2.4：“众所周知古筝是一种打击乐”（01:25/02:40）

当然，碰碰粉丝的主要关注点还是她的演奏。熟悉她的观众都知道她喜欢在演奏节奏感强的部分时有节奏地拍打琴身（古筝的前侧、右侧或底部），因此粉丝们在她演奏到这一部分时纷纷发表弹幕“众所周知古筝是一种打击乐”（语料 2.4），通过反复发出固定形式的共同体话语，表达对 Up 主独特而又具有创新性的演奏方式的关注和戏谑，或者说是戏谑式的赞美，以及对共同体其他成员观点的共鸣。

语料 2.5：“小城岁月流过去”（01:01/02:40）

类似的弹幕话语还包括语料 2.5 中反复出现的歌曲《霍元甲》中的歌词“小城岁月流过去，清澈的勇气”等。通过弹幕重复发出歌曲片段所对应的歌词，视频观众以独特的形式参与了碰碰的古筝表演，对她的演奏进行了补充，并且表达了他们对周杰伦原创歌曲的热爱。不论是频繁出现的具有固定句式特征的“众所周知古筝是一种打击乐”，还是反复出现相同的歌词，视频观众都在通过呼应视频，以及呼应前人弹幕的方式展现出相同的指向意义，从而构建以 Up 主的演奏为核心的文化共同体，并通过使用这些共享的话语符号和特定的表达方式构建共同体身份。

在这一案例中，我们可以看到观众通过弹幕构建的“轻共同体”与“厚重”国家和民族共同体之间紧密相连，推进了 Blommaert 等关于轻共同体的理论发展。同时，弹幕不仅聚焦碰碰充满中国元素的古筝表演，而且在很大程度上关注其线下的海外观众，可以说这些观众的外貌、行为以及异国街头景观是视频的重要组成部分。观众对这些元素进行评论和发表弹幕，表达了他们对文化差异对好奇和对中国文化海外传播的期待。不过，共同体最为核心的元素仍然是碰碰的古筝表演，观众通过不断重复的戏谑性评价和固定的表达方式显示出对 Up 主的关注和支持，形成了"碰碰的古筝文化共同体"。

案例三：毛老师的学习共同体

与前两则案例不同，案例三中的 Up 主毛立平老师是中国人民大学清史研究所的教师（B 站个人认证，研究所官网），她讲述的《细说紫禁》系列兼具正史的严肃性和 B 站观众所期待的轻松活泼的氛围。这个系列包括"顺治出家""九子夺嫡"等许多经久不衰的热点话题，以及毛老师从严谨的学术角度给出的答案或分析推论。截至 2022 年 11 月，毛立平老师上传视频 73 支，播放量 3,289 万，拥有 55.5 万粉丝。本文随机选取的是 2022 年 1 月 1 日上传的《雍正和老十三的感情有多深》，是毛老师和"观传媒 / 观视频工作室"的合作视频。

语料 3.1："太喜欢老师说课了"（00:04/21:39）

视频一开始，观众们就纷纷问候老师"老师新年快乐！""最期待的部分老师终于讲了！""太喜欢老师说课了，赞赞赞！"等（语料 3.1），表达对老师的尊敬和对视频的期待，构成了一个类似于线下课堂中老师与学生之间的身份关系。不过，视频中弹幕所表达的对老师的喜爱和对所讲内容的期待似乎超过了一般的师生关系，毕竟在大学课堂中，即便学生非常认可某位老师，也很少会这样热烈而频繁地直接表达。这就呼应了一些新闻传媒学者所说，弹幕引发了观众的情感共鸣，放大了特定的情绪，已经成了一种众人"狂欢"的载体（如陈志娟 等，2019）。

语料 3.2："413CP 粉头子"（00:22/21:39）

语料 3.2 中的弹幕"合理怀疑毛老师是 413CP 粉头子（doge）"对于不熟悉雍正的历史故事以及不了解网络新词的观众来说难以理解。如果想看懂这句弹幕，观众就需要通过回看之前的视频或者在网络中搜索相关信息进行学习，才能了解到"4"指皇四子胤禛，"13"指皇十三子胤祥，CP 是网络新词"配对"英文 coupling 的简称，泛指两人之间的亲密关系，而"粉头子"则是饭圈用语，指对于某个明星非常忠实的粉丝，或者充当某个明星与其粉丝之间沟通桥梁的人。括号中的 doge 源于一组网上动画系列，其中狗被称为"doge"（或"狗头"），成为网络流行词和表情包，其意义可以根据具体语境理解为"滑稽""我就静静地看着你"以及"狗头保命""开个玩笑，不要当真"等。由此可见，观众需要获取和学习相关知识，能够使用正确、合宜、符合网络语言规则且被"雍正粉"们所认可的话语，才能成为共同体成员并构建共同体身份认同。

语料 3.3："辅导过弟弟功课还能相处"（02:58/21:39）

当毛老师讲到在胤祥上学以后，大他八岁的胤禛奉康熙的旨意辅导弟弟的算学功课，弹幕纷纷表示"辅导过弟弟功课还能相处的，只能是真爱了"。后面发出的弹幕也有呼应前人弹幕"前面教数学不生气那个笑死我""这就去辅导数学"等。也有观众注意到毛老师在讲这一段时掩饰不住的笑意"老师你笑得好开心啊"以及后续出现的"你一直在笑！根本没停过（狗头）"，点明老师对于这对兄弟有与观众相类似的感受，并指向共同体构建的核心元素，即 Up 主的讲述内容以及她本人的语气、表情、着装等叠加在一起的整体面貌。发出弹幕的观众虽然不是在同一时空中观看视频，但是通过弹幕却造成了同一线上空间的互动感，并带入了当代人的日常生活，使得不同时空之中的人们产生了交集和共鸣，进一步加强了共同体成员之间的联结关系。

语料 3.4："可以不要三连啦"（21:31/21:39）

许多 B 站 Up 主都有向观众索要"一键三连"的习惯，即长按点赞键快捷完成对视频点赞、投币、收藏三步操作，以表示对 Up 主的赞赏和支持。在许多期视频的结尾处，毛老师或者略带羞涩地说"喜欢我的视频请一键三连哦"，或者"可怜巴巴"地问一旁的制作人"可以不每期都要一键三连吗"，多数时候会被视频制作人"无情地"拒绝。在本视频中，视频制作人（也可能是她的学生）在画面外说"不要了 不要（三连）了"，毛老师立刻开心地双手比起 V 字并以欢快的语气说"可以不要啦"（语料 3.4）。弹幕中纷纷说"毛老师好可爱！"，截屏外的弹幕也有以雍正的口吻说"但朕执意要给"等，引发观众的共鸣，从而构建了以毛老师的讲述、语气表情及周边花絮为核心元素的"细说紫禁学习共同体"。在之前的视频中，当毛老师"被迫"提醒观众"一键三连"时，屏幕上常常出现共同体成员声援她和为她"抱不平"的弹幕，也许是采纳了这些弹幕所反映出的观众的呼声，视频制作人才同意 Up 主不必每期都索要"一键三连"。这或许是弹幕与视频、观众与 Up 主以及制作方之间的一种非即时互动关系。

5 结语

本文报告了 B 站视频弹幕语言的线上民族志研究，认为观众通过发表弹幕与视频 Up 主、制作人以及其他观众进行互动，并在多种互动过程中构建共同体和身份认同。纵观本文所分析的三个案例，我们可以得出以下结论。

首先，视频观众通过弹幕语言的使用，构建多种共同体和成员身份认同。案例一中，王刚视频的观众通过在弹幕中重复 Up 主的某些语言特征，并自造衍生词汇，以及表达他们对四伯的关注和共鸣，从而构建了一个王刚美食共同体。与案例一相似，案例二和案例三中观众也通过在弹幕中使用共享的话语符号以及他们对这些话语使用准则的共识，如案例二的"众所周知古筝是打击乐"和案例三的"413CP 粉头子（doge）"，构建了各自的言语共同体以及共同体成员身份。

其次，观众在不同频道之间切换，通过发送弹幕以及与其他弹幕互动，构建多种轻共同体。Blommaert 及团队的研究显示，传统的共同体通常需要社会群体的长期积淀，以及个体在长期社会化过程中形成的对群体的认同。因此传统的共同体更加稳定、"厚重"，共同体边界也相对清晰。而轻共同体则不需要对宏大的概念进行认同，而是通过"细微"的事物，如使用特定的微观语言特征构建轻共同体。在本文的三个案例中，观众通过使用"宽盐""古筝是打击乐""413CP 粉头子"等微观语言特征，在不同的轻共同体之间转换身份，并在不断重复和互动中强化这些共同体身份认同。由此可见，这些轻共同体的边界模糊，视频观众可以便捷地在不同的共同体之间转换身份，从而加剧了轻共同体的不稳定性，使其成为一个更加富有弹性的概念。

最后，虽然 Blommaert 及团队将轻共同体与厚重共同体进行区分，本研究发现，在实际的线上语言生活中，二者相互交织重合，差异和区别是相对的。这一发现的直接证据是案例二的弹幕话语所反映出观众对海外中国文化传播的关注。案例一和案例三也提供了间接证据，即案例一中的共同体构建核心元素是中餐文化，案例三则是我国封建王朝的历史，这些都是厚重共同体构建的核心元素。由此可见，线上轻共同体并非独立于传统共同体存在，而是很大程度上与之产生交集，可以说在某种程度上轻共同体是构建在厚重共同体基础之上的。不过在表现形态、共同体边界、黏性和成员身份认同的稳定性上看，线上轻共同体与传统厚重共同体之间仍然存在重要的差异性特征。

总体而言，新媒体语言研究将是未来重要的发展方向，该研究既承袭了交际互动、语言变异、语言接触等社会语言学子领域的理论范式和研究传统，也对它们进行了深度的交叉和融合，以适应当前对线上语言生活研究的迫切需求。本研究限于篇幅，仅从共同体构建和身份认同角度对弹幕语言现象进行了研究和探讨；对于弹幕语言的研究还可以采取多种视角、理论和研究范式。此外，更充分的多模态研究是必然趋势。当前对新媒体语言的研究多集中在微博、微信等社交媒体，对视频、短视频、直播和手游平台中的语言研究尚显不足，然而后者正是近年来的增长点，其中的语言使用也极大地影响着它们对目标观众的吸引力。因此对新媒体语言，尤其是这些新兴平台的研究将成为非常重要的研究方向。

参考文献

陈志娟，丁靓琦，2019. 狂欢与理性：青年群体弹幕使用研究 [J]. 中国青年研究（11）：93-99.

董洁，2014. 民族志研究视角下的语言身份认同：两例北京农民工子女个案 [J] 语言学研究（1）：155-164.

董洁，左茹嫣，贺蕾，沈秀，邹小英，杨端端，2021. 社会语言学视角下的共同体 [M]. 北京：外语教学与研究出版社.

董洁，王硕，小幡佳菜绘，刘晴，2023. 语言与新媒体研究的视角、方法和趋势 [J]. 语言战略研究（43）：39-49.

刘昌华，2018. 社会和符号的互动：弹幕语言场域的反思和治理 [J]. 东南学术（6）：221-226.

刘梦梦，范丽群，2020. 社会语言学视角下 B 站弹幕的语用功能研究 [J]. 延安职业技术学院学报（2）：15-18.

潘宁儿，2021. 新媒体语境下的伪互动视频 ——以哔哩哔哩弹幕网为例 [J]. 新媒体研究（22）：71-75.

肖潇，2016. 弹幕语言的语用特征、现状及其社会文化成因 [J]. 北华大学学报（社会科学版）（5）：20-24.

BLOMMAERT J, 2006. Language ideology[A]// Encyclopedia of language and linguistics. Volume of linguistic anthropology. Elsevier: 510-522.

BLOMMAERT J, 2017a. Online-offline modes of identity and community: Elliot Rodger's twisted world of masculine victimhood[J]. Tilburg papers in culture studies, paper 200.

BLOMMAERT J, 2017b. Durkheim and the Internet: on sociolinguistics and the sociological imagination[J]. Tilburg papers in culture studies, paper 173.

BLOMMAERT J, 2017c. Society through the lens of language: a new look at social groups and integration[J]. Tilburg papers in culture studies, paper 178.

BLOMMAERT J, 2019. From groups to actions and back in online-offline sociolinguistics[J]. Multilingua, 38(4): 485-493.

BLOMMAERT J, DONG J, 2020. Ethnographic fieldwork: a beginner's guide[M]. 2nd edition. Bristol: Multilingual Matters.

BLOMMAERT J, VARIS P, 2012. How to 'how to'?: the prescriptive micropolitics of Hijabista[J]. Tilburg papers in culture studies, paper 30.

boyd d, 2008. Why youth (heart) social network sites: the role of networked publics teenage social life [A]// Foundation series on digital learning: youth, identity and media. Cambridge: MIT Press: 119-142.

DONG J, 2017. Chinese elite migrants and formation of new communities in a changing society: an online-offline ethnography[J]. Ethnography, 18(2): 221-239.

GUMPERZ J J, 1964. Linguistic and social interaction in two communities[J]. American anthropologist, 66(6): 137-153.

HINE C, 2000. Virtual ethnography[M]. London: Sage.

HYMES D, 1962. The ethnography of speaking[A]// Anthropology and human behavior. Washington, D.C.: Anthropology society of Washington: 13-53.

LABOV W, 1972. Sociolinguistic patterns[M]. Philadelphia: University of Pennsylvania Press.

MURTHY D, 2008. Digital ethnography: an examination of the use of new technologies for social research[J]. Sociology, 42(5): 837-855.

SILVERSTEIN M, 1998. Contemporary transformations of local linguistic communities[J]. Annual review of anthropology, 27: 401-426.

VARIS P, 2016. Digital ethnography[A]//The Routledge handbook of language and deigital communication. London: Routledge: 55-68.

WENGER E, 1998. Communities of practice: learning, meaning, and identity[M]. Cambridge: Cambridge University Press.

作者简介

董洁，清华大学外文系长聘教授。主要研究领域：社会语言学。电子邮箱：dong-jie@mail.tsinghua.edu.cn。

（责任编辑：赵凤枝）

中国移民儿童的双语发展与家庭语言管理：以移民至英国的中国家庭为例*

国际关系学院 外语学院 **盛 静**

提 要：进入21世纪以来，随着移民海外的白领中国家庭明显增多，中国移民儿童的双语发展成为当前研究的热点之一。本文以移民至英国的中国移民家庭为例，探讨中国移民家庭的语言管理，尤其是父母在子女英语发展和母语保存过程中起到的作用。研究显示，中国父母在移民儿童的双语发展过程中起着重要的语言媒介作用。就家庭语言管理而言，移民父母应努力提升自己的英语能力，了解英国教育体系，融入英国社会，为移民儿童双语发展搭建桥梁。就母语保存而言，应优先保存移民儿童的母语认同和中华文化认同。在母语教学中，父母可选择英国小说或故事的中译本，缩小中西方文本潜在的语义差异。

关键词：家庭；语言管理；双语；母语保存

1 引言

近年来，随着全球化过程的不断加速，移民问题已经成为当前世界的重要议题。根据我国《侨务工作研究》发布的报告显示，中国移民，即那些离开中国迁徙到其他国家的中国人（未统计港澳台地区），已分布于世界各地，包括美国、加拿大、澳大利亚、新西兰、欧洲、亚洲、拉丁美洲、非洲以及南太平洋岛国（王辉耀，2014）。Echeverria-Estrada 和 Batalova（2020）指出，"自1980年以来，美国的中国移民人口增长了近7倍，2018年达到近250万，占外国出生总人口的5.5%。在2018年美国近4,500万外国出生人口中，华人是继墨西哥和印度移民之后的第三大群体"。在英国，仅2012年一年，就有4万中国人入境，这也使得中国成为英国2012年最大的人口输出国家（Dominiczak，2013）。在如此巨大的移民浪潮中，具有高学历的中国移民逐渐成为海外移民的主体，而中国移民的子女也成为海外华人的重要组成部分。

很多人认为，既然移民儿童的父母都是双语使用者，他们就是这群孩子的天然语言教师，移民儿童的母语学习也相应地具有得天独厚的家庭优势，然而实际情况却大相径庭。Chumar-Horbatsch（2008）研究发现，即便是那些在中国接受了一定母语教育，此后又移民到海外的中国儿童，他们也只是在移居国外后从周围

---

* 本文系中央高校基本科研项目"话语理论框架下的母语安全与身份认同关系实证研究"（项目编号：3262018T23）、中央高校基本科研项目"新时代国家安全话语体系研究"（项目编号：3262019T04）的阶段性研究成果。

环境中被动吸收母语知识和中国文化知识，但他们中的很多人并不能在交流中用母语达意。即便有些人能说相对流畅的母语，但仍然在阅读和书写汉字时感到困难。这种现象也被称为"母语失却"（Schmid，2004）。也正因为如此，移民儿童的双语发展和母语保存已成为海外移民社区的普遍关注的问题。

本文以九个移民至英国的中国家庭为例，尝试探讨父母在中国移民儿童的英语发展和母语保存的地位和作用，也为中国移民家庭的语言管理提供建议与意见。

2　研究理念及方法

母语，"根据《中国大百科全书》，在一般情况下，是指一个人所属民族的民族语言，也称本族语。第二语言，也就是非母语语言，是境内其他民族的语言或外语。母语分为自然母语和社会母语两类。自然母语是幼年习得的语言，社会母语是与外语相对应的，是整个社会对外交流的语言，是这个民族的标准语"（王宁等，2005）。对于海外中国移民儿童而言，他们在移民后逐渐失却的母语既是自然母语，也是社会母语。

移民儿童"母语失却"这种语言现象很大程度上是不依据移民家庭的意愿而转移的。尤其是在英国，中文是处于低势位的语言，主要应用于日常生活中的私人谈话、来往信件；处于高势位的英语，除广泛应用于日常生活以外，还主要应用于众多正规的官方机构中，如课堂教学、教科书、法律文件等（Lee，2001）。这种特定的语言生态也就导致了中国移民儿童的母语使用主要限制在家庭和华裔社区内部，通过母语习得的通常是日常生活的口语词汇；相较来讲，他们的母语读写能力大为受限。

母语失却并不仅仅是词汇、语法等语言知识的失却，也可能会触及更深层次的文化身份、记忆和自我意识（Sheng，2016）。Shen 和 Jiang（2021）对澳大利亚 30 个年龄在 10—11 岁的中国移民儿童进行了语言测试和半结构访谈。该研究显示，母语读写能力高的孩子，他们认为自己一半是澳大利亚人，一半是中国人；而母语水平低的孩子则倾向于主要使用英语交流，且认为自己主要是澳大利亚人。

移民后，中国家庭的邻里和子女的学校环境会对移民儿童的双语发展起到至关重要的作用。尤其是"对于移民家庭的孩子来说，当他们与已经掌握了本国强势价值观的邻家小孩一起玩耍时，居住校区也许是这些移民家庭孩子接触外界的第一站。当地的儿童同龄人比任何其他因素给移民家庭儿童的语言管理带来的压力都要大"（斯波斯基，2016）[26]。因而，对于中国移民儿童的父母来讲，如何协调子女与邻里以及英国当地同学间的关系也是移民之后面临的重要挑战之一。此外，鉴于移民后英语是英国的官方语言，中国移民的家庭语言政策和语言信念都受到这一观念形态的影响。Xia（2016）基于 55 个移民到美国的家庭研究报告显示，受试的所有家庭都认为移民后学习英语的重要性超越中文；也没有中国家庭采用在家里仅使用中文这一种语言的家庭语言政策。

移民后，父母们倾向于最大限度地保护子女的母语。父母们认为子女的母语保存和提升有利于家庭交流，有助于子女未来获得更好的就业机会，因而父母们也大都采用了显性或隐性的家庭语言政策来干预、管理和影响子女的英汉双语发展（Liang et al.，2021）。Li（2020）研究显示，除有规律地去中文学校学习以外，父母们"固定地为移民儿童留母语家庭作业、规律性地观看母语电影电视、使用电子设备来帮助子女学习汉字、鼓励子女了解中国的传统价值观、鼓励子女用母语学习中国的历史和文化"。此外，就母语保存而言，移民儿童常常"通过与年长者或语言使用经验老到者的不断接触，从而习得了他们必备的语言知识和语言实践能力，最终成为被认定为是他们所属社区的合格成员"（Garrett et al.，2002）[341]。因而，如何更好地让移民儿童在发展母语的同时，融入当地华人社区，成为华人社区的一员，是中国移民父母面临的另一挑战。

由此可见，在海外，父母是移民儿童双语发展过程中最重要的桥梁和纽带，也是重要的"语言媒介"（Papen，2010）。尤其是对于那些教育程度较高的中国父母，他们在子女出现交流困难时常常能够给予帮助。这些交际困难包括中西方语言或术语上的差异、缺乏对英语或特定语域中特定词汇的熟练掌握、因移民子女英语语言能力欠缺而导致的对特定概念或过程不熟悉、中西文化差异而导致的文化理解差异等。中国移民父母的"语言媒介"作用能够有效地解决子女因为以上的交流困难而无法有效地融入英国社会的问题，也为子女融入中国社区搭建桥梁和平台。

基于以上理论考量，本文采用定性研究中的访谈法和观察法，着重考察在移民之后，中国父母在其子女的双语发展中起到的作用。本次研究始于2005年，结束于2007年。这段时间正处于世界政治经济全球化的过程中，也为研究移民和多语言发展提供了研究平台。此次研究的对象是居住于英国的九个中国移民家庭。这九个家庭分别居住于英国兰卡斯特（Lancaster）、贝尔法斯特（Belfast）及利兹（Leeds）。这些家庭于20世纪90年代从中国移民至英国，使用的母语是中文（普通话）。这些移民儿童的父母都曾受过高等教育，每个家庭的父母都已获得本科学位，更有几位移民儿童的父母已取得硕士和博士学位。

在数据收集步骤上，本研究首先对受访的九个家庭中的父母进行访谈，在宏观层面了解父母在中国移民儿童双语语言使用过程中的作用，然后再通过非结构观察和访谈的方式从微观层面寻求答案。由于此次研究探讨的是中国移民家庭的语言实践，是父母在移民儿童双语发展过程中所起到的媒介作用，因而在选取研究对象时，并未对受访移民儿童的年龄进行特定的限定和要求。这九名受访移民儿童的具体信息及英汉双语能力情况如表1所示。表中列出的名字均为化名。

表 1　中国移民儿童基本信息及中英双语能力列表

名字	年龄	抵英年龄	抵英之前英语能力	英语能力（数据收集时）	中文能力（数据收集时）
娜娜	12 岁	7 岁	没学过英语。	与英国同学交流没有问题。	能说普通话，中文词汇量非常有限。说普通话时没有声调。阅读速度很慢。
大卫	6 岁	3 岁	没学过英语。	能够与英国同学进行基本交流。用中文句子结构说英语。读写英语时，语法存在问题。	学了拼音。还不能用中文写有逻辑的句子。
琼妮	11 岁	4.5 岁	没学过英语。	地道本土英语。	能说并听得懂简单普通话。不能用中文读写。
海伦	19 岁	6.5 岁	没学过英语。	地道的本土英语，能写英文小说，对英国戏剧很感兴趣。	通过英国 GCSE 考试。能读简单中文故事，但读起来感觉困难。
文翰	12 岁	7 岁	没学过英语。	地道本土英语。	可以听说中文。写中文时，中英混用。
莉莉	13 岁	3 岁	没学过英语。	地道本土英语。	通过 GCSE 考试。说普通话时有语法错误。能读简单中文童话故事，写简单汉字。
珊珊	8 岁	5 岁	没学过英语。	地道本土英语，能写英文诗歌。	可以听说基本的普通话，但不能用中文读写。
思颖	12 岁	8 岁	基本的英语语法知识和有限词汇。	地道本土英语，能写英文小说。	听说普通话基本没有障碍。可以读简单的中文故事，写简单汉字。
蓝妮	10 岁	5 岁	基本的英语语法知识和有限的词汇。	能够很好地完成家庭作业。使用英语进行正常的听说读写活动。	已自学完成了 2 本《语文》教科书。能写拼音，不能写汉字。

　　通过表 1 可以看出，研究中的九名中国移民儿童都是英汉双语使用者。在移民到英国前，他们都没有系统地学习过英语。在移民到英国 2—10 年后，他们的英语能力都得到了平稳的发展，而母语能力则相对滞后。他们英汉双语使用的情况是英汉混用，英语能力超过母语能力，母语能力中听说能力超过读写能力。

3　中国移民儿童的双语发展与家庭语言管理

3.1　移民儿童的英语发展与家庭语言管理

如前文所述，对于中国移民儿童来讲，他们在移民后需要融入英国社区和学校，因而来自邻里和学校中同龄人的压力反而更大。面对这一挑战，中国移民父母们分别采取了一系列的措施，为移民儿童搭建良好的社会文化氛围。

首先，父母们主动与英国当地学校进行沟通，为移民儿童更好地调整并适应英国的基础教育创造良好的氛围。研究表明，移民家庭与学校之间缺乏了解是当前海外很多少数族裔儿童无法顺利完成学业的主要原因。相较手工劳动移民，九位受访中国移民儿童父母在国内和国外都接受过高等教育，因而也都对子女移民之后的教育高度重视。他们在移民前后主动地与英国当地学校取得联系并积极沟通。受访家庭中，年龄较大的移民儿童在抵英后面临着升学的压力（如思颖的父母），因此这些家庭的父母考虑更多的是子女择校问题。在这方面，思颖的父母给笔者留下的印象最深。移民到英国前，思颖只在国内完成了小学三年级英语。移民一年后，思颖仍然在英语存在障碍的情况下，顺利地考入了当地一所普通中学。但思颖的父亲觉得该中学在当地的排名较低。为了能让思颖有一个相对好的学习氛围，思颖的父亲给当地较知名的女王中学的校长写了一封很长的邮件，描述了女儿移民后在语言知识和适应英国生活的过程中克服的障碍和做出的努力。也正是因为这封信，思颖终于获得了去女王中学面试的宝贵机会，并如愿成为女王中学的一名学生。相较来讲，抵英年纪较小的移民儿童的父母（如蓝妮和大卫的父母），更渴望能够了解英国的教育体系，帮助子女更好地适应英国的课堂学习和学校生活。这部分儿童的父母，除例行的家长会以外，还积极地参与到子女的学校活动中去。其中，蓝妮的母亲还志愿成为移民学校的义工，每周按时在蓝妮学校图书馆做图书管理员。这份工作使蓝妮的母亲能够更多与当地学校和教师沟通交流，也能够亲自体验英国学校系统和教育理念。中国父母与学校之间的积极沟通，一方面有助于父母更好地帮助子女适应英国教育，另一方面也有助于英国学校对中国文化和海外中国群体形成良好的印象，为移民儿童创造良好的社会氛围。在实地观察中，笔者发现中国移民儿童能像英国学生一样参与课堂活动、娱乐，得到奖励，也并未受到任何歧视。一位英国校长的办公室还挂着一幅已经毕业的中国学生赠给他的中国书法作品。这些观察数据都充分说明英国学校对中国文化的肯定，也在一定程度上证明了中国父母与学校之间的交流和沟通所产生的积极作用。

其次，父母努力地协助移民儿童建立、协调并维护其朋友圈，为移民儿童使用英语创造更多机会，使移民儿童能够通过朋友圈顺利融入英国社区。英国是一个岛国，在政策上不支持移民。同时，由于英国人口中的大部分是英国白种人（2003 年约占 90.9%），种族差异仍然是移民儿童生活中的挑战。尽管如此，近些年来随着移民人数的增长，来自其他国家的移民家庭数目逐渐增多。这些其他国家移民家庭的儿童也成为英国当地学校学生的重要组成部分。此次受访的中国移民儿童朋友圈不仅包含了英国本地儿童，也包括来自瑞士、泰国、非洲、大洋洲的移民儿童。这些英国本土和他国儿童在同移民儿童共同学习和玩耍的过程中，不仅帮助移民儿童更好地了解英国的学校，而且与移民儿童一起体验英国本土文化（如斯诺克）。受访中国父母也有意识地采取措施帮助移民儿童交朋友，拓展和维护他们的朋友圈。例如大卫的父亲常常有意识地带他到家附近的操场上，鼓励大卫用英文和其他的孩子打招呼。大卫就是在父亲的帮助下，交到了第一个英国朋友。意识到大卫性格过于内向，大卫的父母为他报名了拉丁舞班，让大卫通过跳拉丁舞来养成性格，培养与英国当地儿童之间的友谊。珊珊的父母则在家庭自驾游或者家庭聚会（如烧烤、生日宴会）时，都不忘叫上珊珊泰国和瑞士的好朋友。中国父母支持并有意识地拓展移民儿童的朋友圈使移民儿童更顺畅地融入英国当地文化。

最后，父母为移民儿童英语知识的储备搭建支架，在移民儿童抵达英国初期，帮助他们逐步形成对英语的认同感，使他们乐于使用英语。尤其是在移民初期，受访的九位移民儿童都在英语使用方面存在各种问题。抵英年纪较小的移民儿童（如大卫等七位移民儿童）都还没有接触过英语；抵英年纪较大的移民儿童（如思颖和蓝妮）也都在英语口语和写作上存在问题，不能够完全应付学校日常的交流和课堂作业。在此次访谈过程中，受访中孩子们的父母都不同程度地谈到了在子女移民到英国的初期，他们自主教授子女英语的情况。大量阅读、记忆和背诵词汇是九位受访父母们帮助子女短期提高英语采取的共同方法。相对而言，年龄较小时移民到英国的儿童（如文翰、莉莉、珊珊和大卫）面对的课业压力不大，他们的父母们在帮助儿童学习英语时的所花费的精力相对较小。珊珊的母亲只是在珊珊移民初期强制她记忆英文单词。"那个时候就是周末给珊珊十个单词，让她背出来，背出来以后才可以出去玩。刚开始的时候，她特别反感。后来她发现她用不了半个小时就可以很快背完单词。于是珊珊每次都尽快背完单词，然后出去玩。"而那些年龄较大时移民到英国的中国儿童的父母们要在帮助子女学习英语上承担更大的压力。这部分孩子的父母除了督促子女背诵基本单词外，还让子女进行大量阅读，帮助他们在短期内提高英语能力。思颖初到英国时已经八岁，在国内已经学习了一些基本的英语词汇。但这些词汇远远不能应付英国同龄儿童英语课堂学习。为了让思颖尽快赶上同龄人，思颖的父亲每天带她去兰卡斯特市中心的儿童图书馆去读书借书，也会带一些扩大词汇量的读物让思颖回家阅读。在父亲的帮助下，思颖很快就在移民半年后达到了英语十二级（相当于英国同年龄儿童），并在次年考入了当地的一所不错的公立中学。

综上所述，中国父母在移民儿童英语发展过程中起着重要的协调作用。他们努力地为中国移民儿童在英国当地建立和谐的社会文化氛围，帮助他们建构基础的社会关系网络，协助他们学习基本的英语语言知识，为移民儿童形成英语语言认同感和对英国当地的文化认同奠定了基础。

3.2 移民儿童的母语保存与家庭语言管理

如前文所述，中国父母是移民儿童母语保存方面最重要的桥梁和纽带。也只有在以中国家庭为核心的中国社区中，移民儿童才更有可能使用母语与父母及长辈进行交流，正如 Li（1994）研究显示，中国移民儿童与祖父母辈交流能够更好地帮助他们使用母语。然而，此次研究发现，尽管父母采用了各种方法努力地帮助移民儿童进行母语保存，他们对于努力所收到的效果都倍感失望。

其一，父母认为自己的社交圈对子女的母语保存影响较小。海伦的母亲在访谈中谈到海伦害怕与长辈交流。她说："我去的教堂都是中国人，海伦不喜欢。长辈们谈得深了，她听不懂，还感到害怕。她说我的样子是中国的，可是长辈看我不会说中文，还以为我傻呢。"其他儿童的父母则认为自己的社交圈对孩子的母语学习毫无影响。如莉莉的父亲在访谈中说："我们和同辈的中国朋友在一起的时候，也是我们聊我们的，孩子在一起玩儿他们的。玩儿的时候，他们大部分情况还是说英语的。"

其二，送中国移民儿童去中文学校学习中文是中国父母普遍采取的帮助子女保存母语的主要方式。但由于英国中文学校的数量少、规模小、教学的内容质量参差不齐，对移民儿童母语保存的作用不大。在笔者收集数据时，受访家庭所在城市如兰卡斯特和贝尔法斯特都没有教授母语的中文学校，而利兹的中文学校也非常不正式，师资有限，且每周只有一次。因此，受访的九个家庭中，只有居住在利兹的文翰、莉莉和娜娜曾经上过中文学校。为了更好地保存中国移民儿童的母语，父母尝试各种家庭教学方式，包括用中文讲故事、放中文影碟、教子女学习中文课本、教孩子读古诗和背古诗、督促孩子抄写汉字。由于移民儿童能够在日常生活中使用母语与父母进行交流，父母采用的母语教学方法主要旨在提高移民儿童的读写能力。但此次研究发现，这些方法不能使移民儿童坚持学习并学会母语。在所有受访的儿童中，海伦的母亲是最为坚持帮助女儿进行母语保存的。尽管海伦初到英国时只是入学年龄，但她仍然坚持三年里每天教授女儿学习人教社出版的小学《语文》课本。她还尝试教女儿写母语日记并要求她背古诗。她甚至把女儿送回中国半年，专门学习母语。但海伦在英国通过了 GCSE（相当于中国会考）的中文考试后，最终还是放弃了母语学习。父母们无法坚持自主教授子女母语最主要的原因是移民儿童对母语承载的文化含义缺乏理解。例如，海伦的母亲在教授"烈士陵园一课"时，海伦完全不能理解什么是"烈士"。母亲解释说，"烈士就是以前打日本鬼子的时候死的战士"。海伦就会继续追问什么是"日本鬼子"。无独有偶，思颖移民到英国时，已经具有了小学三年级能力。但随着在英国居留时间的增长，思颖觉得"读中国的故事书不 exciting"。在读简写本《红楼梦》时，思颖不能理解书中所体现的中国传统文化和价值观念，更不明白为什么"林黛玉老是哭哭啼啼"。这些在日常家庭教学中所产生的中国文化与西方文化的碰撞在移民儿童学习母语的时候体现得尤为突出。正因为这些文化冲突，父母和孩子都很容易厌倦这种家庭母语教学，并导致中国移民家庭都最终被动地放弃了母语学习。

基于以上数据，从逻辑上很容易得到这样的结论，即中国移民儿童学习和使用母语主要局限于以家庭为主导的活动，而这种局限性会使得中国移民儿童逐渐失去对中国文化的兴趣，失去对母语的认同感，甚至对作为一名中国人持悲观的态度。然而在实际访谈和案例分析中，九名受访儿童仍然保持着对中国的认同感，并在移民之后对中国有了新的认识和理解。这种认同感得以保持的原因是中国父母与学校之间积极的良性互动，以及英国学校相应所给予的对中国文化的宽容和尊重。例如，莉莉初到英国时并不适应英国的生活，但每年春节，学校都鼓励莉莉给学前班的孩子讲中国春节故事。每次活动结束，莉莉都会收到学前班孩子们送来的手工制作的卡片和祝福。随着莉莉在英国居留时间的增长和英文能力的提高，她还常常为新移民的中国儿童当翻译。这些活动都无形中增强了莉莉作为一名中国人的自豪感，让她觉得母语和中国文化是有趣的。此外，中国父母鼓励移民儿童参与当地华人组织（如华商会）举办的中国庆典活动。珊珊是年龄较小时移民到英国的，母语水平不好。珊珊的母亲在尝试教授珊珊母语失败多次后，仍然鼓励珊珊参加华人举办的活动，如春节联欢。在这些活动中，珊珊和很多中国孩子一起表演小提琴合奏，一起背诵中国的唐诗。他们的表演常常得到当地英国观众的赞赏，珊珊也因此很为自己是中国人感到自豪。同时，中国父母还鼓励移民儿童在国外使用中英双语从不同角度更好地了解中国。

综上所述，中国父母采用了各种家庭教学方式尝试保存子女的母语，但他们都倍感收效甚微，这也可以通过中国移民儿童最终的母语丢失这一语言现象窥见一斑。尽管如此，中国父母们仍然努力地在移民儿童和英国学校，以及当地的华人社区之间搭建桥梁。在与英国当地的学校和社区建立良好关系的基础上，鼓励移民儿童参与到与中国相关的各种社会文化实践中去。这些途径可以一方面有助于移民儿童提升使用母语的机会，另一方面也可以提升他们对中国民族和文化的认同感，增强自信，为他们成年之后，进一步学习和探索中国语言和文化奠定基础。

4 讨论与结论

跨越国界，崭新的语言文化生态迎面而来。无论对于个人还是群体，移民都会带来更多未知的困难和挑战。对于中国移民家庭而言，如何迅速地帮助子女提升英语水平，并应对随之而来的母语失却，最大限度地保存母语，是众多挑战之一。

移民后，中国移民儿童语言使用情况是中英混用，英语能力超过母语能力，母语能力中听说能力超过读写能力。这种现象主要是因为移民儿童使用中文的场域主要集中在家庭和中国社区，交流对象主要是中国父母。相较来讲，移民儿童的朋友们能够引领他们进入更多的社会文化场域，包括教育、戏剧表演、音乐教育、娱乐消费、卫生保健、旅行观光和慈善活动。在这些场域中，移民儿童更多地使用英语作为主要的交流语言，更为广泛和深入地通过诸多语言实践融入英国社会，他们英语能力也因此得以迅速提升（Sheng，2016）。这也从侧面说明了为什么中国移民儿童会在移民之后产生"母语失却"的这种语言现象。

尽管如此，父母仍然是移民儿童的英语语言发展中重要的语言媒介，并在此过程中起着不可替代的作用。此次受访的中国移民父母在国内受过良好的高等教育，英语能力很强。这也使得他们在移民初期，不仅能够积极地通过邮件等方式为子女在英国择校，而且在移民之后，通过去英国学校做义工、协助子女参与社团等途径和方式，帮助子女拓展朋友圈，更好地融入英国社会。此外，父母也依托他们的英语知识，协助子女学习英语，帮助他们度过移民初期较为艰难的英语语言学习过程。因而，此次研究也在某种程度上意味着中国移民父母的教育背景和英语语言能力在一定程度上影响着移民儿童的双语发展。这一研究结果也吻合了 Li（2000）的研究发现。该研究指出中国父母的英语水平与儿童的中文水平直接相关。英语语言能力好的父母可以更好地浸入当地的英国文化，了解英国教育系统，与学校之间合理交流，从而在帮助儿童更好地达到对自己中国文化身份的认同。倘若中国父母忽视了对英语的学习，则有可能导致他们和子女以及子女与学校之间的交流不畅，最终使子女对父母的建议产生逆反情绪，使这些华裔子女逐渐脱离家庭和中国社区。

在移民儿童的母语保存方面，中国移民父母常感事倍功半。中英双语势位差异是限制移民儿童母语发展无法改变的政策因素。海外中文学校数量少，规模小，师资缺乏也在一定程度上增加了移民儿童学习母语的难度。此外，此次研究数据还进一步显示，移民儿童在进一步学习母语的过程中，他们常常无法理解母语所承载的特定文化含义和历史背景。例如，《红楼梦》林黛玉为何哭哭啼啼，以及语文课本里"烈士"到底是什么样的人。这种特定词语语义层面的缺失是移民儿童在英国进一步发展母语的巨大障碍，同时也影响着他们与中国长辈之间语用层面的进一步交流。因而，倘若中国移民父母预备采用特定母语材料来教授子女学习中文，最好的教材也许是某些英文作品翻译过来的中文书籍，如《哈利·波特》系列。这样也许可以在最大限度上避免因为语义而导致的误读和错误，使移民儿童更加专注于母语语言知识的学习。同时，此次研究中的受访对象虽然都存在母语失却的现象，但他们也都对中国保有兴趣和认同。从家庭语言管理的角度讲，这也意味着，哪怕在母语完全失却的情况下，移民父母也应尽力保持子女对于中国文化和中国人身份的认同。认同感的保存可以让移民儿童在成年之后仍然乐于探索中国历史文化，保持学习中文的热情。

参考文献

斯波斯基，2016. 语言管理 [M]. 张治国，译 . 北京：商务印书馆 .

王辉耀，2014. 中国海外国际移民新特点 [J]. 侨务工作研究，（1）：1.

王宁，孙炜，2005. 论母语与母语安全 [J]. 陕西师范大学学报 (哲学社科版)，（6）：73-77.

CHUMAR-HORBATSCH R, 2008. Early bilingualism: children of immigrants in an English-language childcare center[J]. Psychology of language and communication, 12(1), 3-28.

DOMINICZAK P, 2013. Most immigrants to the UK now come from China[N]. The telegraph, November 28.

ECHEVERRIA-ESTRADA C, BATALOVA J, 2020. Chinese immigrants in the United States[N]. Migration information source, January 15.

GARRET P B, BAQUEDANO-LEPEZ P, 2002. Language socialization: reproduction and continuity, transformation and change[J]. Annual review of anthropology, 31(1): 339-361.

LI S K, 2020. Home language-learning strategies chosen by Chinese immigrant families[J]. International journal of English linguistics, 10(5): 155.

LI W, 1994. Three generations, two languages, one family: language choice and language shift in a Chinese community in Britain[M]. Philadelphia and Adelaide: Multilingual Matters LTD.

LI W, 2000. Extending schools: bilingual development of Chinese children in Britain [A]// Bilinguality and literacy: principles and practice[C]. London and New York: Continuum: 176-189.

LEE D Y, 2001. Genres, registers, text types, domains, and styles: clarifying the concepts and navigating a path through the BNC jungle[J]. Language learning and technology, 5: 37.

LIANG F, SHIN D S, 2021. Heritage language maintenance of Chinese immigrant families: perceptions, practices, and challenges[J]. Bilingual research journal, 44(1): 23-38.

PAPEN U, 2010. Literacy mediators, scribes or brokers? The central role of others in accomplishing reading and writing[J]. Langage et societe, 133(3): 63-82.

SCHMID M S, KOPKE B, KEIJZER M, WEILEMAR L, 2004. First language attrition: interdisciplinary perspectives on methodological issues[C]. London: John Benjamins Publishing.

SHEN C, JIANG W Y, 2021. Heritage language maintenance and identity among the second-generation Chinese-Australian children[J]. Bilingual research journal, 44(1): 6-22.

SHENG J, 2016. Multiliteracies, discourses and identities: Chinese children's literacy practices in Britain[M]. London: Peter Lang.

XIA Q, 2016. Heritage language maintenance and biliteracy development for immigrants' children: a study of Chinese immigrant family language policy and biliteracy practices[D]. Maryland: University of Maryland.

作者简介

盛静，博士，国际关系学院外语学院教授。主要研究领域：多语发展、话语理论、语言政策与规划。电子邮箱：190182943@qq.com。

（责任编辑：濮实）

法语联盟的运作策略及启示[*]

北京外国语大学　法语语言文化学院　**戴冬梅**

提　要： 法语联盟于1883年在法国创建，以对外传播法语及法语文化为宗旨，是世界上对外传播语言文化的重要机构之一。它历史悠久，宗旨明确，组织灵活，网络广大，适应性强，经历过多次危机考验。本文结合法语联盟的历史和现状，从运作原则、运作模式、运作实务三个层面解读它的运作策略，并探讨其对国家通用语国际传播的启示。

关键词： 法国；法语联盟；语言政策；语言传播

1　引言

　　法语联盟（Alliance française，以下简称法盟）于1883年7月21日在巴黎成立，至今已有140年历史。在漫长的发展历程中，它曾数次遭遇重大危机乃至濒临绝境（Bruézière，1983）。但是，它坚持创立之初确定的宗旨理念，通过灵活的组织方式，成功适应了复杂的国际环境（Viot，2000）。2019年，法盟在全世界5大洲131个国家拥有832个分支机构和1.41万工作人员，共接待49万法语学习者，售出2,800万课时，组织了2.5万场文化活动。[①]法盟可谓语言文化国际传播领域的"常青树"。有的学者甚至把它喻为世界上最大的"跨国公司"，认为它是"现代法国文化外交"的开创者，其通过法语教学和文化活动进行的"语言外交"令人瞩目（Chaubet，2004）。

　　法盟自创立之初就确立了在国际上传播法语的宗旨。法盟早期的全称"法语联盟：在殖民地和国外传播法语全国协会"[②]已将其使命昭示天下。在法盟建立之前的很长一段时间里，法语借助法国的人口优势、经济实力及海外殖民活动等已获得了较高的国际地位。那么建立法盟的意义何在呢？有学者认为，建立专门机构传播法语本身恰恰意味着法语传播开始陷入危机（Calvet，1999）。的确，当时的法国正全面遭遇严重的危机。1871年，法国在普法战争中失利，痛失阿尔萨斯和洛林地区。之后，法国陷入了反思，不断找寻重振国力和国际地位的途径。在某种程度上，法盟的建立是法国知识分子和社会精英组织的一次"爱国行动"（Bruézière，1983）。法盟创立者们希望通过在世界上传播法语和法国文化，提高法国的国际地位。

---

[*]　本文系北京外国语大学"双一流"重大标志性项目"国家语言能力国际比较及理论创新"（项目编号：2022SYLA001）的阶段性研究成果。

①　资料来源于法语联盟基金会官网（读取日期：2022年8月30日）。

②　法语原文为 Alliance française : Association nationale pour la propagation de la langue française dans les colonies et à l'étranger.

法盟在国际上传播法语的宗旨在创立之初就确立下来，只是具体阐释方法随着时代的变迁而有所不同。1937—1949 年担任巴黎法盟主席的法国作家乔治·杜阿梅尔（Georges Duhamel）曾从法盟实践中总结了机构的三大使命，即热爱法语、尊重不同文明和崇尚国际友谊（Bruézière，1983）。如今的法盟基金会对法盟三大使命的表述为：推动法语的教学和使用、传播法国和法语国家与地区文化以及推动文化多元和文化对话。① 同之前杜阿梅尔的表述相比，目前的说法更加具体，强调了法语国家与地区文化，而且与时俱进，把"文化多元"和"文化对话"等当代理念纳入了其中。

关于法盟的机构性质，其创立者们树立的定位沿用至今，即法盟为非营利机构，且其活动与政治、宗教和意识形态无关。这一定位使法盟超越宗教和党派差异，具有开放性和包容性，并体现在机构的人员构成、组织原则及对待其他文化的态度、举办文化活动的方式等方方面面。例如，法盟最早的理事会构成就充分反映了机构的开放性。理事会的 50 位成员来自不同领域，其政治派别和宗教信仰也多种多样。他们当中有政界、学术界、外交界、文艺界人士，有外交官、学者、科学家、作家、法官、出版商等，② 有天主教徒也有犹太教徒。理论上，法盟向所有人开放。任何国家的人，无论政治倾向或宗教信仰，均可通过一定程序、在满足一定条件的前提下，提出建立法盟的申请。

在世界多国重视国家通用语国际传播的今天，法盟的发展历程值得关注。本文结合法盟的历史和现状，从其运作原则、运作模式、运作实务三个层面分析它的运作策略，期冀有所启发。

2 法语联盟的运作策略

2.1 运作原则

法盟在谋求自身发展过程中，逐渐形成了独具特色的运作原则，主要包括全球布局、因地制宜和与法国政府维持特殊关系三点。

2.1.1 全球视野

法盟从创立之初即放眼全球。它在初期曾把全世界分为两部分，一部分是法国本土和阿尔及利亚，③ 另一部分是国外和殖民地。法盟设立了宣传委员会和行动委员会分别负责两部分的相关活动。宣传委员会（Comité général de propagande）包括十几位成员，负责法国和阿尔及利亚相关的法语传播事务。行动委员会

---

① 资料来源于法语联盟基金会官网（读取日期：2022 年 8 月 30 日）。
② 如微生物学家路易·巴斯德（Louis Pasteur）、作家儒勒·凡尔纳（Jules Verne）、苏伊士运河的开掘者费迪南·德莱塞普（Ferdinand de Lesseps）、出版商阿尔芒·科林（Armand Colin）等。
③ 当时的阿尔及利亚被视为法国领土的一部分。

（Comité d'action）下设 14 个分委会，负责了解世界各地的法语教学形势，并促进所负责地区法语的传播。其中，6 个分委会负责欧洲地区，3 个负责非洲地区，3 个负责美洲地区，2 个负责亚洲和太平洋地区（Bruézière，1983）。这一安排反映了法盟的全球视野，同时也显示了当时世界不同地区在法盟布局中的重要程度。法语学习人数多的地区为关键地区，相应的分委会数目也多。

不同地区法盟中的法语学习人数随着时代的发展有所不同。欧洲和美洲的法盟都经历过比较辉煌的时期。巴黎的法盟在 1979 年曾有 3.2 万名学生注册学习，创下历史最高纪录。[①]自20 世纪 80 年代起，亚洲和非洲成为热点地区。2019 年，在法盟中学习法语人数最多的 10 个国家依次是：马达加斯加、印度、美国、墨西哥、法国、中国、巴西、哥伦比亚、秘鲁和津巴布韦。[②]涉及的大洲有非洲、亚洲、美洲和欧洲。

2.1.2 因地制宜

法盟在全球建立机构的方式比较灵活，主要原则是因地制宜。首先，所有法盟都是当地人发起的、隶属当地的合法机构。因此，法盟可根据所在地要求而呈现不同形式。例如，中国法盟的中文官方名字并非法语联盟，而是"法语培训中心"。其性质也与其他法盟不同，是"中外合作学校"，中国各地法盟均同当地一所大学联合举办，一般选址在省会城市或大城市，合作院校也常为著名院校。这有利于法盟获得良好声誉及更好地融入中国社会。

其次，无论是法盟的日常管理，还是理事会的构成，皆由当地人和法国人共同参与完成。每所法盟常设有法方和所在国一方的负责人，法方负责人更多主管语言教学和文化活动事务，当地负责人一般主管行政事务。此外，各地法盟理事会常由当地的社会中坚力量构成（如大学教师、律师、企业家等），具有较好的活动能力。而且，理事们的工作是义务的、不收取报酬的。这一制度为法盟树立了良好的公众形象。

最后，因地制宜的组织形式使法盟既能充分利用当地的资源，又避免了官方机构可能带来的拖沓、官僚作风等弊病，使得法盟能进入乃至更早进入一些官方机构不能进入或难以进入的国家和地区（Viot，2000）。

2.1.3 与法国政府维持特殊关系

尽管法盟自称为"非官方组织"，但是，法盟同法国政府乃至国家最高领导人的关系比较紧密。某种程度上，同法国政府的特殊关系也是法盟的"信誉资产"和活动保障。法盟创始人保罗·康班（Paul Cambon）是外交官，曾任法国驻

---

① 资料来源于法语联盟基金会官网（读取日期：2022 年 8 月 30 日）。
② 资料来源于法语联盟基金会官网（读取日期：2022 年 8 月 30 日）。

西班牙、英国等国大使。虽然法盟不组织、不参与政治活动，但是并不禁止政界人士进入法盟，因为它希望能汇聚社会中"行动力最强的力量"来促进法语的传播（Chaubet，2006）。从法盟成立到一战前，部长或议员进入法盟理事会基本是约定俗成的做法。在法盟最早的理事会的 50 位成员中，政界人士占了 19 位，其中 10 位在内政部、教育部、外交部担任要职（Chaubet，2006）。因此，我们不难理解为何法盟在创立后能很快获得法国政府的认可和支持。1884 年 1 月，法盟得到法国内政部的承认，拥有了合法地位。1884 年 5 月，法国外交部发布内部通知，允许外交官以"非正式"的方式支持法语联盟。1886 年 10 月，法兰西总统签署法令，认定法盟为"公益机构"。从戴高乐总统开始，法兰西第五共和国总统担任法盟的名誉主席。[①]1983 年，时任法国总统密特朗参加了法盟成立 100 周年庆典。2003 年，时任法国总统希拉克在总统府举办了法盟成立 120 周年庆典。在上述两次活动中，法国总统在讲话中均高度评价了法盟的活动。[②]

在具体业务层面，法盟与法国外交部互动频繁。外交部是法国对外文化行动的主管单位，同法盟签有框架合作协定，并适时更新。法国政府通过外交部向法语联盟提供一定拨款，主要用于支付政府派遣人员（如法方校长等）的工资。[③]此外，每所法盟创建之初，法国外交部一般会提供一定启动资金。外交部也会同一些法盟签署合作协议，提供部分运营资金。[④]法盟经历危机的时候，政府会施以援手。例如，2018 年，法盟基金会因同巴黎法盟产生不动产纠纷，导致法盟基金会陷入财政困难，外交部出面调停，并提供了特殊拨款 180 万欧元使基金会免于关门的危险。[⑤]另外，法国各驻外使领馆文化教育处可授权法盟进行某些文化活动的组织工作。

当然，这并不意味着法盟和政府之间没有矛盾。近 30 年来，法国政府拨付给法盟的款项逐渐减少，派遣人员数也不断下降，但依然希望法盟能服从国家的调遣。法盟则期待国家不要一再降低拨款，同时自己能继续保持一定的独立性和自主性。各地的法盟与使领馆文化教育处之间的关系也不总是融洽的。有时两者对文化活动的组织（如活动的频率、种类等）存在分歧意见。

---

① 1943 年，戴高乐将军在抵抗运动时期就曾在阿尔及尔参加了法语联盟的 60 周年庆典。

② 资料来源于法国总统府官网（读取日期：2022 年 8 月 27 日）、法语联盟基金会官网（读取日期：2022 年 8 月 30 日）。

③ 近年来法国每年用于支持法语联盟网络的拨款约 3,700 万欧元，其中四分之三（如 2018 年数据为 2,800 万欧元）用于支付外派人员工资。详见《2019 年财政法草案：国家对外行动》（*Projet de loi de finances pour 2019: Action extérieure de l'État*），详见法国参议院官网（读取日期：2022 年 8 月 27 日）。

④ 2018 年，在 836 所法盟中，386 所同外交部签约或有一定联系，不及法盟总数的一半。详见《2019 年财政法草案：国家对外行动》（读取日期：2022 年 8 月 27 日）。

⑤ 资料来源于法国参议院官网（读取日期：2022 年 8 月 27 日）。

2.2 运作模式

法盟是非营利机构，但并非没有经济方面的考量。早期《法语联盟简报》的封面上明确写着法盟"事业的目的"："法语带来法国习惯，法国习惯促使购买法国产品。懂法语的人，将成为法国的顾客。"[①]尽管法盟在这方面的影响和成效很难估量，但是法盟的活动目标中包含经济的一面是不争的事实。另外，在法盟的发展过程中，尤其是 20 世纪 80 年代以来，它并不排斥使用商业化营销手段运作。

2.2.1 商业化运作

法语联盟的运作模式商业化或是大势所趋。一方面，法盟的建立和运转，无论是租买办公地点、教室，还是聘任教师、工作人员等，每一步都需要资金。而国家的拨款远不能满足需求。另一方面，国家给法盟的拨款呈逐年下降趋势，所以法盟也必须在自己的活动中算好经济账。

法盟也并不讳言商业模式。法盟基金会在工作报告中多年来一直使用"销售"一词来介绍年度所开设的法语课。另外，2018 年的工作报告里专门设有"营销工具"一栏（Outils marketing）。其中提到，为了有效吸引公众，法盟基金会为各地法盟设计了有"商业目的"的官网模板。该模板以公众为中心，运用营销手段，突出法盟特色，有"视觉吸引力和营销有效性"。其最终目的是把浏览网站的网民变为法盟的潜在客户，如学习者、活动参加者、捐赠人或合作伙伴。[②]

法盟积极开发法语教学市场，扩大为企业进行法语培训的机会。在宣传法语课时，它们强调法语是"有用的"语言，可助力职场竞争。当然，鉴于法盟非营利机构的性质，其获得的盈余理论上都将用于开发课程、组织活动或改善教学或文化活动条件，以及吸引更多的法语和相关文化爱好者并为他们提供更好的服务。2016 年，法盟的总营业额达到 2 亿欧元。如果不把法国政府所支付的派遣人员工资算在内，法盟资金自给自足率可达 96%。[③]

与此同时，法盟积极寻求企业合作者。世界各地法盟往往同法国公司保持紧密联系。法盟和企业之间的关系是互惠互利的。作为民间组织，法盟可接受企业的捐赠，获得组织各类文化活动的资金。而企业赞助法盟的文化活动后，不仅有税收减免、员工获得文化活动入场券等直接好处，也会因此获得良好声誉，这无疑对提升企业形象、扩大知名度有所裨益。

---

① 详见《法语联盟简报》1891 年 10—12 月号，第 38 期封面。
② 资料来源于《法语联盟基金会 2018 年度工作报告》，详见法语联盟基金会官网（读取日期：2022 年 8 月 30 日）。
③ 资料来源于《2018 年财政法草案：国家对外行动》（读取日期：2022 年 8 月 27 日）。

2.2.2 人员本地化

各地法盟的教学、管理人员中，本地雇员的比例越来越大。越来越多在法盟工作的法国人签署的也是本地合同。究其原因，一是法国政府的投入逐渐减少，本国派遣人员的数目逐年下降；二是在当地生活的人更熟悉本国法律和风土人情，有利于具体工作的开展；第三点也是最重要的一点是雇佣本地雇员更经济划算。

法盟的商业模式不仅利于法盟自身的发展，对于法国政府来说，依靠法盟网络开展对外文化活动，比开设法国文化中心更加经济便利。这也是法盟受到法国政府青睐的重要原因之一。以 2003 年为例，建设一个法国文化中心需要 50 万欧元，而支持一所同外交部签约的法盟仅需 17 万欧元（Chaubet，2010）。2011 年以来，法国对官方对外传播法语的机构进行了整合。同时，法国政府削减了对法盟的拨款，但并没有减少对其网络的重视和依赖程度，而是依旧寄予厚望，如希望法盟与法国文化中心在地理分布、业务开展方面形成"互补"态势（戴冬梅，2013）。

2.3 运作实务

法盟的主要业务包括法语教学及广义上的文化活动的组织。近年来，数字化建设成为法盟发展教学和文化活动的重要支点。

2.3.1 与时俱进的法语教学

并非所有的法盟都开设法语教学。但是总体而言，法语教学是法盟最重要的活动，且其重要性与日俱增。创建初期，法盟对法语教学的支持主要是间接进行的，如通过法国使领馆或传教士为世界各地有法语教学的中小学校提供一定资金，或为学生颁发奖状和书本。慢慢地，法盟也开设了法语学校，除了日间学校之外，还有夜校。受战乱或其他因素影响，法语教学活动也有停止的时候。不过，从二战以后，尤其是全球化加速发展以来，法盟中的法语教学有了较大发展。这一变化主要体现在教学规模不断扩大、课程种类更为丰富和专业人员培训愈加规范三个方面。

法语教学规模的扩大主要表现在开设法语教学的法盟越来越多以及法语学习者数目不断增加两个方面。21 世纪初，只有三分之二的法盟设有法语教学（Chaubet，2010），2019 年这一比例升至 90%。[1]世界范围内，尽管多年来法盟的总数有所下降，[2]但在法盟学习法语的学生人数呈上升趋势。1967 年，法盟学

---

[1] 资料来源于《法语联盟基金会 2019 年度工作报告》（读取日期：2022 年 8 月 27 日）。

[2] 1997 年，1,085 所法盟分布在 138 个国家和地区（Viot，2000）；2008 年，1,071 个法盟分布在 133 个国家和地区（Fondation Alliance française，2008）；2019 年，832 个法盟分布在 131 个国家和地区（《法语联盟基金会 2019 年度工作报告》）（读取日期：2022 年 8 月 30 日）。

生总数约为 16 万，1987 年近 31 万，1996 年约 33 万，2004 年跨越了 40 万大关
（Chaubet，2010），如今接近 50 万。当然，不同时期的增长速度不同，不同地区
的发展也不一样。进入 21 世纪以来，法盟在欧洲的发展呈现饱和或停滞态势，但
在亚洲，如在印度和中国等新兴国家，法盟的扩张和法语学习人数的增长速度相
对较快。

除此之外，法语课程的种类也比从前丰富了。法盟早期的法语教学以文学艺
术为主要内容，受众常来自寻求巴黎生活方式的"上流"社会，以上了年纪的
女性居多，以至于有人笑称在法盟中学习法语的主力军是"老妪"（Blancpain，
1984）。自20 世纪 80 年代以来，法盟逐步适应时代要求，纳入了实用的法语教学
内容，如开设旅游法语、电话法语、酒店法语、体育法语、歌剧法语等课程，技
术性较强的相关课程有商务法语、法律法语等。法语教学不仅一如既往地关注法
语之"美"，更增加了对法语"实用"面的开发（Viot，2000；Chaubet，2010）。
同时，法盟也丰富了教学形式，如开设强化班、短期教学班、企业法语培训、考
证辅导班，以及针对不同年龄段的教学班，如青少年班、儿童班甚至幼儿班。这
种现代化、多样化、实用型课程的出现与语言教学领域的竞争也有一定关系。一
方面，英语培训大量出现，课程丰富；另一方面，林林总总的法语培训中心层出
不穷，且收费更低（Viot，2000）。这一竞争态势带来的压力也促使法盟进行课程
改革。

与此同时，法盟加强了本地法语教师及工作人员的专业化培训。这一点与
法国政府拨款和外派法语教师减少不无关系。1977—2007 年的 30 年间，由法国
政府派出（主要来自教育部）到各地法盟工作的人员数量减少了一半（Chaubet，
2010），最近几年仍持续下降。[1]国家派出的人员少了，而法盟学生的人数一直在
增加，所以必须依靠本地雇员来补足，也带来了专业培训的需求。

随着法语教学质和量的提高，法盟的办公和教学场所也经历了"美化"和
"现代化"的过程（Chaubet，2010）。由于同教学关系密切，图书馆的建设是法盟
从创立之初就开始重视的活动。从 20 世纪 90 年代开始，大多数法盟都对藏书进
行了更新，建成了现代化的多媒体图书馆。

组织各类法语语言水平测试也是法盟的重要工作。法盟是欧洲语言测试机构
（Association of Language Testers in Europe）的创建机构之一。

2.3.2 更为丰富的文化活动

法盟的文化活动形式日益多元。在创立早期，文化活动主要限于举办讲座、
戏剧演出或音乐会。二战后，电影成为法盟文化活动的新形式。20 世纪 80 年代
以来，摄影、连环画、油画、流行音乐等成为文化活动的常见主题。法盟还同负

---

① 资料来源于《法语联盟基金会 2019 年度工作报告》（读取日期：2022 年 8 月 30 日）。

责法国艺术对外交流的法国艺术行动协会（AFAA）建立了紧密联系，共同组织艺术巡演。法国艺术行动协会负责节目准备、旅行等费用，法盟则负责当地的接待。不少高质量的艺术活动既扩大了法国文化的影响，也提升了法盟在艺术界的声誉。

在文化活动的组织中，法盟呈现出两个特点。一是注意践行文化平等原则，即对法国文化、法语国家与地区文化和法盟所在地文化一视同仁。文化活动对所有人开放，无论是否讲法语。其介绍和宣传往往同时使用法语和法盟所在国语言。这一做法既体现对多元文化的尊重，也能吸引更多的活动受众。二是面向年轻一代。在北京的法盟，少年儿童根据年龄阶段分为4种不同班型，年龄4岁以上即可报名法语学习。法盟还组织符合年轻一代兴趣的活动，注意在他们心中播撒喜爱法语和法语文化的种子。如北京法盟曾组织儿童绘画大赛、"情人节"难忘时刻分享等活动。

2.3.3 积极进行数字化建设

从20世纪80年代起，法盟开始实施"现代化"计划。多媒体图书馆的建立、教学办公场所的修缮既注意艺术性，也注意适应技术的发展。在新冠疫情之前，法盟基金会制定了法盟网络数字化的"2020计划"（Alliance 2020），主要包括法盟品牌保护、数字技术发展和工作人员专业培训等部分。[1]其中，数字资源和线上课程的开发是亮点。

法盟基金会重视开发数字资源，从2016年开始创设了网上学习平台"我的联盟"（Mon Alliance），并在2017年9月到2018年12月进行了试运行。4大洲、8个国家的30个法盟参与了平台试用。800名教师参加培训，1.5万名学生在平台进行了注册，并在线下课程中同时使用了平台资源。该平台的主要目的是支持各地法盟使用线上学习资源，分享技术、行政或教学经验，实现课程和账户远程管理以及帮助各地法盟拥有更好的运行模式、沟通媒介和营销策略。[2]

2018年，法盟基金会设计了法盟官网模板，除了营销目的外，还希望借此方式加强各地法盟的身份认同，建立令人愉悦的网络沟通空间。同一年，全世界23%的法盟开展了线上教学，其中开设完整线上课程的法盟占比51%，有33%的法盟开设了线上线下混合课程。3万多名学生在法盟进行线上学习，大多数位于亚洲、欧洲和拉丁美洲。40%的法盟已安装了交互式数码板，其中安装比例最高的法盟分布在巴西、中国、法国、加拿大、荷兰和西班牙。[3]

2020年，突如其来的新冠疫情重创了法盟的教学活动。但是，由于之前有所

---

① 资料来源于《2019年财政法草案：国家对外行动》（读取日期：2022年8月27日）。
② 资料来源于《法语联盟基金会2018年度工作报告》（读取日期：2022年8月30日）。
③ 资料来源于《法语联盟基金会2018年度工作报告》（读取日期：2022年8月30日）。

准备，技术条件好的法盟相对而言损失较少。例如，北京法盟在线上课程方面已有诸多实践经验，拥有较为成熟、流畅的网课平台，及早实现了授课模式转型。这使其在特殊时期避免了大面积停课和客户流失。

3　结论与启示

纵观历史，法盟的运作策略有的与中文国际传播的做法不谋而合（李宝贵，2018），有的或可提供有益的借鉴。我们至少可总结出以下五点启示。

第一，保持开放性和包容性，重视沟通。在操作层面，法盟采取灵活形式，努力超越意识形态、政治、宗教、文化的差异，动员官方、半官方和民间多种力量加入，积极动员和利用法国、法语国家和地区及法盟所在地的各类资源。从2008年开始，法盟成立了基金会，专门负责网络的协调和沟通。同法国政府之间，法盟一方面争取支持，另一方面也保持一定独立性。同各地法盟之间，法盟基金会通过章程的审定确保各地法盟发展的大方向，同时充分尊重当地特色和依靠当地的力量，因此具备较强的融入当地社会的能力。

第二，积极适应变化的环境。近一个半世纪以来，国内、国际形势风云变幻，法盟的发展也并非一帆风顺。但它不断审时度势，进行自身调整，不惧改革。例如，调整管理架构（2007年成立基金会、2019年取消总代表制度等），确定优先发展地区，丰富课程种类和文化活动形式，提高教学和活动质量等。它最近也刚度过一次重大危机。2013年开始，在世界经济和金融危机的大背景下，法盟基金会和巴黎法盟之间的不动产纠纷日益严重，导致前者陷入财务困境。经过法国外交部从中调解以及拨款相救，纠纷以双方各让一步的方式得到解决。2019年，法盟基金会更名，[1] 修改章程，精简人员，同法国外交部及对外文化教育局（Institut français）更新了合作协议，确定了"支持法盟国际网络、加强人员专业化和改善质量与沟通"的努力方向，并将同法国官方对外文化传播机构进行更多的协调工作。[2] 法盟再一次获得了新生。

第三，充分利用商业营销手段。其经营能力在各国语言传播机构中是比较突出的（刘晶晶 等，2020），无论是扩大机构规模，还是保障语言教学和文化活动的质量，语言传播机构常常需要足够的资金支持。法盟充分利用商业营销手段，不仅为完成自己的宗旨和使命奠定了物质基础，也为它保持活力和独立性提供了条件。

第四，践行文化平等理念，在文化活动中落实"对等互惠"（réciprocité）原则，注重不同语言文化的弘扬和交流。这一点符合"文化对话""文化多样性"等当代理念，一方面对公众有吸引力，另一方面也有效减少公众的抵触心理或诋毁行为。

---

① 法盟基金会中"法盟"一词的法语由单数（Alliance）变为复数（Alliances），旨在体现法盟的多样性。
② 资料来源于《法语联盟基金会2019年度工作报告》（读取日期：2022年8月30日）。

第五，有前瞻意识。目前来看这一点主要体现在两个方面。一是活动面向年轻一代，无论是教学和文化活动都充分考虑年轻一代的兴趣和需求。二是重视网络化、数字化建设。网络和数字空间的建设在法盟被赋予了保障机构可持续发展的战略意义。

4 结语

法盟仍有悬而未决的问题，且不断遇到新困难和新挑战。2018 年 3 月，法国总统马克龙曾在庆祝"世界法语日"的讲话中表达了一个愿望，即从 2019 年开始每年开设 10 家法盟。虽然这一建议有一定依据（因为之前法盟每年新开 6—12 所），①但实际上，由于法盟基金会遭遇危机等各种原因，2019 年只正式新开了 1 所法盟。②自 2020 年以来，新冠疫情带来的冲击也给法盟未来几年的发展前景蒙上阴影。法盟能否通过革新和调整再次化解危机？我们拭目以待。

参考文献

戴冬梅，2013. 法国法语传播的新机构新理念新举措 [A]// 中国语言生活状况报告（2013）. 北京：商务印书馆：350-358.

李宝贵，2018. 新时代孔子学院转型发展路径探析 [J]. 云南师范大学学报（哲学社会科学版）（5）：27-35.

刘晶晶，吴应辉，2020. 孔子学院与其他国际语言传播机构办学状况比较研究（2015—2017 年）[J]. 民族教育研究（6）：126-134.

Association nationale pour la propagation de la langue française dans les colonies et à l'étranger, 1891. Bulletin de l'Alliance française[R]. Bulletin trimestriel, numéro 38, octobre-décembre.

BLANCPAIN M, 1984. Témoignages[A]// Aspects d'une politique de diffusion du français langue étrangère depuis 1945. Paris: Hatier:66-72.

BRUEZIERE M, 1983. L'Alliance française 1883-1983. Histoire d'une institution[M]. Paris: Hachette.

CALVET L-J, 1999. La guerre des langues et les politiques linguistiques[M]. Paris: Hachette Littératures.

CHAUBET F, 2010. L'Alliance française (1980-2006): une réussite discrète[A]// La culture française dans le monde 1980-2000: les défis dans la mondialisation. Paris: L'Harmattan: 53-67.

CHAUBET F, 2004. L'Alliance française ou la diplomatie de la langue (1883-1914)[J]. Revue historique, 4 (632): 763-785.

CHAUBET F, 2006. La politique culturelle française et la diplomatie de la langue. L'Alliance Française (1883-1940)[M]. Paris: L'Harmattan.

---

① 资料来源于《2019 年财政法草案：国家对外行动》（读取日期：2022 年 8 月 27 日）。由于每年也有法盟关闭，所以总数变化不明显。

② 资料来源于《法语联盟基金会 2019 年度工作报告》（读取日期：2022 年 8 月 30 日）。

FONDATION ALLIANCE FRANÇAISE, 2008. Actes des XXXe rencontres internationales de l'Alliance française [M]. Paris: Fondation Alliance française.

VIOT J, 2000. Le rôle de l'Alliance française dans l'enseignement de notre langue[A]// Le français au troisième millénaire. Comment faire vivre la langue. Montreuil: Editions du Papyrus: 53-62.

作者简介

戴冬梅，北京外国语大学法语语言文化学院教授。主要研究领域：法国语言政策、法国对外政策和中国法语教学。电子邮箱：daidongmei@bfsu.edu.cn。

（责任编辑：王伶）

语言政策与规划视角下的法国地方语言发展：以布列塔尼语为例

山东大学　外国语学院　刘洪东　魏进红

提　要： 法国作为典型的单语制国家，长期以来奉行"一个国家、一个民族、一种语言"的理念，致力于维护法语的独尊地位，压制地方语言的发展。近年来，随着全球语言环境的迅速变迁以及世界文化多样性的发展趋势，法国的语言战略也正在由"单语主义"向"多语主义"转变，采取了一系列措施保护和传承地方语言。本文基于语言政策与规划的理论视角，采用文献分析法和历时分析法，从语言政策与规划的三个维度即地位规划、本体规划以及习得规划，梳理法国地方语言政策与规划的演变，并以布列塔尼语为例，分析其发展现状及面临的挑战。

关键词： 语言政策与规划；法国地方语言；布列塔尼语

1　引言

法国语言资源丰富，种类繁多，根据语言学家贝尔纳·赛克利尼向法国政府提交的报告《法国的语言》中不完全统计，法国本土和海外领土的地方语言共涉及 75 种，其中本土地方语言有 20 多种。[①] 法国对语言的干预历史悠久，长期以来致力于维护法语在国内的主导地位，采取了一系列措施保卫和推广法语，从而压制了地方语言的发展，导致很多地方语言处于消亡的边缘。这极大地破坏了法国地方语言的发展，也违背了欧盟所倡导的语言文化多样性原则。随着全球化的快速发展，法国的语言生态环境日益复杂多样。近年来，法国积极开展地方语言的复兴工作，希冀在法语地位不可撼动的前提下，保护和传承地方语言。

语言政策与语言规划研究作为社会语言学和语言社会学交叉研究的一个领域，兴起于 20 世纪 60 年代。关于语言政策与语言规划的区别与联系，学术界一直存在争议，二者有时会交叉使用。卡普兰和巴尔道夫认为：语言规划是指政府部门经过慎重考虑后对语言代码和语言使用做出的系统性的、前瞻性的计划和改革蓝图（Kaplan et al., 1997）。语言政策是观念、法律、法规和实践的载体，它的最终目的是实现语言变革。费特认为：语言规划必须与语言政策的批判性评价相联系，前者提供合理性和有效性的标准，后者将这些想法付诸实践并予以检验，做到理论联系实际，从而更好地促进语言规划模型的发展（Fettes, 1997）。20 世纪 90 年代，涉及语言政策与语言规划的一连串工作开始出现更加彻底的合并趋势，更多

---

① 资料来源于法国文化部官网（读取日期：2022年8月6日）。

地被称为"语言政策与规划"（Language Policy and Planning，简称LPP）。本文主要运用语言政策与规划视域下的地位规划、本体规划以及习得规划，阐述法国在地方语言领域所采取的政策与措施，并以布列塔尼语为例，分析其近年来在语言复兴与保护方面取得的进展和面临的问题。

2　法国地方语言概况

2001年，法语与法国语言总司将法国语言（langues de France）定义为"法国公民在共和国领土上使用的地方语言或少数民族语言"。[①] 这些语言历史悠久，是国家文化遗产的一部分，且并非任何国家的官方语言。法国语言主要包括地方语言（langues régionales）和非疆域语言（langues non-territoriales），其中地方语言又包括法国本土地方语言和海外领土语言（langues des Outre-mer）。

1951年的《戴克索纳法》（第51-46号法）是第一部涉及地方语言复兴的法律，而相关术语第一次真正出现在官方文件中则是在1975年颁布的《哈比法》，指在法国某些地区尤其是边远地区少数聚居的言语集团的母语，其中有真正的独立语言，也包括古今语言的各种方言，甚至法语与其他语言的混合语（钱治安，1994）。法语与法国语言总司对地方语言的定义为"在一部分国家领土上使用的比法语更久的语言"。需要注意的是，地方语言有别于法国的方言（dialecte）和土语（patois）。方言是指由于地理位置不同产生的语言变体，如法国北部的奥依语和南部的奥克语，都属于古法语的方言变体；土语则指法国地方语言的口头语变体，通常带有贬义色彩。但目前三者之间并没有明确清晰的划分界限，法国语言学家亨丽埃特·沃尔特甚至将其互换使用，认为地方语言、方言和土语以及通用语言之间并无地位上的等级之分（Walter，1988）。

长久以来，随着法语独尊地位的不断稳固，地方语言受到强烈冲击，部分地方语言面临消亡。据不完全统计，17世纪法国的地方语言有636种之多，而目前仅有75种存活下来。1999年法国国家统计和经济研究所（简称INSEE）对法国本土38万人口关于法国语言使用情况的调查结果显示，只有26%的法国人会讲地方语言。在2011年INSEE所做的"信息与日常生活"调查问卷中，有86%的法国人只讲法语，而这一比例在他们童年时期只有74%；仅有0.6%的成年人只讲地方语言或外语，但这一比例在童年时期却达到2.2%。[②] 由此看来，法语的使用变得越来越广泛，而地方语言的使用则日益减少。这与法国政府和地方当局对地方语言所采取的政策措施密不可分。

---

① "少数民族语言"（langue minoritaire）一词较少出现在法国官方文件中，主要原因在于法国宪法规定法国公民在法律面前人人平等，不存在"少数"这一概念。官方通常将地方语言等同于少数民族语言。

② 资料来源于法国文化部官网（读取日期：2022年8月6日）。

3 法国地方语言政策与规划历史变迁

法国对地方语言的态度总体上经历了由紧到松的演变历程（戴曼纯 等，2010）。法国大革命至 20 世纪上半叶，维护国家和民族统一成为法国政治任务的重中之重，地方语言处于"被打压期"；自 20 世纪下半叶以后，面对英语霸权的冲击以及文化多样性的发展，法国开始逐渐放宽对地方语言的管制，并在一定程度上鼓励和支持地方语言的保护和复兴。下面，我们将从语言政策与规划的三个维度历时梳理分析法国地方语言政策与规划的历程。

3.1 法国地方语言的地位规划

地位规划（status planning）是指在一个特定的语言社区中对各语言读写能力的功能分配，事关语言的使用选择，内容较多涉及语言政策，旨在促使某种语言得到国家官方认可，使其作为标准语言，复兴并维护其发展。长期以来，法国坚持法语独尊，对于语言的地位规划主要表现在对法语的捍卫和推广上，地方语言在很长一段时间内处于非法地位。如 1539 年的《维莱科特雷法令》，规定国家所有的行政和司法文件用法语撰写；法国大革命时期的激进语言政策，确立了"一个统一且不可分割的共和国应该具备一种全国通用的语言"的口号（李克勇，2006），第一次将法语与国家和民族的发展联系在一起；1992 年的法国《宪法》第 2 条第 1 款，明确规定"法兰西共和国的语言是法语"；1994 年出台的《法语使用法》（也称《杜邦法》），对法语的适用范围做出了具体的强制性规定，保证了法语在公共领域的语言地位。

与法语的境遇相反，法国对地方语言的地位规划，经历了摇摆不定的曲折与反复。中世纪为地方语言政策的空白期，此时的法语只是法国众多地方语言的一种，仅在巴黎地区和北方的贵族精英阶层内使用，地方语言的发展与使用并没有受到威胁与压制。随着 16 世纪法语地位的上升，地方语言开始被边缘化。但在该时期，全国上下真正会讲法语的人很少，仅占全国总人口的 10%，大多数法国人使用的仍然是地方语言。在此背景下，地方语言的使用并没有遭到反对，把地方语言作为学校教学语言的现象仍十分普遍。

法国大革命时期，雅各宾派采取了激进的语言政策，对语言领域的直接干预前所未有。为确保法语成为共和国统一国家的唯一通用语言，政府出台了十几项法律来捍卫法语的地位，全国上下掀起了一场激烈的打压、消灭地方语言的运动，并进一步明确，在法国教学语言只能使用法语（Hagège，1996）。此后，地方语言受到了前所未有的冲击，严重破坏了语言与文化的多样性发展。进入 20 世纪，反对地方语言的主张在法国政界仍然根深蒂固。1972 年，法国总统蓬皮杜宣称：法国要想在欧洲大陆扮演重要的角色，就不能给地方语言留下一丝发展空间。[①]

---

① 资料来源于对话网站（读取日期：2022 年 8 月 6 日）。

　　直到 20 世纪下半叶，法语的官方语言地位已牢不可破，面对英语的冲击和世界文化多样性的发展，法国政府意识到，继续反对地方语言的生存和发展已不合时宜，因此压制地方语言的政策开始有所减弱。1951 年，《戴克索纳法》颁布，规定中学教师有权每个星期开设一个小时的地方语言课程。虽然该法律仅涉及布列塔尼语、巴斯克语、加泰罗尼亚语以及奥克语四种语言，但这结束了长期以来地方语言在法国国内遭受排挤的现象（车晓菲，2012）。1980 年，法国社会党主席密特朗在竞选总统前后发表了一系列支持地方语言发展的讲话，他表示，"给法国地方语言和文化应有地位的时代已经到来。学校、电视、电台等要敞开大门，给法国地方语言和文化在公众生活中应有的地位"（李克勇，2006）。1992 年，欧洲委员会颁布《欧洲区域或少数民族语言宪章》，详细说明了地方语言或少数民族语言的使用范围和要求，并要求成员国从中选取 35 项条款予以执行。1999 年法国签署宪章，但最终被宪法委员会以违反"共和国的不可分割性、法律面前人人平等、法国人民的独特性和法国的官方语言为法语"等宪法原则为由否决。2008年 7 月 23 日，法国修订《宪法》第 75 条第 1 款规定"地方语言属于法国的遗产"。地方语言入宪，是法国保护地方语言的一个标志性事件，具有重要的象征意义。

　　2020 年 2 月 13 日，法国国民议会通过了布列塔尼议员保罗·莫拉克的提案，其中第 9 条明确提出保护地方语言；2021 年 5 月 21 日，国家正式颁布《保护地方语言遗产和促进其发展法》，又称《地方语言法》或《莫拉克法》，从文化遗产、教学和公共服务三个领域分别对地方语言提出了保护措施。这是自1951 年以来，法国第一次通过关于保护地方语言的法令，使地方语言进一步得到承认。但该法令的颁布实施也面临诸多挑战，其中法令第 4 条和第 9 条被宪法委员会裁定为违反宪法原则，目前已被废除。

　　由此可见，地方语言的地位规划逐步受到一定程度的重视，但对于长期秉承"一个国家、一个民族、一种语言"理念的法国来说，法语的地位不可撼动，这就不可避免地削弱了地方语言的力量。当前，反对地方语言的声音仍此起彼伏。2008 年 6 月 12 日，法兰西学术院在由其成员一致通过的声明中正面反对地方语言入宪，直接导致地方语言在《宪法》中的位置落为第 75 条，而非与法语入宪位置并列。此外，在地方语言入宪的同时，法语在国内外的地位也在不断巩固提升。总体来说，地方语言的地位并没有得到实质性改变，形势仍不容乐观，需要进一步加强规划和保护，从微观入手对其进行复兴、维护和传播，这就离不开语言的本体与习得规划。

3.2　法国地方语言的本体规划

　　本体规划（corpus planning）是指语言读写能力在形式或者结构上的充分性，主要针对语言本身，包括文字的拼写改革，语音、语法等方面的规范，旨在不断改进语言质量，促进语言的规范化（Haugen，1959）。从已有法律条文看，法国对语言的本体规划主要体现在法语词汇的更新与拼写的规范化改革，地方语言层面则涉及较少，这主要归咎于长期以来法国对法语的推广以及对地方语言的打压。

近年来，法国积极在本体领域开展各项工作，推进地方语言的使用与复兴。2015年2月19—20日，法国文化部联合国家科学研究中心、多学科计算机科学研究实验室、多语言和多媒体信息研究所、语言资源评估与分配机构等，举办"法国地方语言技术发展"研讨会，邀请各领域专家、科学家、地方政府代表、媒体记者、信息技术人员等，就地方语言使用的现代化网络技术开发建言献策，进一步明确了对地方语言的保护和开发，在加强民族文化认同感的同时，促进语言资源的多样性发展。

2021年颁布的《地方语言法》第9条规定：允许在公民民事登记文件中使用地方语言的变音符号，如"~"等。但宪法委员会认为，该项法令变相承认个人在与公共行政和服务部门打交道时有权使用法语以外的语言，违背了《宪法》第2条第1款，因此该条款最终被废除。

地方语言多用于日常口语表达，而一种有书写符号和书面形式且传播广泛的语言远比口头语言的生命力更加旺盛，所以规范的书面符号记载对语言的生存不可或缺。以威尔士语与布列塔尼语为例，二者同属于凯尔特语族，但从圣经的翻译开始，威尔士语就一直保持着标准的文字形式演进，所以这一语言以文字的形式得以很好地保存下来（王一力，2010）。但自3世纪起，布列塔尼语就接连不断地吸收了拉丁语、古法语、现代法语的方言和标准法语的大量借词，是一种比较新的多种方言的混合，甚至不同地区的布列塔尼语之间无法沟通，随着时代演变和通用法语的发展，处于濒危灭绝的状态。

因此，本体规划对地方语言的保存至关重要，在当今世界多种语言濒临灭绝的困境下，从本体入手，对其进行保存、复兴和更新，是保护地方语言、避免其销声匿迹的重要举措，也是习得规划得以稳步开展的前提和基础。

3.3 法国地方语言的习得规划

习得规划（acquisition planning）的主要目的是通过改变学习者的动机来影响语言/文字使用者的分配，着重于语言使用者，主要体现在教育教学领域。首先是前面提到的关于地方语言教学的《戴克索纳法》规定："只要对学生的学习，尤其是对法语的学习有益，可以在小学阶段使用部分地方语言教学。"该法律可被视为法国政府保护和加强地方语言教学的基础和开端。

近几十年，为进一步促进地方语言在教学领域的发展，法国颁布了大量法律条款来规范地方语言的教学。1975年，在时任法国教育部部长勒内·哈比的推动下，《哈比法》颁布，该法令第12条明确规定："地方语言与文化的教学可以贯穿于整个义务教育阶段"。[①]《哈比法》极大地提升了地方语言在教学领域的重要性，

不仅使地方语言课程在小学和中学阶段得到推广，也使得地方语言教学大纲的改革和师资的培训建设得以贯彻实施。1982 年，教育部部长安德烈·萨瓦里颁布了《萨瓦里条款》，建议将地方语言教学延长至大学阶段，允许双语课程的开设以及其他课程的创新尝试（栾婷 等，2017）。此条款的颁布实施再次推动了地方语言在教学上的延续性发展。1985 年，法国总理成立"地方语言文化国家委员会"，对部分国家政策进行调整，使其与地方语言教学相联系。[①]

2001 年 7 月，法国政府成立"地方语言学术委员会"，由当地政府、家长以及教师代表等组成。[②]委员会的主要职责是负责地方语言教育政策的制定，并监督其实施情况。同年 9 月，法国教育部陆续出台《关于在小学、初中和中学发展地方语言和文化教学》（第 166 号通函）、《关于（法语—地方语言）同等学时双语教学执行办法》（第 167 号通函），确定了地方语言作为现代语言的一部分，规定了其在教育各阶段的教学设置。2017 年 4 月 12 日，法国教育部发布新的通函，同时废止第 166 号和第 167 号通函，根据现代外语教学特点重新规划了地方语言和文化的教学。该通函成为地方语言与文化教学的最新指南。

2013 年 8 月，《关于重建共和国学校方向和规划法》修改了《教育法典》的一些条款，其中第 40 条明确规定："地方语言与文化属于法国遗产的一部分，其教学应该首先在地方开展……地方语言与文化的教学应该贯穿于整个义务教育阶段。"[③]同时，此条款建议地方语言的教学可以采取两种模式：一种是教授地方语言与文化，另一种则是采用法语和地方语言进行双语授课。该法令的颁布加强了地方语言教学的法律基础，使得学校的教学体系发生了显著变化。2015 年 8 月 7 日《关于新的共和国领土组织结构法》对《教育法典》进行了修订，以方便居住在市镇的学生，在其学校不提供地方语言教学的情况下，可以在另一市镇的学校注册入学。2021 年《地方语言法》第 4 条规定，可以在学校实行地方语言沉浸式教学，意味着学生不仅可以在课上学习地方语言，在学校课外环境中也有权使用地方语言进行交流。但该条规定被宪法委员会裁定为违反《宪法》第 2 条第 1 款，因此该条款也已被废除。[④]

在教学安排方面，鉴于法国地区和语言的多样性以及复杂性，学校的课程设置和教学大纲可以因地、因时制宜。在小学阶段，课程以激发学生的语言意识为主要目的，除个别双语课程之外，学校一般每周提供一到三个小时的地方语言教学；到了中学阶段，学生可以根据实际需求选择一门地方语言作为选修课，或者考虑将其作为自身的第二或第三语言。学生也有权选择将地方语言作为高考语言考试科目，通过考试的考生可获得国家颁发的语言证书。此外，教师也是影响地

---

① 资料来源于法国司法部官网（读取日期：2022 年 8 月 6 日）。

② 资料来源于法国教育部官网（读取日期：2022 年 8 月 6 日）。

③ 资料来源于法国教育部官网（读取日期：2022 年 8 月 6 日）。

④ 资料来源于法国宪法委员会官网（读取日期：2022 年 8 月 6 日）。

方语言发展的重要因素。2013 年的统计数据显示，在初中和高中阶段，有大约 540 名教师从事地方语言教学工作。过去近二十年时间里，国家增设了 602 个教师岗位用于地方语言教学。①

随着法国政府政策措施的不断出台，学习地方语言的学生数量呈日渐上升趋势。2011—2012 学年，法国地方语言教学涉及学生人数达 27.2 万人，相比 2009—2010 学年增加了 24%。其中，14.6 万余名学生的地方语言教学由国家教育部门提供一定的保障和支持，较 2009—2010 学年增加了 26%。②据法国学校教育总局最新调查，2013—2014 学年，地方语言与文化教学共涉及 40.5 万名学生，其中小学占 73%，初中占 17%，高中占 10%。③这一数据比 2011—2012 学年又增加了近 33%。

4 布列塔尼语言政策与规划及发展现状

布列塔尼语是法国西北部布列塔尼大区的一种地方语言，属于印欧语系凯尔特语族，有着 1,500 多年的悠久历史。在法国大革命以前，布列塔尼语曾是法国重要的地方语言之一，1464 年，世界上第一部三语词典（*Catholicon*）就是以布列塔尼语、法语、拉丁语写成，这也是世界上最古老的布列塔尼语词典和第一部法语词典。

法国大革命以后，布列塔尼语在消灭地方语言运动中遭到严重破坏。1831 年，阿摩尔滨海省和菲尼斯泰尔两省省长联名致信教育部部长，建议采取措施消灭布列塔尼语，禁止村镇之间使用法语以外的语言进行沟通。他们认为，唯其如此人们才会因交流的需要学习法语。于是，以布列塔尼语为代表的消除地方语言运动，持续了一个多世纪。当时的布列塔尼大区随处可见"禁止说布列塔尼语和随地吐痰！"等标语，学生在学校讲布列塔尼语会受到惩罚。此后，布列塔尼语使用者日益减少，老龄化现象严重。到 20 世纪 50 年代，布列塔尼语在家庭中的传播近乎停滞。2010 年，布列塔尼语被联合国教科文组织列为"严重濒危语言"。

20 世纪 80 年代以后，法国政府和布列塔尼大区当局在地位、本体和习得规划领域采取了一系列措施，使得布列塔尼语重新焕发生机。

4.1 地位规划：公共服务与媒体视听领域

近年来，布列塔尼语逐渐出现在大区的公共生活和服务中，人们随处可见法语—布列塔尼语双语标识。2001 年 10 月 5 日，布列塔尼语（事务）办公室为促进布列塔尼语在公共生活、经济和社会等领域的使用与传播，发起"Ya d'ar brezhoneg"（谁讲布列塔尼语）倡议，大区共有 178 个私营部门参加并签署了该

---

① 资料来源于法国文化部官网（读取日期：2022 年 8 月 6 日）。
② 资料来源于法国文化部官网（读取日期：2022 年 8 月 6 日）。
③ 资料来源于法国文化部官网（读取日期：2022 年 8 月 6 日）。

倡议，承诺将在部门工作和生活中使用布列塔尼语。截至目前，共有 790 所私人机构、227 个市镇以及 14 所城市间机构同意并签署了该倡议，极大地促进了布列塔尼语的复兴和发展。此外，部分公共服务领域的文件也由双语起草。2021 年 4 月，布列塔尼大区预防新冠病毒传播的相关规定以及减少人员外出流动的文件由双语写成，且布列塔尼语居于法语前列，充分突显地方当局对布列塔尼语的重视。

为进一步促进布列塔尼语的传播，政府加大了其在电视、电台、广播等节目中的传播力度。法国电视 3 台（France 3）是播放布列塔尼语节目的首要频道，至今已有 40 余年历史；近年来，地方频道 Tébéo, TV Rennes 35 和 Ty Télé 也开始播放布列塔尼语节目。1982 年，法国电台 France Bleu 布列塔尼地方分台创建，一直使用布列塔尼语进行广播。此外，随着科学技术的发展，布列塔尼语的传播也延伸至互联网领域，如由加拿大标准协会 CSA 认证的网络电视 Brezhoweb 等，这些都展现出布列塔尼语日益旺盛的活力。

4.2 本体规划：刊物出版与新词术语领域

法国对布列塔尼语的本体规划，主要体现为刊物出版以及新词术语的标准化改革。1925 年，罗帕兹·赫蒙用布列塔尼语创办了文学评论杂志《格瓦拉恩》（Gwalarn，含义为"西北"），主张剔除法语借词，通过翻译活动向世界推广布列塔尼语；1931 年，法国语言学家弗朗索瓦·瓦利出版《布列塔尼语词典》，对今天的布列塔尼语学习仍然具有重要的参考价值。自 20 世纪下半叶开始，布列塔尼语的本体规划产出更加多元化：弗朗西斯·法韦罗于 1992 年出版了《现代布列塔尼语词典》；1995 年，An Here 出版社出版《布列塔尼语单语词典》，并于 2002 年更新第二版。

此外，为应对日新月异的环境变迁以及不断涌现出的新词术语需求，布列塔尼语（事务）办公室于 1994 年开发出线上词汇查询网站 TermBret，供公众免费查询有关布列塔尼语的新兴词汇术语。据统计，2019 年，TermBret 网站日均回应术语查询请求数量达 341 条，[①] 布列塔尼语开始重新回归到公众的生活和工作中。

除了在词汇方面的努力外，地方当局为保持布列塔尼语的语言特色和书面记载，逐步增加布列塔尼语刊物。2019 年，使用布列塔尼语出版的刊物有 91 部，从本体规划层面进一步保护和发展了布列塔尼语。

4.3 习得规划：教育教学领域

在地方语言的习得规划中，法语—布列塔尼语双语教育是地方语言双语教学模式的典范，目前涉及布列塔尼大区 180 多个乡镇、570 所学校的 18,000 多名学生。在布列塔尼大区，主要有三种双语学习的渠道：迪万沉浸式学校、公立学校以及天主教学校的双语教学班。这种双语教学模式呈现出强大的活力，培养了一

---

① 资料来源于布列塔尼语（事务）办公室官网（读取日期：2022 年 8 月 6 日）。

批法语—布列塔尼语双语人才，在促进法语学习的基础上，有效地推动了地方语言的发展，使得布列塔尼语学习人数逐步增加（见图1）。2019年，从幼儿园到高中，学习布列塔尼语的总人数为18,890人，较2009年增加了45%。2020年入学人数为19,165人，双语机构开设数量为593所，为布列塔尼语的学习提供了充足的环境场所。①

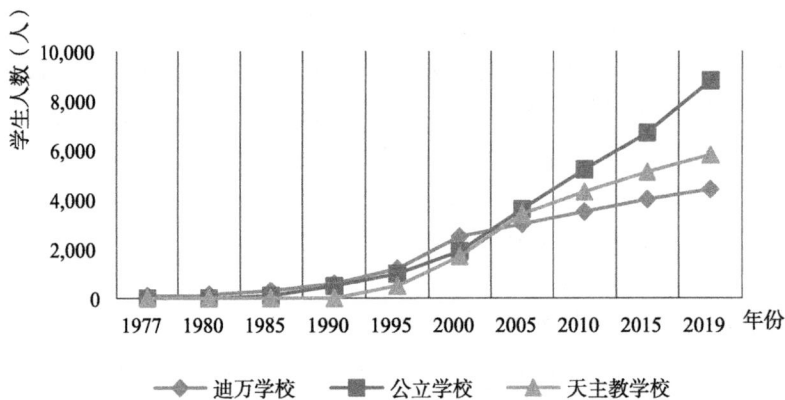

图1　1977—2019年布列塔尼语双语学校学生人数变化

但从年龄结构来看，目前讲布列塔尼语的人数主要集中在60岁以上，15—40岁的学习者数量尤为稀少（见图2），②再次验证了法国大革命时期消极的地方语言政策带来的影响，出于现实因素和经济利益需求，当地居民更多地转向法语，从而摒弃地方语言。

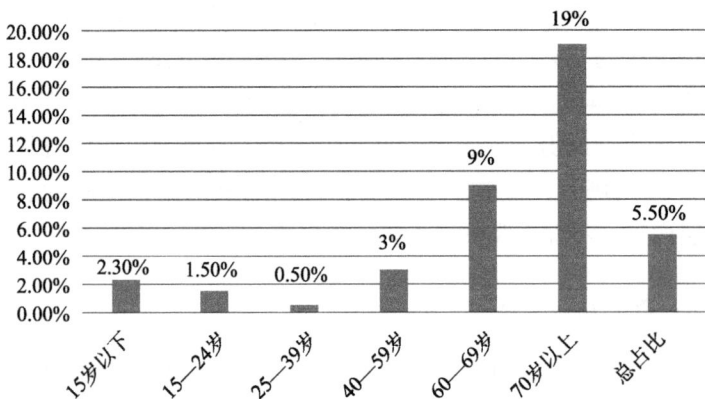

图2　2018年布列塔尼语使用者年龄结构占比

---

① 资料来源于布列塔尼语（事务）办公室官网（读取日期：2022年8月6日）。
② 资料来源于布列塔尼语（事务）办公室官网（读取日期：2022年8月6日）。

2018 年的社会语言学调查数据显示，当前布列塔尼语使用人数为 22.5 万人，其中 78% 的使用者年龄在 60 岁以上。使用者数量的增加主要得益于法国政府和布列塔尼当局在各个领域采取的举措，而面对使用者人口老龄化等挑战和困境，未来的布列塔尼语复兴之路仍道阻且长。

5　结语

从对法国地方语言政策的梳理以及布列塔尼语的发展现状来看，法国为保护地方语言、促进语言文化多样性做出了重要努力。无论是国家通用语还是地方语言，法国政府在语言政策与规划领域更多采取法律的手段来进行语言的捍卫与管理，这种具有法律效力的地位规划更具有执行力和可操作性，对于提高法国地方语言的社会地位更具成效。教育在法国地方语言政策与规划中发挥了重要作用。通过教育体系改革，从年轻一代入手，鼓励学生从小学习地方语言，并贯穿至教育教学的各个阶段，这是保护和发展地方语言的长久大计。

尽管法国政府对地方语言的保护取得了一定的成效，但为了维护国家统一、法语独尊，法国在制定地方语言政策的同时，仍然将法语的捍卫与全球推广作为首要己任，地方语言的地位并没有实质性提升，仍面临许多挑战。其一，法国对于地方语言的本体规划仍然不足。以布列塔尼语为例，地方人士为剔除法语借词的影响，发展纯正的布列塔尼语，引进威尔士语、爱尔兰语等凯尔特语言的借词或用布列塔尼语的词根创造新词。但在此过程中，掌握传统布列塔尼语的人并不能理解"去法语化"的现代布列塔尼语，造成二者之间出现沟通障碍。其二，目前以布列塔尼语为代表的地方语言使用者老龄化现象严重，需要在习得规划领域进一步采取创新模式，鼓励孩童从小开始学习和传承地方语言。

此外，包括地方语言在内的多语环境有待于进一步打造。魁北克教育学家南希·多里昂认为，导致一种语言消亡的原因，主要有两种可能：一种是物理消亡，即操某种语言的种族团体的消失；另一种是操某种语言的人自动停止使用该语言（王秀丽，2011）。长久以来，法语的唯一性和排外性以及地方语言使用者的老龄化使得操地方语言的人越来越少。而一种语言能否给使用者带来相关利益是影响其是否继续使用该种语言的重要因素，目前地方语言带来的诸如个人权利、教育资源和就业机会的获取等效益甚微，也使得越来越多的法国人放弃地方语言。如何从源头入手，打造以法语为主、地方语言为辅的多语环境，鼓励地方语言的使用和创新，是保护地方语言、防止其消亡的重要一环。

总体来看，法国从地位、本体、习得等各领域对地方语言进行了保护和传承，但仍面临地方语言社会地位低下、难以书面保存、使用者老龄化严重等困境与挑战，这也是今后法国地方语言发展所要突破的掣肘所在。

参考文献

车晓菲，2012. 法国历史上具有代表性的语言政策 [J]. 法语学习（1）：50-52.

戴曼纯，贺战茹，2010. 法国的语言政策与语言规划实践——由紧到松的变迁 [J]. 西安外国语大学学报（1）：1-5.

李克勇，2006. 法国保护法语的政策与立法 [J]. 法国研究（3）：22-27.

栾婷，傅荣，2017. 法国地方语言现状及地方语言政策分析 [J]. 法语学习（4）：33-39+62.

钱治安，1994. 法国的语言 [J]. 法国研究（2）：7-22.

王秀丽，2011. 当代法国语言学理论研究 [M]. 北京：北京语言大学出版社.

王一力，2010. 简析语言存亡原因与保护小语种之意义 [J]，外国语文论丛（14）：118-128.

FETTES M, 1997. Language planning and education[A]// Encyclopedia of language and education. Dordrecht, The Netherlands: Kluwer Academic: 13-22.

HAGEGE C, 1996. Le Français, Histoire d'un Combat[M]. Paris : Edition Michel Hagère.

HAUGEN E, 1959. Planning for a standard language in Modern Norway[J]. Anthropological linguistics, 1(3): 8-21.

KAPLAN R B, BALDAUF R B, 1997. Language planning: from practice to theory[M]. Bristol: Multilingual matters.

WALTER H, 1988. Le Français dans tous les sens[M]. Paris : Robert Laffont.

作者简介

刘洪东，山东大学外国语学院教授。主要研究领域：法语教学法、语言政策与语言规划、法语国家与地区研究。电子邮箱：liuluc@sdu.edu.cn。

魏进红，山东大学外国语学院硕士研究生。主要研究领域：语言政策与语言规划。电子邮箱：17854160032@163.com。

（责任编辑：杨佳）

新中国成立以来我国外语教育政策
与文化自信的互动研究 *

合肥工业大学　外国语学院　张四红　江　榕　李梦媛　吴纪琛

提　要: 我国的外语教育政策与文化自信之间相互作用、相互影响,和我国的政治经济大环境紧密关联。自新中国成立以来,二者之间的互动大致可分为萌芽、割裂、失衡及重塑四个阶段,每个阶段的互动各有特点,总体表现为: 文化自信影响着外语教育政策的制定与实施,而外语教育政策又塑造和培养了国民的文化自信。笔者认为应通过在外语教育中强化本土意识,融入中国元素,提高跨文化交际能力等路径优化其互动,以服务国家国际化人才培养战略。

关键词: 外语教育政策;文化自信;互动

1　引言

外语教育政策是为服务于国家总体发展而实施的一系列外语教学举措(曹迪,2021),需要随着国家在不同时期的发展状况动态调整。文化自信是一个社会群体对本民族文化的价值认同与充分肯定,是一种对自身文化生命力旺盛所持有的坚定信心(赵银平,2016),这是一种客观的自信,不是唯本民族文化独尊、闭关锁国的盲目自信(戴圣鹏,2022)。外语教育政策与文化自信都与国家政治经济发展大环境紧密关联,二者相互作用、相互影响,文化自信影响着外语教育教学规划,外语教育政策的调整在体现国家意志的同时又反作用于本土文化,对文化自信产生影响。通过研究新中国成立以来我国外语教育政策与文化自信的互动机制,反思如何进一步提升我国外语教育政策与规划的合理性及可行性,有助于坚定文化自信,提升国家文化软实力,为推动我国文化强国建设与实现中华民族伟大复兴的中国梦建言献策。

2　我国外语教育政策与文化自信的互动表现

新中国成立以来,我国外语教育在曲折中前进。在此过程中,为满足社会经济发展需要,外语教育政策不断改变、完善,经历了范式变迁与战略转型(沈骑,2019),与我国文化不断交融、碰撞。同时,国民对中华民族传统文化的文化自信

* 本文系2019年国家社会科学基金重点项目"'一带一路'核心区尼泊尔境内藏缅语的深度调查和类型学研究"(项目编号:19AYY019)、2021年安徽省"语言学系列课程"省级教学团队项目(项目编号:2021jxtd223)和2021年合肥工业大学国家级大学生创新创业项目"建党百年来中国外语教育政策与规划的梳理和研究"(项目编号:202110359049)的阶段性研究成果。

又深刻影响着外语教育政策的制定与规划，二者互动活跃。在综合考量社会时代背景的基础上，我们将1949年新中国成立至今我国外语教育政策与文化自信的互动划分为如下四个阶段。

2.1 互动萌芽阶段（1949—1965年）

新中国成立后，社会主义文化建设也逐渐提上日程，面对过去遗留下的落后文化面貌，提高全民族的文化水平迫在眉睫。当时，我国的外语教育规划坚持以国家利益为重，没有充分考虑到语言教育教学的自身规律。此阶段的文化自信与外语教育政策互动可以细分为两个阶段，第一阶段以"以俄为师"为主题，第二阶段则以"转型发展"为要素。

第一阶段（1949—1955年），即新中国成立初期，国内生产力水平较低、财政困难、失业严重，国际上以美国为首的西方国家采取对华封锁的政策（王建军，2018），我国经济形势异常严峻。为满足新中国建设需要，国家高度重视俄语教育。1951年，第一次全国俄文教学工作会议在北京召开，这是新中国成立后召开的第一次全国性外语教育工作会议。"以俄为师"的外语教育政策旨在服务于国家政治经济建设与发展需要，体现了外语教育政策与政治经济因素间的密切联系。此阶段的文化自信建设与外语教育政策均处于发展低谷期，本国文化学习与外语教育的发展交集甚少。一方面，大力学习宣扬他国文化，导致本国文化自信建设力度不足；另一方面，外语教育体系尚未完善，语种单一，过于重视输入他国语言文化，利用外语输出本国文化的意识和动机较弱。

第二阶段（1956—1965年），国家对外语教育政策进行了调整，俄语一家独大的局面逐渐被多语种教育所取代。1964年，《外语教育七年规划纲要》颁布实施，外语教育逐渐步入正轨，我国外语教育政策的制定由此前的"被动"为政治经济建设服务转型为"主动"以国家长远发展为轴。此时期的一系列调整虽使外语教育体系更加趋向合理化，但外语教育却并未承载足够的文化内涵。社会经济发展的客观要求作为决定性因素，极大程度影响了政策的制定，外语教育政策与文化自信的互动关系较为松散。

总体而言，新中国成立初期，外语教育政策的制定多受政治经济因素影响，文化因素发挥的作用较小，文化自信相对缺失。因此，这一阶段，服务于政治和经济发展需要的外语教育与匮乏的文化自信之间存在一定的互动，但并不明显，尚处于萌芽阶段。

2.2 互动割裂阶段（1966—1976年）

1966—1976年的"文化大革命"是中国社会主义探索与建设全面倒退的十年，教育领域更是"重灾区"，外语教育领域受到的冲击尤为严重，1964年提出的《外语教育七年规划纲要》被迫中断。1967年，《大、中、小学校复课闹革命的通知》发布后，高等院校兴起"复课闹革命"，大批外语专业学生被集中到农村劳动，全国外语教学活动陷入停滞（王雪梅，2011）。社会上刮起反"外"风，外文书籍作品成了禁书，外语人才受到打压。在此阶段，文化自信看似高涨，实际上却导致社会上下不加区分地驳斥各类异域文化，这是一种相对畸形的文化自信，在抵御异域文化的同时，也削弱了本国文化的自信。因此，在文化自信与外语教育双双遭受冲击的背景下，外语教育政策受到当时所谓"主流文化"的严重冲击。盲目的文化自信单方面压制着外语教育，造成文化自信与外语教育之间的互动呈现出一种割裂状态。

2.3 互动失衡阶段（1977—2000 年）

随着我国社会经济的发展，国家对外语教育的重视程度逐渐恢复，外语教育政策逐渐趋向开放包容，但这一阶段的外语教育在实际教学活动中却呈现出一种外来文化单向输入的样态，不利于本国文化的传播输出，一定程度上也阻碍了文化自信的良性发展。

1978 年改革开放后，外语教育进入了蓬勃发展的新时期。为适应社会经济发展需求，人民群众学习外语的热情空前高涨，外语教育体系也愈发完善。但与此同时，外语教育的单向输入也慢慢削弱人们的本土文化认同感与自信。1979 年，经国务院批准，教育部印发《加强外语教育的几点建议》，明确指出要充分认识外语教育的重要作用，提出改变外语教育的封闭状态，对于俄语人才的培养采取少而精的原则，纠正了上述互动萌芽与互动割裂阶段发展过程中出现的相关问题。同时，国家出台了大量外语教育政策文件，从教学方式、教材编写到教学考核均有所涵盖，教学主流从单纯的学习语言向学习语言文化过渡，教学更加灵活自主，科学合理。

但是，与此同时，外语教育规划却未受到足够的重视，这导致外语教育实践教学过程中的政策执行有所偏离，教学工作在一定程度上处于无序且盲目的状态（胡文仲，2011）。外语教育的单向输入问题日益突出，不断冲击着国民的文化自信。一方面，此时期的一系列政策忽视了本国文化与外语教学的融合，各类外语教学材料几乎未涉猎本国文化。以英语教学为例，作为全国大中小学生的必修科目，不断向外语学习者传输西方文化尤其是英美文化，单方面的文化输入使学生无法从中产生共鸣，更难以强化文化自信（王世静，2005）。另一方面，出于教学需求，为引入国外先进文化以塑造学生积极正面的价值观念，教学过程中会对异域文化加以美化（曹迪，2021）[117]。这种单向的文化传播在很大程度上干扰了外语学习者的真实认知，不利于青少年学习者塑造正确的价值观，削弱了国民的文化自信。此阶段的外语教育政策在一定程度上制约着文化自信的发展，这种单方面的制约行为存在较多问题、较大缺陷。

2.4 互动重塑阶段（2001年至今）

1998年12月教育部批转《关于外语专业面向21世纪本科教育改革的若干意见》，标志着我国的外语教育进入新的发展阶段。进入21世纪以来，在政治稳定、经济繁荣的大背景下，国内文化自信趋向昂扬，我国外语教育开始关注中华文化与外语教育间的联系，逐渐认识到外语教育对传播弘扬中华民族优秀传统文化具有重要意义。外语教育政策的调整风向标从"语言引进来"逐渐转变为"文化走出去"，互动愈发科学合理。

2010年7月，中共中央、国务院颁布《国家中长期教育改革和发展规划纲要（2010—2020年）》，明确指出需"加强中华民族优秀文化传统教育和革命传统教育"。在教学中融入文化要素，学习文化内涵已成为当今我国教育的发展趋势。如何在外语教学中传播弘扬中华文化，增强文化自信，成为现代外语教育规划过程中的必答题。

2017年1月国务院印发《国家教育事业发展"十三五"规划》，明确指出"培养外语非通用语种人才"以助力推进与周边国家教育文化的合作交流，这一规划进一步强调了外语教育对传播中华民族优秀文化的积极作用。至此，我国外语教育政策已基本摆脱过去的"慕强"式导向，即以学习世界强国语种为主，取而代之的是更加开放、自主的"内需"式导向。学习外语以更好地传播本国文化、增强国家软实力已成为外语教育政策规划的风向标，这一转变是重塑中华民族文化自信的重要体现。

我国当前的外语教育政策与文化自信的互动虽已得到优化，但仍未达到最优状态，有必要对二者的互动进行优化以发挥最佳效果。

3 我国外语教育政策与文化自信的互动机制分析

新中国成立至今，我国外语教育政策一直处于动态调整中，以服务于国家不同时期的发展需求；文化自信的状态也并非一成不变，而是在政治经济等因素的影响下呈现动态波动。通过梳理新中国成立以来我国外语教育政策的调整以及上述各阶段所呈现的文化自信状态，可以发现我国外语教育政策与文化自信之间存在一种互动机制。

3.1 文化自信影响外语教育政策的制定与实施

唯物史观认为，文化是人类社会实践的产物，能够对人类社会实践产生深远影响，而外语教育政策的实施具有很强的实践性（丁钢，2008），会受到不同文化自信状态的影响。文化自信始终与国家兴亡、民族振兴的历史主线相关联（秦华伟 等，2021），其认同与践行建立在一定的生产关系与物质基础之上（李小平 等，2017）。在生产力发展水平低下时，人民的基本生活需求得不到保障，文化自信趋向低迷，从而影响国民投入生产建设的积极性，不利于国内经济的恢复与发展。为改变此局面，政府多措并举，包括在外语教育政策中增加引进先进文化的力度。如上文所述，在新中国成立初期，为促进生产力快速发展，教育部门出台了一系列俄语教学相关的政策，引进先进的俄语教学成果，大量培养俄语人才，这种单方面的文化"引进来"对本国文化造成了冲击（郭凤鸣，2020）。此时，我国外语教育政策与文化自信之间的互动微弱，尚处于萌芽阶段。在"文化大革命"期间，文化趋于一种盲目自信，对外语教育造成严重打击，导致外语教育政策与文化自信之间的互动呈现出一种割裂状态。进入 21 世纪以来，我国政治稳定，经济繁荣，综合国力不断增强，文化自信趋向昂扬高涨。这种高昂的文化自信作用于我国外语教育政策，则体现为在外语教育中融入了中华优秀传统文化元素，更加重视外语学习者的汉英双语能力提升，从而扩大中华文化的海外影响力。文化自信的不同状态影响着我国外语教育政策内容的调整，而历次调整的关注点虽有所不同，但最终都服务于国家发展（曹迪，2021）[118]。

3.2 外语教育政策影响文化自信的塑造和培养

我国的外语教育政策属于语言规划范畴（曹迪，2021），能够体现国家的意识形态，其制定与调整深刻影响着文化自信的发展趋势。从语言规划的角度分析，语言作为我国外语教育政策的核心内容，拥有智识、政治、经济、文化、社会和权利六个方面的资源价值（Ruíz，2010），其中文化方面必然包含文化自信。国家通过外语教育政策对语言进行规划，可以发挥语言在教育文化方面的资源价值（Paulston et al.，1994），从而有利于文化自信的培养。

外语教育作为人文学科，具有人文性质，肩负着传播语言与文化的重任，而语言与文化相辅相成。外语教育的本质是人文通识教育，语言是外语教育的表征，文化是外语教育的灵魂。忽视人文性的外语教育不利于学习者批判性地吸收外来文化，从而不能正确平衡好本国文化与外来文化的关系，不利于培养学生的批判性思维，可能使其陷入对外来文化的盲目崇拜，影响其文化自信以及国家认同意识（王丽娟，2021）。相反，重视人文性的外语教育从知识、情感、技能等维度加强对学习者的文化影响，如 2011 年高等教育出版社出版的《综合英语教程》中，将中国古代诗人李白的生平介绍融入教材，使外语学习者能够更好地理解我国古代诗歌的风格及著名诗人的诗歌特色，在掌握具体的语言知识和外语应用技能的同时，更好地理解本国优秀文化，增强文化鉴赏力，进一步巩固文化自信，发挥互动机制的积极作用。

外语教育是公民教育的一部分，具有政治属性（Byram，2014）。文化作为国家软实力的一种，对夯实本国的政治经济实力也起着关键作用。当今世界，政治形势波诡云谲，多个力量中心相互抗衡，英语作为"世界通用语"正在强势入侵许多国家的语言文化系统（卢桂荣，2003），为了抵制"语言帝国主义"（language imperialism）对我国外语教育的干扰，重视外语教育的政治属性，培养具有批判性文化意识的公民变得至关重要。外语教育凭借其政治属性可发挥思想育人的作用。例如，在我国外语教育政策与文化自信互动重塑阶段，在高校英语课堂教学中，有机融入塑造文化自信的内容，导入课程思政元素，加强对大学生文化思辨能力的训练，从而在其面对外来语言与文化的冲击时，不仅能尊重文化多样性，批判看待接触到的异国文化，还能坚守中国文化立场，坚定中国文化自信，从而自发维护国家的文化安全与政治安全。

综上所述，新中国成立以来我国的外语教育政策与文化自信之间存在一种相互影响的互动机制。必须将文化自信意识浸入我国外语教育政策，再通过政策引领学生进一步增强文化自信，最终服务于国家的总体教育发展与国民素质的提升。

4 互动机制嬗变的若干反思

通过分析与梳理新中国成立以来我国外语教育政策与文化自信之间互动机制的嬗变过程，可以发现在上述四个发展阶段，外语教育政策中均或多或少存在不利于提高文化自信的问题。

4.1 政策研究：本土文化意识不强

我国外语学习者基数庞大，众多有志于科研的外语教师从事语言教育政策与规划方向的研究，可挖掘利用的文献资源丰富（王定华 等，2021），但是，我国对于外语教育政策的研究，缺乏本土文化意识，往往直接引入外国的学术研究理论（张天伟，2021）。运用这些"舶来品"，尽管在一定程度上有助于推动我国外语教育政策研究的繁荣兴盛，但沉溺于西方范式并没有使我国相关学者跳脱出西方研究的框架，未能运用自身的优势和地域的差异发掘本土文化。相反，外语教育政策与规划的研究更容易受到国外研究学者意志与观念的影响、外国语言与文化的冲击，导致相关研究对于本土文化的重视程度不强，使得语言在文化方面无法发挥应有的资源价值，凸显了其与文化自信互动性不强的短板，文化安全薄弱，文化创新缺乏，文化自信不足。

4.2 政策实施：中国文化元素缺失

语言教育通常会伴随文化的习得和渗透（张天伟，2021）。改革开放以来，我国各方面的发展步入快车道，外语教育政策也积极与国际接轨，但在政策实际实施过程中却呈现出一种外来文化单向输入的样态，与文化自信的互动处于失衡状态。以高校英语教育政策为例，存在一定的功利性、权益性及盲目性（谢倩，2009），不利于中国文化与外语教育的融合：学生学习英语的主要目的是通过各种英语水平测试，缺乏借助英语传播中国文化的意识；教材所选文章以引介英美等西方国家的文化为主，专题介绍中国文化的篇章偏少，中国文化元素融入较少，未能有效展现丰富多彩的中国文化。外语教育政策实施过程中，本国文化元素缺失，文化自信失语，二者的互动机制未能得到巩固加强，致使国民的人文素养无法得到充分涵养，文化传承与创新的能力无法得到有效增强，国家的语言能力没有得到全面提升，一定程度上偏离了人文素质教育的初心使命和价值选择。

4.3 政策效果：中华文化传播力度有待加强

基于更加开放、自主的"内需"式导向，相关部门开始意识到外语教育所肩负的弘扬中华民族优秀文化、推动中华民族优秀文化国际传播的重要使命。但在外语教育政策的实际制定与执行过程中，中华文化的传播意识不强，致使外语教育对推动中华文化"走出去"关注不足，语言学习者对于提升中华文化国际传播力与影响力的重要性认识不到位，政策效果未达到预期。如教育部于2018年发布的《外国语言文学类教学质量国家标准》对外语类专业学生的培养提出要求，明确学生不仅要掌握外国语言文化知识，还要熟悉中国语言文化知识，但该文件未明确要求将中华文化的国际传播纳入教学内容，这不利于外语类专业学生运用外语讲好中国故事，也不利于我国国际话语权的提升与全球性话语强国的建设。

5 外语教育政策与文化自信互动的优化路径

外语教育政策关乎一个国家外语教育的走向（苏晨业 等，2016），所追求的就是将语言教育政策的目的与国民教育体系全面、系统、一致地关联起来。外语教学尤其是英语教学在世界各国的语言教育规划中占有越来越重要的地位（魏芳等，2010），是宏观层面的外语教育政策与微观视角的外语学习者过渡的桥梁。因此，有必要从外语教学的角度探究外语教育政策与文化自信互动的优化路径。

5.1 强化本土文化意识

强化本土文化意识，需要抓住两个关键词：一是"本土化"，即关注本土文化自身，是指本土文化意识的构建需要研究外语教育政策的学者对本土文化具有一定的自觉性，依托现有的文献资源，依据中国国情和外语教育现状，在与本国的历史沿革、文化传统、政治经济体制和公众心理特征相适应的价值基础上进行本土化研究（张沉香，2011）；二是与之相对应的"全球化"，全球化时代的价值取向是我国外语教育政策需要关注的一个重点，在相关研究中要体现全球化和本土化的博弈和融合的辩证关系（沈骑，2011），需要尊重、辩证地看待异域文化，既不崇洋媚外，也不全盘否定，彰显我国文化自信的包容性。借鉴和运用其他国家的思想文化精华和国际学者的研究范式，与中华文化和国内学者的研究视角进行全方位、多角度的对比，对西方文化辩证思考，促进中外文化交流互鉴，创新本民族的思想文化，从而实现文化兼容并蓄。同时，在外语教育政策研究语种的选择上，应防止英语"一家独大"，关注非通用语言教育政策的研究与实施状况。把培养本土文化意识作为重要方略，引领外语教育政策的研究者力求做到通晓古今、贯通中西，在文化的交流碰撞中坚守阵地、坚定立场。

5.2 注重融入中国元素

当前，我国已跃升为世界第二大经济体，国民的文化认同感与日俱增。这种昂扬的文化自信作用在外语教育政策的实施与素材上，表现为不仅要强调提高学习者的语言综合应用能力，更要充分发挥二者互动机制的积极作用，重视中华民族优秀文化的导入和中国元素的融合。

在外语课程教学中，教材应选择展现中国传统餐饮服饰、风俗习惯、思维范式、古典建筑等素材，以提高学生对外讲好中国故事的能力；在课堂教学过程中，教师应注意挖掘课程思政元素，将当今国计民生的关注重点等融合到所授内容中，以培养学生在对外交往中时刻胸怀国家的品质。例如，2022年由外语教学与研究出版社出版的《理解当代中国》多语种系列教材进高校、进课堂，必将有助于培养有家国情怀、有全球视野、有专业本领的复合型人才，推动新时代中国话语和中国叙事体系的构建。此外，在外语水平测试中，应从题型设置、内容考察上融入中华民族优秀文化，厚植爱国情怀。又如2021年，恰逢中国共产党成立一百周年，当年的大学英语六级考试中，翻译试题紧跟社会热点，考察中国共产党第一次代表大会、井冈山革命根据地、延安等红色革命文化就是很好的引导。

5.3 加强中华文化国际传播

通过调整国家外语教育政策，加强中华文化的国际传播，塑造文化认同，有利于更好地发挥外语教育政策与文化自信互动机制的积极作用。如今，我国国际影响力显著提高，在国家外语教育政策层面推动中华民族优秀文化"走出去"，使国人树立起对本国优秀文化的自豪感，进而激励其传承、传播中华文明成就，强化国民的文化自信。因此，国家外语教育政策的制定与落实需要改变以往中华文化国际传播的"失语""少语"境地，以外语为传播媒介推广中华文化，以"一带一路"为契机，加强同沿线国家友好往来，打造出具有中国特色的文化品牌，塑造中国的文化自信。同时，从政策的实际效果出发，注重对跨文化交际能力的培养，使学生在多元文化的交流与互动中兼修中外文化，推动中华文化的国际传播。在教学活动中，应加强对跨文化体验式活动或是跨文化情景模拟的教学设计；在阅读作品的推荐中，应选择与时代接轨、调动学生兴趣的现代小说或是报纸杂志；在课程拓展材料的挑选中，应放映语音标准、具有跨文化交际场景的外语原版电影，以创造良好的语言环境，让学生体会东西方文化的差异，克服交际中出现的自卑、焦虑情绪，在学习外国优秀文化的同时，推动中华优秀传统文化"走出去"。

6 结语

本文对新中国成立以来我国外语教育政策和文化自信之间的互动进行了探究。我们发现，二者的互动大致可以概括为互动萌芽（1949—1965 年）、互动割裂（1966—1976 年）、互动失衡（1977—2000 年）和互动重塑（2001 年至今）四个阶段。每个阶段都表现为文化自信影响外语教育政策的制定与实施、外语教育政策又反作用于文化自信塑造和培养的互动机制。但是，本文对我国外语教育政策和文化自信之间的互动研究主要是以史实为依据，对其互动表征进行描写和分析，以发现当前存在的问题，并提出通过强化本土文化意识、注重融入中国元素、加强中华文化国际传播等手段，以提升外语学习者的跨文化交际能力等应对问题的路径。未来应从学理和学科层面出发，进一步明确"文化自信"的内涵和外延，进一步挖掘其和外语教育政策互动的影响因素，对二者互动的动态传导机制和认知逻辑链进一步梳理，以便从更深层次提出外语教育政策与文化自信互动的最优化策略，以建构具有中国特色的外语教育体系，服务于国家的国际化人才培养战略，推动文化强国建设。

参考文献

曹迪，2021. 国家文化认同视角下我国外语教育政策研究 [J]. 吉林省教育学院学报（8）：116-119.

戴圣鹏，2022. 论文化自信的基础与条件 [J]. 学术界（1）：119-125.

丁钢，2008. 教育叙事的理论探究 [J]. 高等教育研究（1）：32-37+64.

郭凤鸣，2020. 新时代高校外语教育的文化自信 [J]. 成都理工大学学报（社会科学版）（5）：88-94.

胡文仲，2011. 关于我国外语教育规划的思考 [J]. 外语教学与研究（1）：130-136+160.

李小平，吴国林，2017. 文化自信的辩证唯物论分析 [J]. 华南理工大学学报（社会科学版）（6）：16-23.

卢桂荣，2003. 英语传播与语言濒危 [J]. 四川外语学院学报（3）：114-116+140.

秦华伟，谭小花，2021. 论文化自信生成的历史逻辑 [J]. 边疆经济与文化（10）：65-67.

沈骑，2011. 全球化背景下我国外语教育政策研究框架建构 [J]. 外国语（上海外国语大学学报）（1）：70-77.

沈骑，2019. 新中国外语教育规划 70 年：范式变迁与战略转型 [J]. 新疆师范大学学报（哲学社会科学版）（5）：68-77.

苏晨业，邵晓霞，2016. 我国外语教育政策研究的现状、问题及未来展望 [J]. 教学与管理（3）：33-36.

王定华，杨丹，2021. 人类命运的回响——中国共产党外语教育 100 年 [M]. 北京：外语教学与研究出版社 .

王建军，2018. 新中国成立初期国家治理体系的构建（1949—1956）[D]. 北京：中共中央党校 .

王丽娟，2021. 外语教育培养文化自信的必然性和路径探索 [J]. 教育理论与实践（36）：36-39.

王世静，2005. 外语教学中的文化输入和文化冲突——关于"文化型语言课程"的思考与讨论 [J]. 国外外语教学（3）：20-24.

王雪梅，2011. "文革"期间外语专业教育概述 [J]. 燕山大学学报（哲学社会科学版）（2）：126-130.

魏芳，马庆株，2010. 语言教育规划视角中的外语教育 [J]. 南开语言学刊（1）：151-159+189-190.

谢倩，2009. 关于我国 21 世纪的中长期外语教育政策规划的初步设想 [J]. 中国外语教育（4）：68-73+80.

张沉香，2011. 外语教育政策的"外生性"与"本土化" [J]. 当代教育论坛（综合研究）（12）：47-49.

张天伟，2021. 我国外语教育政策的主要问题和思考 [J]. 外语与外语教学（1）：13-20+144.

赵银平，2016. 文化自信——习近平提出的时代课题 [J]. 理论导报（8）：7-9.

BYRAM M, 2014. From foreign language education to education for intercultural citizenship[M]. Shanghai: Shanghai Foreign Language Press.

PAULSTON C B, MCLAUGHLIN S, 1994. Language-in-education policy and planning[C]. Cambridge: Cambridge University Press.

RUIZ R, 2010. Reorienting language-as-resource[C]. Charlotte: Information Age Publishing.

作者简介

张四红，博士，合肥工业大学教授、硕士生导师。主要研究领域：语言类型学、语言政策与规划等。电子邮箱：zhangsihong@hfut.edu.cn。

江榕，合肥工业大学外国语学院本科生。主要研究领域：语言政策与规划。电子邮箱：1571159058@qq.com。

李梦媛，合肥工业大学外国语学院本科生。主要研究领域：语言政策与规划。电子邮箱：1090010792@qq.com。

吴纪琛，合肥工业大学外国语学院本科生。主要研究领域：语言政策与规划。电子邮箱：wujichen2001@163.com。

（责任编辑：王伶）

北京语言产业发展的背景、现状与任务*

首都师范大学　文学院　**李　艳**

提　要：本文分析了北京语言产业发展的宏观背景，包括人口因素、经济基础、产业政策；分行业概述了北京语言产业发展的现状，重点是各细分语言产品的产值规模，在此基础上概算出语言产业的 GDP 占比为 5.5%；提出了当前北京语言产业发展所面临的任务，一是各供给主体的语言产业意识和相关运行管理能力有待增强，二是语言产业持续高效能与高质量发展的内在动力有待增强，三是语言产业发展的智力支持和各方协调联动有待增强。

关键词：语言产业；语言技术；语言翻译；语言康复

　　语言产业是由提供语言产品与服务的行业所构成的、以满足消费者的语言需求为供给目标的产业。改革开放后，随着以语言资源为基础的语言产品的供需关系逐步形成，语言培训、语言翻译、语言出版等行业率先萌芽并得到迅速发展；此后，语言技术、语言测评、语言艺术、语言创意、语言康复、语言会展等行业也相继产生，这些语言行业共同构成了语言产业（贺宏志，2013）。语言产业因其具有的文化、经济功能及由此产生的对社会发展的影响，可以使国家的软、硬实力相互结合与转化，在国家发展中意义重大。语言产业基本属于高端服务业和高新技术产业。

1　北京语言产业发展的宏观背景分析

1.1　人口因素分析

　　人口既是语言产品的消费者，同时也为语言产业的发展提供人力资本和人才基础。人口的数量与质量、性别与年龄结构以及受教育程度等都与消费行为具有一定的相关性，继而影响到消费结构及消费总量。"人口结构的变动、人口素质的提高等因素对我国居民消费倾向的影响是长期的、显著的"，并且，有研究发现"少儿人口比重与消费水平之间的相关性要大于其他变量"（石贝贝 等，2014）。

　　根据北京市第七次全国人口普查数据，截至 2020 年 11 月 1 日零时，北京市常住人口占全国人口的 1.55%，为 2,189.3 万人。从受教育程度看，每 10 万人口中拥有大学（大专及以上）文化程度的人数为 41,980 人，占比达 41.98%，居全国

---

*　本文系国家语委委托项目"中国语言产业发展报告"、国家语委 2022 年度重点项目"中国语言产业数据库建设及应用研究"（项目号：ZDI145-33）的阶段性研究成果。

首位，全国平均水平为 15,467 人 /10 万人；北京市 15 岁及以上常住人口的平均受教育年限为 12.64 年，位居全国第一。[①]

对北京人口结构进行分析，可以看出以下四点特征。

一是整体受教育程度高、平均受教育年限长，北京这两项指标均居全国首位。根据《中国人力资本报告 2021》，1985—2019 年，全国劳动力人口平均受教育年限最高的前五个省份是北京、上海、天津、江苏、辽宁。[②] 从统计数据来看，北京拥有大学教育的人口比重比全国平均水平高出 26.51%。高质量的人口也意味着对语言产品的供给提出了较高的要求，相应会从需求侧拉动语言产业的发展。

二是 20—39 岁人口占比较大，合计为 36.1%。这部分人口正处于事业上升期，接受新事物的能力较强，相对较善于并乐于运用新技术，这为除语言康复之外的其他语言产品与服务提供了大量的潜在消费者。占比为 21.2% 的 30—39 岁人口作为家长，也是幼儿及少儿语言学习产品的主要付费者。

三是人口老龄化程度趋于加深。根据《北京市"十四五"时期老龄事业发展规划》，预计到 2025 年，北京人口老龄化水平将达到 24%，迈入中度老龄化社会；到 2035 年，将超过 30%，进入重度老龄化社会。[③] 因此，需要应对老年人的消费需求与供给，深入研究包括语言康复在内的语言产品与服务需求供给问题。

四是城市对人才的吸引力强。根据"中国城市人才吸引力排名"报告显示，在 2020 年最具人才吸引力城市 100 强中，北京的人才吸引力居全国第一。根据北京市第四次经济普查数据，北京数字经济人才需求和平均年薪均位于全国之首，该行业相关从业人员达 138.9 万人，在全国排名第一，相当于沪深之和。[④] 城市对新技术人才的吸引力确保了语言产品研发有旺盛的创造力。并且，北京在全国城市中高校拥有量居于首位，也使得语言产业等新经济、新业态的发展有源源不断的内生动力。

1.2 经济基础分析

截至 2020 年底，北京地区生产总值 3,6102.6 亿元；第一、二、三产业占地区生产总值比重分别为 0.4%、15.8%、83.8%；新经济、战略性新兴产业、高技术产业的增加值分别为 13,654.0 亿元、8,965.4 亿元、9,242.3 亿元，占地区生产总值比重分别为 37.8%、24.8%、25.6%（北京市统计局，2021）。

第一，北京第三产业在地区生产总值中占比高。"北京是国内服务业最发达的城市之一，服务贸易规模位居全国前列。2019 年，北京服务业进出口总额 1.1 万亿元，约为全国总额的 20%"[⑤]。"2019 年，北京服务业占 GDP 的比重达 83.5%，

---

① 资料来源于北京市统计局官网（读取日期：2022 年 2 月 1 日）。
② 资料来源于《北京日报》公众号（读取日期：2022 年 2 月 3 日）。
③ 资料来源于新华社新媒体公众号（读取日期：2022 年 1 月 10 日）。
④ 资料来源于风口财经公众号（读取日期：2022 年 1 月 10 日）。
⑤ 资料来源于北京市人民政府官网（读取日期：2022 年 1 月 12 日）。

比全国平均水平（53.9%）高 29.6 个百分点。"① 语言产业是一个以新技术为重要特征、以高端服务经济为主要内容的产业，其核心产品与服务主要分布在第三产业，少部分隶属于第二产业的相关机器设备生产、加工。在服务经济时代，知识、信息和智力要素的生产、扩散与应用成为经济增长的主要推动力，以科技和人力资本的投入为核心生产方式（李艳，2020）。语言产业既是北京服务业的构成部分，也是推动北京服务业发展的重要力量，同时，北京服务业的高速发展，也加大了对语言产品与服务的需求，带动了语言产业的发展。

第二，北京新经济、战略性新兴产业、高技术产业占比呈上升趋势。"2019年，北京新经济增加值 12,765.8 亿元，占地区生产总值比重 38.9%；知识密集型服务业规模稳步增长，2019 年北京 IT 岗位比例从 2014 年的 7.3% 增长至 9.96%，年均增长率达到 7.29%；高新技术从业人员占比由 2014 年的 13.36% 增长至 2019年 20.87%，年均增长率 11.24%；新经济企业数从 2014 年的 8,733 家，增加到2019 年的 15,529 家；截至 2019 年，全国 47.83% 的全球独角兽企业位于北京。"②语言产业中的语言技术行业，一方面促进了语言产业中传统业态的现代化，另一方面也为其他新技术、新经济、新业态发展提供着必不可少的技术支持，是新旧动能转换的"助推器"。

第三，数字生态和营商环境评价均名列全国首位，为语言产业发展营造了良好的环境。根据北京大学大数据分析与应用技术国家工程实验室发布的《数字生态指数 2020》，北京数字生态总指数 85 分，位居全国第一。其中，数字基础、数字能力和数字应用三项一级指标均表现突出。分省份数字生态二级指标中，北京的基础设施、技术创新均为 100 分；数字社会为 94 分；数字安全、数字经济、数字人才得分均超过 80 分。③《2019 中国城市营商环境报告》围绕与市场主体密切相关的指标维度构建起中国城市营商环境的评价体系，评价指标包括基础设施、人力资源、金融服务、政务环境、普惠创新，覆盖了制度、市场、资源、技术、人才、资金等影响企业经营发展的关键环节，全方位评价了各城市营商环境状态水平。④根据该报告，北京的综合评价排名首位。

1.3 产业政策分析

产业政策是对市场协调不足的必要补充，特别是在新兴产业领域，激励创新的产业政策更为普遍。北京围绕城市功能定位、文化产业、科技产业、高精尖产业以及具体到人工智能领域所制定的一系列规划，实际上也为语言产业发展提供了政策基础。

---

① 资料来源于北京市人民政府官网（读取日期：2022 年 1 月 12 日）。
② 资料来源于北京市人民政府官网（读取日期：2022 年 1 月 12 日）。
③ 资料来源于北京市人民政府官网（读取日期：2021 年 12 月 8 日）。
④ 资料来源于北京日报公众号（读取日期：2021 年 12 月 8 日）。

《北京城市总体规划（2016—2035）》明确要求注重依靠科技、文化创意等服务业及高技术产业、新兴产业支撑引领经济社会发展。为此，《北京市推进全国文化中心建设中长期规划（2019—2035）》《北京市文化产业发展引领区建设中长期规划（2019—2035）》相继发布。繁荣语言事业、发展语言产业是语言文化建设的"一体两翼"，语言文化建设是全国文化中心建设的重要内容。语言产业部分交叉于文化产业，文化产业的发展离不开语言产业的发展。

北京以"创新"为关键词优化科技产业布局，[①] 人工智能、智能制造与机器人、大健康与医疗、大数据与智慧城市等的研发都离不开包括语言智能、语言数据在内的语言技术行业的参与。

北京对"十四五"时期高精尖产业发展做出明确规划，主要涉及软件和信息服务业、科技服务业。《北京市"十四五"时期高精尖产业发展规划》提出要"培育形成新一代信息技术（含软件和信息服务业）、科技服务业两个万亿级产业集群以及智能装备、医药健康、节能环保、人工智能四个千亿级产业集群""在北京全域打造智慧城市应用场景，吸引各行业、各领域新技术在京孵化、开展应用，加速形成创新生态，带动相关产业在京落地发展。力争到2025年，智慧城市产业实现营业收入3,500亿元，带动上下游产业接近万亿元，培育多家千亿元市值企业""着力推动北京市龙头企业进入国内互联网行业第一梯队，力争到2025年信息内容消费产业实现营业收入超过5,000亿元"，[②] 这将进一步推动包括各类机器人在内的对话式人工智能产品的研发和应用，智能语音技术在互联网、教育、医疗、司法、金融、养老服务等各场景中的应用将不断扩展。

2 北京语言产业的现状分析

2.1 各业态现状分析

2.1.1 语言培训行业

语言培训是指通过一段时间的学习和训练，使受训人获得某种语言能力的过程。培训内容有国家通用语言、少数民族语言、外语、方言、手语、盲文等。语言培训产品贯穿个人成长的全过程，包括早幼教产品、K12教育产品、高等教育产品、职业培训产品等。语言培训业受众覆盖面广、对其他业态的辐射性较强。

北京地区语言培训企业所提供的产品中，留学语言培训和以提升学历、获得文凭、考取资格证书为目的英语考试辅导培训居榜首，其次为商务英语培训，再次为少儿英语培训、对外汉语培训。从语种需求来看，除英语之外，法语和西班牙语是最受欢迎的第二外语。

---

① 资料来源于中华人民共和国中央人民政府官网（读取日期：2021年12月8日）。
② 资料来源于北京市人民政府官网（读取日期：2021年12月8日）。

2019 年，我国成人英语市场规模 953 亿元，其中应试英语规模 293 亿元、实用英语规模 598 亿元、机构业务 62 亿元。应试英语培训中，托福、雅思等海外考试培训市场份额最大，占比近 50%；考研英语培训成为继海外英语考试外的第二大成人应试英语培训市场。[①]2019 年，青少儿英语培训市场规模达 1,250 亿元。[②]2018 年全国在线幼儿启蒙英语的用户中，北京用户占全国用户的比例为 6.7%；人均年支出为 3,699.5 元，在启蒙教育总支出中占比达 75.6%。[③] 中文语言能力的提升是人文素养培养的重要基础，2019 年，我国大语文行业市场规模达 395.8 亿元，同比增长 22.1%；大语文培训主要包括中文教育和文学教育两大部分。[④] 北京人口数量占我国东部 10 省域（不含港澳台）人口总量的比例为 4.6%。[⑤] 考虑到北京人口整体特征和消费需求特征，按照北京地区参加语言培训者占全国的比例为 5% 来进行估算，北京成人英语培训市场规模约为 50 亿元，若再考虑其他语种的培训，则将超过 50 亿元；青少儿英语培训市场规模约为 62.5 亿元；青少儿大语文培训市场规模约为 20 亿元。对外汉语培训方面，2019 年北京地区高校在校外国留学生数为 50,760 人，中小学在校外籍学生数为 5,780 人，合计为 56,540 人（北京市统计局，2020）。对外汉语培训年均学费在 30,000 元左右，考虑汉语专业学历教育和非学历培训的学生占比，按人均支出学费 15,000 元 / 学年计算，总计约为 8.5 亿元。关于中国国际学校和外籍人员子女学校行业现状的分析报告基本上可以支持这一结论。[⑥] 综上，近年来，北京语言培训行业年度市场规模在 140 亿元以上。

需要指出的是，成人语言培训除了面向个体学习者的语言培训外，还包括面向企业组织的语言培训。2020 年受新冠疫情影响，企业培训预算削减，以线下面授为主的培训活动大面积收缩，企业培训收入规模回落至 1,617 亿元，同比下降 10.9%。[⑦] 通过对企业培训内容的梳理发现，语言培训占有相当的比重，涉及与客户沟通的语言技巧培训、外语能力提升培训、即兴演讲等语言艺术培训等。随着"一带一路"建设的逐步深入，企业对提升员工跨语言文化交际能力的需求相应增加。《中国企业培训分析报告》通过对国内企业培训课程需求的调查（可多选），发现销售技巧、谈判、管理技能、团队建设、MBA、语言及其他类课程需求占比

[①] 资料来源于艾瑞网（读取日期：2020 年 11 月 2 日）。

[②] 中科院大数据挖掘与知识管理重点实验室：《2020 年中国在线青少儿英语教育市场报告》。

[③] 资料来源于艾瑞网（读取日期：2020 年 11 月 2 日）。

[④] 资料来源于艾瑞网（读取日期：2020 年 11 月 2 日）。

[⑤] 根据第七次全国人口普查数据，北京人口数为 21,893,095 人，占全国人口的 1.55%；占东部省份（北京、天津、河北、上海、江苏、浙江、福建、山东、广东、海南等 10 省市人口数占全国比例为 33.65%，人口总量为 4.7506 亿）人口比例为 4.6%。

[⑥] 资料来源于网易新闻、搜狐新闻（读取日期：2020 年 11 月 2 日）。

[⑦] 资料来源于艾瑞网（读取日期：2021 年 12 月 1 日）。

分别为 43%、7%、61%、12%、7%、14%。[①]《2021 年中企出海人才管理趋势调研报告》通过对在海外建立实体的中企出海企业的问卷调查，发现在对员工的培训中，文化差异、语言培训的需求分别占比为 28% 和 25%。[②]

2.1.2 语言翻译行业

语言翻译是以实现相互沟通为目的的一种语言转换活动。对北京市语言翻译企业的调查发现，从企业名称看，早期成立的翻译企业名词多突出"翻译"二字，近年来，越来越多的企业倾向于命名为"商务服务公司""商务咨询公司"，这在一定程度上说明语言翻译企业业务拓展的一种趋势。

语言翻译业具有成熟的行业枢纽组织，中国翻译协会对推动行业规范发展起到了积极作用。2021 年，我国翻译企业达 423,547 家，其中以翻译服务为主营业务的企业 9,656 家，为主营业务的企业全年总产值为 554.48 亿元，相较 2019 年年均增长 11.1%。[③]北京是语言翻译企业数量最多的地区，经营翻译业务的企业有 119,877 家，较为典型的语言翻译企业有 1,650 家（柳雨，2022）。综合语言翻译企业数量在全国的占比及企业规模等因素，北京地区语言翻译企业对于全国语言翻译行业的产值贡献率不低于 18%，据此估算近年来北京地区语言翻译行业的产值在 100 亿元左右。

2.1.3 语言出版行业

语言出版是以语言知识、语言教育、语言研究等为主要传播内容的出版活动。在形态上，有纸质出版物、音像制品和电子出版物、数字出版物。根据内容，可分为四大类，即语言辞书出版物，包括语言辞书、工具书；语言教材出版物，指学习中外语言文字所使用的教科书、教辅用书；语言学术出版物，即语言学理论及应用研究出版物的统称，包括著作、刊物及研究报告等；语言普及出版物，指语言文化普及读物，包括图书、报刊。

（1）语言图书。根据《中国出版年鉴（2020）》，2019 年北京地区"H 语言、文字"图书出版 11,933 种，定价总额 70 亿元，主要包括语言辞书、语言学术和大学语言教育出版。初等和中等语言教育出版包含在"G 文化、科学、教育、体育"类别中，定价总额 250 亿元；取保守估计，语言教育出版占比 20%，则为 50亿元。[④]两者合计为 120 亿元。根据《2019 年新闻出版产业分析报告》，全国图

[①] 资料来源于百度文库（读取日期：2022 年 2 月 10 日）。

[②] 资料来源于洞见研报网（读取日期：2022 年 2 月 10 日）。

[③] 资料来源于中国网（读取日期：2022 年 4 月 7 日）。

[④] 在"中宣部出版物数据中心"图书 CIP 数据库中进行检索，"G 文化、科学、教育、体育"类书目共有 1,556,798 种，在"G4 教育"小类中以"语文""汉语""英语""语言""文字""外语"为主题词进行检索，得到语言教育书为 409,061 种，占比 26.3%。取保守估计，语言教育出版物印数占 G 类图书印数的 20%。

书定价总额为 2,178.96 亿元,图书出版营业收入 989.65 亿元,占图书定价总额的 45%。以此比例估算,2019 年北京地区语言图书出版营业收入为 54 亿元。

（2）语言期刊。根据《邮政报刊大收订简明目录（2022）》,北京地区出版发行语言期刊 60 种。[1] 根据《中国出版年鉴（2020）》,语言期刊主要包含在文化、教育类期刊中,该类期刊出版 392 种,定价总额 12 亿元,平均每种 300 万元。据此测算,语言期刊定价总额为 1.8 亿元。根据《2019 年新闻出版产业分析报告》,全国期刊定价总额为 219.83 亿元,期刊出版营业收入 199.76 亿元,占期刊定价总额的 91%。以此比例估算,2019 年北京地区语言期刊出版营业收入为 1.6 亿元。

（3）语言类音像出版物。根据《中国出版年鉴（2020）》关于音像制品和电子出版物的分类统计,2019 年北京地区语言类音像出版总数为 349.17 万盒（张）。根据《2019 年新闻出版产业分析报告》,2019 年全国共出版音像制品 10,712 种,出版数量 23,171 万盒（张）,音像制品出版营业收入 29.43 亿元（国家新闻出版署,2020）。由其出版数量和营业收入可计算得出平均单价为 12.7 元每盒（张）,从而估算出北京地区语言类音像出版物的年产值约为 0.5 亿元,加上语言类电子出版物和数字出版物,估计产值在 1 亿元以上。[2]

综上,近年来北京地区语言出版行业年产值在 58 亿元左右。

2.1.4 语言技术行业

语言技术是指运用计算机对自然语言进行信息化处理并运用互联网进行传输的技术门类。语言技术产品主要涉及语音识别、语音合成、搜索引擎、输入法、字库、文字识别、语料库等。

2021 年,我国人工智能核心产业规模约为 1,998 亿元,预计 2026 年将超过 6,000 亿元。目前,智能语音技术在教育、医疗、司法、公安、互联网等垂直行业应用的核心产品规模达到 79 亿元,带动相关产业经济规模达 448 亿元。对话式 AI 产品的市场规模达到 83 亿元,带动相关产业经济规模达 728 亿元。[3]2021 年,北京地区有人工智能企业约 1,500 家,占全国人工智能企业的 28%。[4]

智能语音技术的核心产品规模加上对话式 AI 产品的市场规模约为 162 亿元,带动相关产业经济规模约为 1,176 亿元。按照占比 28% 估算,北京地区智能语音产品的市场规模约为 45.36 亿元,产业拉动 329.28 亿元。

搜索引擎产品方面,搜索引擎产品以语义检索、语音识别等技术为基础,营

---

[1] 北京地区出版的主要语言报纸有《语言文字报》《语文导报》《中国少年英语报》《21 世纪学生英文报》《英语学习辅导报》《中国书法报》,与语言期刊合并测算。

[2] 根据新闻出版署发布的年度新闻出版产业分析报告,近年来电子出版物营业收入约为音像出版物营业收入的 70%。笔者另一项研究报告显示,近年来我国语言数字出版年营业收入接近 10 亿元。

[3] 资料来源于艾瑞网（读取日期：2022 年 1 月 10 日）。

[4] 资料来源于人民网（读取日期：2022 年 1 月 10 日）。

利模式包括竞价排名和技术授权等，目前进入稳定发展时期。在信息传输、软件和信息技术服务业中，搜索引擎属于其中的互联网及相关服务，占有较大的比重。2020 年我国搜索引擎用户规模达到 7.9 亿人，市场规模超过 1,200 亿元，并且保持年均 10% 左右的增长率。[1] 截至 2020 年 12 月，国内搜索引擎市场份额方面，百度搜索居于第一位，百度与搜狗的市场份额合计超过 90%。[2] 加上同样位于北京的中国搜索和 360 搜索，北京地区搜索引擎产品对搜索引擎市场的贡献超过 1,080 亿元。

输入法产品方面，根据艾瑞咨询发布的《2020 年秋季中国第三方手机输入法市场监测报告》，我国输入法用户规模为 7.48 亿人，百度输入法、搜狗输入法、讯飞输入法的市场份额分别为 43.6%、43.5% 和 8.8%，其他产品的市场份额为 4.1%。[3] 根据搜狗公司财报，2019 年营收超 80 亿元，其输入法产品营收约占 10%，约为 8 亿元。以此推算，北京地区输入法产品的营收不少于 16 亿元。

字库产品方面，营利来源包括字库软件授权业务、专用字体服务、嵌入式应用、云字库、互联网平台授权业务、视觉设计服务等。目前国内较为知名的字库企业有方正、汉仪、华康、文鼎、华文等，其中，方正、汉仪占国内字库市场的大部份额。2019 年我国字库行业市场规模达 8 亿元左右，预计 2023 年将超过 16 亿元。[4] 方正、汉仪位于北京，两家企业在国内字库市场份额中的占比远超 50%，营收在 5 亿元以上，其中，汉仪公司 2020 年营收为 1.97 亿元。[5]

此外还有文字识别、语料库等产品。综上，近年来，北京地区语言技术行业年度市场规模应在 1,150 亿元以上。

2.1.5 语言康复行业

语言康复是指针对语言障碍问题所进行的诊断、治疗活动，以恢复受损的语言能力。语言康复是一种关怀服务，目前我国仅言语听觉障碍患者数量就达 3,500 万之多，按家庭人口计算，关涉人群规模超过 1 亿人（徐瑞哲，2013）。特别是老龄化进程中，语言康复服务能否有效满足需求，已经成为一个需要关注的社会问题。专业人才缺口巨大，在岗语言康复师数量不足需求量的十分之一，语言康复服务供需不平衡问题较为严重（李艳，2017）。

2020 年，北京地区拥有听力言语残疾康复机构 27 家；有 29,070 名听力残疾人士、1,277 名言语残疾人士接受康复服务；16,661 人接受人工耳蜗及助听器适配

① 资料来源于比达网（读取日期：2022 年 1 月 11 日）。

② 资料来源于前瞻经济学人公众号（读取日期：2021 年 12 月 10 日）。

③ 资料来源于艾媒咨询公众号（读取日期：2021 年 10 月 10 日）。

④ 资料来源于前瞻网（读取日期：2022 年 1 月 10 日）。

⑤ 资料来源于智通财经公众号（读取日期：2022 年 1 月 10 日）。

服务，在全国接受人工耳蜗及助听器适配服务的 323,737 人中占比为 5.15%（中国残疾人联合会，2021）。

人工耳蜗包含着极为复杂的电子线路、语言处理器、植入电极和语言数字编码器等元件，是目前治疗重度或极重度感音神经性听力下降疗效最为确切和稳定的治疗方法。目前进口人工耳蜗产品占我国市场份额的 90% 以上，价格大致分为15 万元以下、15—20 万元、20—25 万元、25 万元以上等四个区间；国产人工耳蜗主要是上海力声特、杭州诺尔康两个品牌，价格在 15 万元以下。2019 年中国人工耳蜗行业市场规模 71.6 亿元。[①]

目前，国内助听器的价格主要分布在 1,000 元以下、0.5—1.5 万元、2 万元以上等三个区间。2019 年我国助听器市场规模约 52.72 亿元，2020 年达 58.21亿元。[②]

2019 年我国人工耳蜗和助听器的市场规模合计为 124.32 亿元，按北京占比5.15% 计算，人工耳蜗和助听器在北京地区实现销售收入 6.4 亿元。

2020 年北京地区有 30,347 人接受语言康复服务。每个语言康复训练机构收费标准不同，大致分为每次 100—200 元、每次 200—400 元、每次 500 元等三个区间。一般训练周期为 3 个月，患者费用平均在 3 万元左右，总营收在 9 亿元以上。

综上，近年来，北京地区语言康复行业年产值超过 15 亿元。

2.1.6 语言艺术行业

语言艺术是运用语言的手段创造审美形象的一种艺术形式，典型的有相声、评书、二人转、脱口秀等说唱艺术（曲艺）、朗诵、播音主持、影视配音、书法篆刻等。目前，我国内地书画市场，主要由拍卖行、文物商店、古玩城和画廊三部分组成。其中，拍卖行在全国艺术品特别是书画领域的交易额占到 90%（易苏昊，2014）。

根据"2020 年度北京地区文物艺术品拍卖数据"，拍卖成交量占比 61%，成交额占比 49%，均居全国首位。拍卖总额 173 亿元，其中，书画板块成交额占比最高，达 53%，即 91.69 亿元；[③] 对"2019 年国内书画拍品成交前 100"的艺术品进行分析，书法艺术品在其中占比近 20%，可估算得出书法艺术品总成交额约为 18亿元。按照拍卖行之外的书法艺术品市场交易额占比 10% 计算，为 2 亿元。2020年北京书法艺术市场规模为 20 亿元。

除书法艺术品外，还有相声、评书等曲艺以及演讲口才、播音主持、影视配音等有声语言艺术。其中，可以单独计算产值的有小剧场相声、脱口秀等语言艺

---

① 资料来源于产业信息网（读取日期：2022 年 1 月 12 日）。
② 资料来源于产业信息网（读取日期：2021 年 12 月 10 日）。
③ 资料来源于雅昌艺术网（读取日期：2021 年 12 月 10 日）。

术表演。影视配音、播音主持等在舞台演出、电视综艺中，多与其他艺术形式融合在一起，产值难以单独计算。

根据北京市文化局的统计，2016年，相声、脱口秀、马戏等其他类演出场次共10,639场，吸引观众约333.9万人次，票房总收入约2.60亿元。[①] 在相声市场方面，2018年左右，德云社每年的票务收入约为1.2亿元，[②] 加上德云社相声衍生产品收入以及其他相声演出团体的收入，北京相声市场规模不低于2亿元。

综上，近年来，北京地区语言艺术行业的收入规模在22亿元以上。

2.1.7 语言创意行业

语言创意是以创意方式对语言文字进行设计，形成具有差异性的、独特性的呈现或表达。典型的语言创意活动有命名服务（含互联网域名命名）、广告文案设计、语言景观设计、语言文创产品研发等。

（1）广告文案创意服务。2020年我国广告市场规模达9,143.9亿元。[③]2018年北京的广告经营额为2,407.8亿元，占当年全国广告市场规模的30.1%。[④] 广告中的语言创意主要通过文案设计来实现，以社交媒体广告为例，"据了解，一个成功的广告，其广告文案和素材的重要性占比高达80%，精准投放的实现占比20%"。[⑤] 由于难以将广告文案所创造的价值单独剥离计算，可以采用20%的比例进行保守估算，那么，近年北京地区广告文案所创造的产值在500亿元左右。

（2）命名服务。命名企业大致分为三类：一是主要为个人取名以及企业、产品名称提供创意服务的命名企业；二是为互联网域名命名提供创意服务的企业；三是为命名服务提供技术支持的科技类企业，如研发命名软件，辅助或替代人工命名服务，有的直接进入终端命名服务市场，有的只研发软件产品，不直接参与向用户提供命名服务。

传统命名服务的市场规模，目前尚难以统计。随着互联网域名服务的兴起，为命名业注入了新的内涵。"域名市场主要包括两部分：一是以域名应用和保护为目的的域名注册市场；二是以投资为目的的域名投资和交易市场。"（李昭涵等，2018）作为互联网的关键基础资源，域名的商业价值为越来越多的企业所重视，域名命名服务随之产生，同时，抢注具有鲜明特色、独特内涵且易于记忆的域名也成为一种具有超高回报率的投资行为。域名命名服务主要指域名投资和交易业务，而非域名注册业务，"在域名注册管理机构和服务机构的数量中，北京都

---

① 资料来源于中华人民共和国文化和旅游部官网（读取日期：2021年12月10日）。

② 资料来源于搜狐网（读取日期：2021年12月10日）。

③ 资料来源于产业信息网（读取日期：2022年1月14日）。

④ 资料来源于中国市场监管报公众号（读取日期：2022年1月14日）。

⑤ 资料来源于蓝鲸财经网（读取日期：2022年1月15日）。

居首位，分别占 78.1% 和 32.78%"。[1] 有关资料显示，2015—2017 年，我国域名投资和交易市场在线营收分别为 20.2 亿元、33.7 亿元、10.7 亿元[2]；按北京市场占 32.78% 计算，则分别为 6.6 亿元、11.1 亿元、3.5 亿元。"由于域名首次注册和保有的费用相对较低，因此交易额可大体反映用于域名投资的资金规模。"（李昭涵 等，2018）

语言创意业还有语言景观设计、语言文创产品等项。综上，取保守估算，近年来，北京地区语言创意行业直接年产值应在 500 亿元以上。

2.1.8 语言测试行业

语言测试是指对语言能力水平进行的测定、评价活动，语种上包括汉语测试、外语测试、少数民族语言测试。汉语测试服务主要包括普通话水平测试（PSC）、少数民族汉语水平等级考试（MHK）、汉语水平考试（HSK）、汉字应用水平测试（HZC）和职业汉语能力测试（ZHC）。中国主导的外语测试服务包括全国英语等级考试（PETS），全国外语水平考试（WSK），全国大学英语四、六级考试（CET4/6），全国高等学校英语专业四、八级考试（TEM4/8），全国翻译专业资格考试（CATTI）。外国主导的语言测试服务，据不完全统计，截至 2021 年末，已形成包含 15 个测试项目、9 个语种的外语测试产品群。

普通话水平测试，2020 年北京市测试人次为 61,838，[3] 在校学生测试费 25 元 / 人，其他人员测试费 50 元 / 人，按照平均 37.5 元 / 人计算，共计约 232 万元。

大学英语四、六级考试，2021 上半年北京市有 31 万余人参加[4]，按照下半年持平计算，为 62 万余人，报名费分别为 15 元 / 人和 17 元 / 人，按照平均 16 元 / 人计算，全年收费共计 992 万元。

英语专业四级、八级考试，根据参试对象要求及北京市各类高等学校数，特别是拥有综合性大学、语言院校、师范院校近 20 所，取保守估计，参试量每年不少于 20,000 人次。报名费分别为 40 元 / 人和 45 元 / 人，则合计在 100 万元左右。

职业汉语能力测试，根据有关资料介绍，由在京机构负责每年组织 6 次测试，收费标准 380 元 / 人。[5] 2003—2017 年，平均每年参试人数在 1.4 万人左右，年收费 532 万元。

汉语水平考试，2019 年北京地区高校在校外国留学生数为 50,760 人，中小学在校外籍学生数为 5,780 人，合计为 56,540 人（北京市统计局，2020）。HSK1-6 级的收费分别为 150 元、250 元、350 元、450 元、550 元、650 元，平均按照 400

---

① 资料来源于前瞻网（读取日期：2022 年 1 月 18 日）。

② 资料来源于前瞻网（读取日期：2022 年 1 月 18 日）。

③ 数据来源为北京市语言文字测试中心。

④ 资料来源于北京教育考试院官方网站（读取日期：2022 年 2 月 1 日）。

⑤ 资料来源于职业汉语公众号（读取日期：2022 年 2 月 1 日）。

元／人次计算，2019 年北京地区收费超过 2,000 万元。

此外，还有全国英语等级考试（PETS）、全国外语水平考试（WSK）、全国翻译专业资格考试（CATTI）等。

托福考试（TOEFL）、雅思考试（IELTS）、GRE 考试当前报名费分别为2,100 元／人次、2,170—2,220 元／人次（前者为普通学术类，后者为签证及移民类）、1,665 元／人次。根据相关资料综合分析[①]以及《2019 年北京地区高校毕业生就业质量年度报告》，2019 届北京地区毕业生（含高校和科研院所）总数为 234,986 人。其中，本科生 119,801 人，本科生出国（境）率为 13.87%。[②]据此可知，2019 年，北京本科毕业生出国人数为 16,616 人。本科毕业生占出国留学人数的 60%，40% 为应届毕业研究生、社会人员等其他来源，在 12,000 人左右。按照每人参加 1 次托福（或雅思、GRE）考试，报名费按平均 2,000 元／人次计算，总计为 5,600 万元。实际上大多数考生报考次数会大于 1 次，如果按人均 2 次计算，北京地区参加托福、雅思、GRE 考试的费用超过 1 亿元。此外，还有剑桥英语系列、日语、韩语、葡萄牙语、法语、德语、俄语等语种的等级证书考试。

综上，北京地区语言测试行业年产值在 2 亿元左右。

2.1.9 语言会展行业

语言会展是为实现语言产业领域的物质交换、精神交流、信息传递等目的，将语言产业所涵盖的相关业态的人与物聚集在一起进行展示与交流的一种社会经济活动。语言会展形态包括语言文化展会、大型会议、主题活动以及语言文化博物馆、主题公园。我国于 2017—2019 年连续举办了三届"中国北京国际语言文化博览会"，填补了世界华语区语言文化主题博览会的空白。

由于受新冠疫情的影响，2020 年，北京市会展行业收入为 143.9 亿元，为2019 年的 50.6%（北京市统计局，2020）。正常情况下，北京会展行业的年收入应该在 285 亿元左右。

总的来说，北京乃至全国的语言会展业尚在发育之中，故语言会展在北京会展业的统计中还难以体现。中国语言产业研究院团队基于对中国语言会展行业发展的实践参与、观察思考，提出了"展会馆园"动静结合、四位一体的语言会展业发展理念，建议打破会展业、博物馆业、主题公园业之间的行业分隔，以语言产品为纽带，整合相关行业资源，实现语言会展行业的体系化发展。（李艳 等，2023）。

---

① 资料来源于产业信息网与搜狐网（读取日期：2022 年 2 月 10 日）。

② 资料来源于中国教育网（读取日期：2021 年 12 月 10 日）。

2.2 整体现状分析

由表 1 可知目前北京地区语言产业规模发展的大致情况。以搜索引擎、智能语音为代表的语言技术业超千亿产值，一枝独秀，反映了语言技术、语言数据在网络时代、数字经济中的基础地位和枢纽作用，是"新技术、新产业、新业态"构成的新经济的重要内容。语言创意业、语言培训业、语言翻译业拥有百亿级产值，已具备相当的发育程度。语言出版业、语言艺术业、语言康复业尚在十亿级规模，语音测试业、语言会展业还未成规模，我国处于从"出版大国""测试大国""会展大国"向"出版强国""测试强国""会展强国"转型的进程中。未来，这些业态在语言技术、人工智能的加持与赋能下，发展空间和潜力巨大。

表 1　近年来北京地区语言产业年产值

语言产业各行业	市场规模年产值（亿元）
语言培训	140
语言翻译	100
语言出版	58
语言技术	1,150
语言创意	500
语言康复	15
语言艺术	22
语言测试	2
语言会展	—
合计	1,987

2020 年，北京市 GDP 为 36,102.6 亿元，其中，第三产业占地区生产总值比重为 83.8%，为 30,253.98 亿元。语言产业主要分布在第三产业。如果按照近 2,000 亿元的产值来计算，北京语言产业在地区国民生产总值中的贡献率约为 5.5%。

3　北京语言产业发展面临的任务

国务院办公厅《关于全面加强新时代语言文字工作的意见》（国办发〔2020〕30 号）强调："语言文字事业具有基础性、全局性、社会性和全民性特点，事关国民素质提高和人的全面发展，事关历史文化传承和经济社会发展，事关国家统一和民族团结，是国家综合实力的重要支撑，在党和国家工作大局中具有重要地位和作用。"语言文字事业的以上特征与使命，是通过包括公共语言服务在内的语言产品与服务来体现和实现的，而这正是国家和社会发展对语言产业提出的具体需求。

北京在城市发展中需要考虑如何通过将语言产业发展与城市建设规划有效对接，使语言产品更好地服务于城市建设各项需求、更好地助力城市和谐语言生活构建。从当前看，北京语言产业发展面临以下三方面的任务。

3.1 供给主体的语言产业意识和相关运行管理能力有待增强

对语言供给的研究，可分为两个层面：一是对语言产业总供给问题的研究，即研究如何通过宏观经济政策调整、语言产业结构优化促进总供给能力增长、总供给质量提高，还包括总供给与总需求规模、结构的匹配问题；二是对某一类语言产品（服务）供给问题的研究（李艳，2020）。

语言产品与服务的供给主体包括经济政策的制定与具体运行者、语言产业各行业的相关对口部门、各类语言企业等。国务院办公厅《关于全面加强新时代语言文字工作的意见》要求"加强语言产业规划研究。坚持政府引导与市场运营相结合，发展语言智能、语言教育、语言翻译、语言创意等语言产业"。从对北京语言产业发展现状的分析来看，由于大量领军语言企业位于北京，如出版机构、语言技术企业、翻译公司等，相关语言产品的供给在全国有较高占比。因此，北京更有责任在区域和城市语言产业规划方面做出引领。

目前，对供给主体来说，首先是要明确树立语言产业意识，意识到语言资源是重要的生产要素、语言产品是关系城市发展和人民生活的必需品，如语言标识、语言景观等城市语言环境建设，大型国际活动和城市应急工作中的语言服务等；其次是要按照"一盘棋"发展的思路，将生产各类语言产品、处于"散在"发展状态的企业聚拢到相关语言行业中，如语言艺术行业、语言创意行业等，鼓励发展行业枢纽组织；最后是制定北京语言产业发展规划，整合各语言行业，实现各行业之间、各行业内部的协同发展，从而推动语言产业提质增效发展，实现整体供给能力的增强，更好地满足人们日益增长的对高质量语言产品与服务的需求。

3.2 语言产业持续高效能与高质量发展的内在动力有待增强

围绕"挖潜增效"，要做好对北京语言产业相关资源的"盘点"，列出资源清单，掌握语言"市情"。相关资源包括：可供利用、开发为语言产品的语言资源；研发、设计、加工、生产语言产品的人力资源；消费、使用各类语言产品的用户资源等。

北京的特色语言资源有哪些？各类资源的保护、传承、开发、传播状况如何？不同的语言资源如何创造性地实现产品化？各语言行业的从业人员数量与质量如何？对语言产品的消费需求是否做到了精准把握、同步跟进和合理引导？这些问题直接关系到北京语言产业发展的内在动力是否充足，是否可以满足产业持续发展的需要。

为此，需要着手开展北京语言产业全行业数据库建设，在全面掌握语言资源、消费需求的基础上，汇总分析北京语言产业整体数据，呈现企业总量、总体投入和产出状况、在国民经济中占比，语言产业各行业的企业数量、注册资本额、主营产品与服务、年营业收入、年均变化幅度等。

3.3 语言产业发展的智力支持和各方协调联动有待增强

我国语言产业的学术研究始于 2010 年。十几年来已经开展了一系列富有成效的理论研究、产业调查、学科建设、人才培养工作。目前，中国语言产业研究院[①]受国家语委委托，正在研编首部《中国语言产业发展报告》，该团队所承担的北京市社会科学基金项目"北京语言产业的经济贡献度及其发展策略研究"已经顺利结项，并出版了《北京语言产业调查报告》。

在调查研究的过程中，研究者深切感受到对于新兴的语言产业来说，尤其要做好以下工作：一是支持高校语言产业研究交叉学科建设和人才培养，使其更好地发挥智库功能；二是围绕语言产业发展，建立政产学研协调联动机制，可以由政府部门牵头，定期组织联席会议，各语言行业协会和企业代表、语言产业学术研究机构、消费者代表等参加，及时汇总城市建设中凸显的语言需求、语言产品供需面临的新问题、语言企业发展遇到的新困难、语言行业内部和行业之间协同发展存在的制约因素等。

4 结语

目前，开展语言产业调查，编制语言产业调查报告颇为不易。本文的数据，一部分属于直接数据，也有大量的数据为间接数据，如根据公开发表的一种或多种研究报告或相关资料进行计算，同时核验其合理性，并尽量采取保守估算。因此，亟待将语言产业纳入国民经济统计体系。国家语委已将"中国语言产业数据库建设及应用研究"列为 2022 年度重点科研项目，这对于加快建设语言产业全行业数据库、掌握语言产业国情、科学制定语言产业发展政策和规划必将发挥积极作用。

衡量一个地区支柱产业，通常要看在 GDP 中的占比是否达到 5% 以上，以及是否具有较高的产业关联度和影响系数，并兼顾高附加值、扩大就业、节约能源和资源等指标。语言产业如何在北京市经济发展中发挥支柱作用，值得各界进一步共同探讨。

---

① 中国语言产业研究院依托在首都师范大学。

参考文献

北京市统计局，2020.北京统计年鉴（2020）[M].北京：中国统计出版社.

北京市统计局，2021.北京统计年鉴（2021）[M].北京：中国统计出版社.

国家新闻出版署，2020.2019年新闻出版产业分析报告[N].中国新闻出版广电报，11-4.

贺宏志，2013.语言产业引论[M].北京：语文出版社.

李艳，2017.基于语言服务视角的语言康复行业状况及对策研究[J].语言政策与规划研究（1）：44-55+92-93.

李艳，2020.语言产业经济学：学科建构与发展趋向[J].山东师范大学学报（社会科学版）（5）：76-86.

李艳，贺宏志，2023.语言会展业亟待推进"展会馆园"四位一体[N].语言文字报，5-17.

李昭涵，唐嘉求，嵇叶楠，2018.中国域名投资和交易市场发展现状与思考[J].电信网技术（2）：48-51.

柳雨，2022.北京语言翻译行业状况调查[A]//北京语言产业调查报告，北京：首都师范大学出版社：133-141.

石贝贝，王金营，2014.人口发展变化对区域消费影响的实证研究——基于中国省级区域的数据[J].人口研究（1）：77-89.

徐瑞哲，2013.言语康复师缺口逾10万[N].解放日报，6-17.

易苏昊，2014.拍卖行占书画交易90%书画市场现状与展望[N].中国文化报，9-12.

中国残疾人联合会，2021.2021中国残疾人事业统计年鉴[M].北京：中国统计出版社.

作者简介

李艳，博士，首都师范大学文学院教授，中国语言产业研究院执行院长。主要研究领域：语言产业、语言文化传播。电子邮箱：5539@cnu.edu.cn。

（责任编辑：杨佳）

缅甸语言政策对华人语言文化适应性的影响[*]

北京华文学院　专修部/国家语委　海外华语研究中心　**李春风**

提　要： 跨境移民群体语言文化被该国主体民族语言文化同化，是二者的发展走向。缅甸华人语言文化被同化的程度越来越深，与主体民族缅族的语言文化，在不同时段、不同地域，经历了不同类型的同化过程，形成南北两条同化链。缅北主要是一个自然同化的过程，其同化链为"共生—竞争—融合同化—自然同化"；缅南则是由被迫同化到自然同化的过程，其同化链为"共生—被迫同化—自然同化"，缅南的被迫同化历时约30年。两条同化链的形成主要受三方面因素影响：不同时期的国家语言政策对同化链的形成起决定作用，并影响华人被同化的速度；华人谦和、包容的民族性格是心理基础；华人语言价值观的需求是主观条件。祖籍国的经济实力是华人语言文化传承的后盾力量。国家在制定民族语言政策时，要考虑其民族性格，做到因势利导。

关键词： 缅甸；语言政策；华人；语言文化适应性；同化

1　引言

国家语言政策往往体现该国统治阶层的意志，物化为语言意识形态和语言秩序。语言意识形态是人们的语言观以及对待语言和语言变体的态度（刘永厚等，2021），它产生于语言秩序，通过法律、政策等机构化手段塑造语言秩序，语言秩序则需要寻求语言意识形态的表征，不断发展和塑造语言意识形态（Zhou，2019）。在现实语言生活中，语言秩序是制度化的语言等级关系，表现为一个国家内形成不同民族群体间的语势关系，有的成为强势语言，有的成为弱势语言。如法定教学用语就比非教学用语享有更高的级别，一种当地语言若有法定地位，这意味着这个语言可以在体制内获得跟其法定地位相应的资源（Berry et al.，1999）。国家语言政策决定了哪些语言能成为教学用语或取得法定地位，这些语言就是强势语言，反之为弱势语言。

跨境移民群体与该国主体民族间的语言文化适应性受该国语言政策、民族政策影响。已有研究有的强调非主流文化群体对主流文化的适应程度，将适应结果分为"整合、同化、分离、边缘化"四种状态（Berry et al.，1999）[217-218，273-278]；有的研究认为主流文化群体对非主流文化群体的适应过程采取的态度形成了"多

---

*　本文系国家社科重大项目"境外华语资源数据库建设及应用研究"（项目编号：19ZDA311）、国家社科重点项目"海外华语资源抢救性搜集整理与研究"（项目编号：19AYY003）的阶段性研究成果。

元文化主义、熔炉主义、隔离主义、排斥主义"（Berry et al.，1999）[217-218, 354-357]。布瑞斯等提出的"交互性文化适应模型"则强调主流文化策略的影响（Bourhis et al.，1997）[369-386]，综合考虑移民的文化适应取向、主流群体对移民群体文化的态度、文化群体中人际和群际的关系等因素，从而确立了国家或主流群体采取的政策对移民群体成员文化适应的影响。

拙作从华语传承模式视角，对缅甸华语传承模式的类型、发展变迁、成因趋势进行探讨，文中谈及华人移民群体的华—缅语言文化适应性（李春风，2021b），但并未深入探讨。缅甸国家通用语缅语与华语之间，呈现明显的语言等级序列，在不同历史时段、不同地域，形成不同的语势。从"交互性文化适应模型"看，华—缅语言文化关系呈现对应的类型——共生、竞争、融合—同化、同化等几种。这些类型的形成是受缅甸国家语言政策对华人社会的作用和影响。本研究梳理了缅甸不同历史时期国家通用语、外语、少数民族语、华语的语言政策，探求语言政策与华人语言文化适应性的关系。

文中所用数据、部分访谈内容由作者调查而得，部分访谈内容、材料来自《缅甸的民族及其语言》（戴庆夏 等，2019）。[①]

2　缅甸国家语言政策

缅甸有 100 多种语言和方言，是多语种国家，不同历史时期的语言政策有很大的差异。缅甸人口约 6,028 万人，缅族是缅甸的主体民族，人口最多，2010 年约 4,200 万人左右，占总人口 69%。缅族在缅甸的政治、经济、文化、教育各个领域都起着主导作用，缅族母语缅语是缅甸国家通用语，使用人口在 5,000 万以上。从封建王朝开始，缅甸各时期语言政策就都有明显的时代烙印，总的特点是：缅语的官方地位很早就确立，其发展趋势是通用语地位不断被巩固加强，是国家强势语言；相对而言，英语一直是缅甸最受重视的外语，地位一直比较高，是国家次强势语言；国内略大的少数民族语言文化虽没在法律层面被限制，但国家并未提供长远发展的空间，是弱势语言。而作为特殊少数民族群体语言的华语，因为种种政治原因，华语由原来的族内强势语言成为弱势语言，经历了一波三折的发展轨迹。本部分先梳理各时期缅语、英语、少数民族语的语言政策。

2.1　封建王朝时期

各民族在封建王朝统治时期交往频繁，形成缅甸多民族、多语言的基本国情，缅语文逐渐成为缅甸各民族共同使用的语言文字。王朝为统一字体出了很多正字法字典，对缅甸文字的规范化起了不小的作用。

---

① 本文中关于曼德勒、东枝等缅北地区的材料均取于该书。笔者为该书作者之一，材料属于集体成果，特向调查团队致谢。

2.2 英属殖民地时期

1824—1885 年，英国对缅甸发动了三次战争。英国殖民统治时期，英语被规定为官方语言，在国内通用。英语被逐步推广，缅语的地位逐步下降。英殖民者对少数民族语言政策相对宽松，山区的少数民族可以使用和学习本民族语言，一些来缅基督教传教士为方便开展传教活动，在民族地区为少数民族创造文字。

2.3 吴努政府时期

1948 年缅甸宣告独立，吴努出任总理。缅语被定为官方语言，在全国推广，各级公立学校用缅语进行教学。在少数民族邦内，联邦政府规定公立中小学可教授该邦主要少数民族语言，默许少数民族出版物的流通和民族文化生活的开展，华裔和印裔仍可以将孩子送到以母语作为教学语言的学校就读。官办的"缅甸之声"广播电台，用缅甸语、英语及八种少数民族语言广播。

这一时期缅语地位得到提升，英语地位下降为第二语言，少数民族语言的地位也下降了。但英语在缅甸的使用范围仍很广泛，很多领导人英语都比较流利。不少富裕家庭把孩子送到基督教会学校学习英语，大学生则可以自由选择用缅语或英语开设的课程。

2.4 奈温政府时期

1962—1988 年，奈温政府奉行了"缅甸式社会主义"路线，极力消除外国对缅甸的影响。在语言政策上，政府采取了一些措施提升和巩固缅语作为代表国家和权力的语言地位，降低英语使用率。1964 年政府宣布小学取消英语课，到初中阶段才开设英语课程，缅语作为中小学唯一教学语言，大学各门课程均用缅语授课。1981 年，英语再次被定为从幼儿园起的一门必修课。英语还作为高中部分课程如自然类和经济类的教学语言。

针对少数民族文字混乱的状况，奈温政府采取规范文字的措施。1966 年，《教育法》要求民族地区的公立小学在二年级之前开展民族语言教学，教育部还印制了孟语、掸语、钦语、克钦语等少数民族语言教学的课本。寺庙和教堂仍在小规模地提供民族语言教育，一些边远山区的少数民族仍继续使用本民族语言进行教学，但教育部不再单独设置民族语言教师的编制和经费。

2.5 军政府时期

1988 年上台的军政府继续开展关于缅语的净化、标准化和审查工作，开展名称标准化运动，更改缅甸国名和一些地名进行，巩固缅语作为全国通用语的地位，提高缅语在国际上的影响力。

在少数民族语言方面，公立学校不教授少数民族语言，少数民族学生只能在非正式学校中学习本族语。缅语的扫盲活动，使一些少数民族接触本民族语言的机会减少，使用该语言的人口也减少。在人数较多的少数民族聚居地，该民族语还有广泛的交际场合，佛教和基督教常用这些语言开展非正规的社区教育和宗教活动。

2008 年，缅甸新宪法规定各民族一律平等，国家保障各少数民族的合法权利和利益，维护和发展各民族的平等、团结、互助关系，各民族都有使用和发展自己语言文字的自由，都有保持或者改革自己风俗习惯的自由。民族自治地区的自治机关可依照本民族自治地方自治条例的规定，使用当地通用的一种或者几种语言文字。2013 年，缅甸 15 个少数民族政党成立缅甸联邦联盟政党，各民族政治地位上升，少数民族语得到更多尊重。但少数族群语言没有完全得到支持，只有相对少数语言受到重视（刘泽海，2018）。

本时期英语再次受到重视。公立学校的基础教育阶段把缅语和英语都作为必修课；高中阶段，英语用来教授化学、物理、生物等科学课程。现在，缅甸越来越多的私立语言学校提供全日制和非全日制的英语教学课程或与英语有关的职业培训。英语在缅甸的地位持续上升。

3 缅甸华语政策

缅甸华人是缅甸较特殊的少数民族族群，华语政策也是较特殊的少数民族语言政策。缅甸华语政策命运多舛，华语先后在学校、社区、家庭被明令禁止，尤其是在缅南地区逐渐失去传承途径。这种状况直到 20 世纪 80 年代才得到缓解。

缅甸华文教育始于 19 世纪末，正值英国殖民统治时期，当局对华文教育没特殊规定限制，华文教育把握住了机会，为日后华文教育打下基础（刘泽海，2018）。20 世纪初至二战前是缅甸华语发展的一个兴盛期，建立了统一的华校领导机构，华校总数达到 250 多所，初步形成小学、初中、高中的教育体系，学校课程丰富，一般华校的课程除中文课外，还有历史、地理、数学、化学、物理、生物、音乐、体育、绘画、劳作等，学校各门课程一律使用华语授课。华语是华人家庭、社区的主要用语。

二战期间，华校停办。缅独立后，吴努政府实行了一些华文教育限制政策，但执行力较宽松，政府只要求华校注册登记，华校得以陆续复办。1952 年，缅甸政府教育部颁布《私立学校注册条例》。1961 年春，全缅共有华校 285 所（刘泽海，2018），教学用语主要是华语，也教英文和缅文。20 世纪 50 年代中期以后，从南中华中开始，创办了缅文专业班，学制高至缅制十年级，毕业后可通过考试进入缅甸的大学。

1962 年奈温政府规定华校只能利用课余时间加授华文，每天不得超过 1 小时英文授课时间，必须授足缅文课程。1965 年 4 月，政府颁布《私立学校国有化条例》，将全国所有私立中小学收归国有，华裔小孩只能穿纱笼，学缅文，说缅语。1965—1966 年，政府将全缅几百所华校收归国有。1967 年，颁布《私立学校登记条例修改草案》，规定除单科补习学校外，不准开办任何形式的私立学校。华文教育从正规教育转为非正规教育，以"华文补习班或家庭补习班"形式存在。1967年"6·26"反华事件后，政府规定"缅甸教育由国家承办，不允许私人办学，任何补习班不得超过 19 人"，家庭补习班也被禁止。从此，缅甸国内一律不允许教授华文。奈温政府实则视华人为"资产阶级的异民族"（范宏伟，2004）[373]，华人家庭、社区都不敢使用华语，华语失去传承途径。

1981 年后，缅北华校在讲授佛经的名义下，变相地恢复起来（范宏伟，2004）。1984 年，缅甸人民议会通过《私办专业学习班法》，默许语言补习班合法。1988 年后，丹瑞大将上台后，缅甸政府调整内外政策，缅甸在寺庙里采用"佛学教科书"教授华文。缅甸华文教育事业遇到新契机。2000 年元月，缅甸国家主席丹瑞大将做出"拟定提高教育水平的计划"的指示，政府特别表示要汲取周边国家教育发展经验（赵紫荆，2015）。这为华文教育创造了发展空间。受经济利益及其激发的民族自豪感驱动，缅甸华人学习华语的热情空前高涨，全缅华文教育事业快速发展（李春风，2021b）。华语教学先在学校得以恢复。

4 华–缅语言文化适应性现状及特点

不同文化群体间由相互接触而导致的群体及其成员的心理和文化上的变化被称为"文化适应"。群体层面的文化适应包括社会结构、经济基础、政治组织以及文化习俗的改变，而个体层面上的文化适应包括认同、价值观、态度和行为能力的改变，即个体所经历的心理变化以及对新环境的最终适应（Berry et al.，1999）[217-218, 273-274]。缅甸国家语言政策，对跨境移民群体语言文化有制衡作用，甚至对其走向起决定作用，跨境移民群体语言文化被同化是不可避免的（李春风，2021b）。赵紫荆（2015）按照地域将缅甸华人和部分少数民族的语言使用情况分为未缅化、半缅化和已缅化三个群体。这里的"缅化"即为"同化"。而据我们调查，缅甸华人语言文化被同化的程度愈来愈深（李春风，2020、2021b）。

4.1 现状

对 166 名不同年龄、职业、地域的华人调查显示，华人对国家主体语言文化——缅语、缅文化的认同度非常高，尤其是青年一代。缅甸华人语言文化被同化的程度越来越深，且面临全族缅化的趋势，只是速度略有差异。同化包含几个方面的趋同：语言、风俗习惯、宗教信仰、民族通婚。

语言同化应该是最快、最明显，也是最主要的表现方式（赵紫荆，2015）。老一代华人不愿意失去中华民族的传统语言文化，但随着年代更迭，华语代际传承出现过受阻、中断，几代华人间的语言认同、民族认同及婚姻观念等很多方面，产生明显的代际差异。166 名华人 100% 会缅语且能够交流，而在缅南地区，很多四五十岁的华人已完全不会华语。缅甸华裔青少年对此非常包容。调查对象学历越高的，尤其是 20 岁以上的华人，多数都要先教孩子学缅语。第一语言的选择映射其对居住国的认同，这说明华裔青少年对居住国越来越认同（李春风，2021a）。而其对下一代的语言期望，也预示着缅语将成为华人的族内强势语。年长者虽然很无奈，但也无法改变。69 岁的郑瑞发说："我们那一代人就是那样了。下一代人就不一样了，观念不同了。我们是属于顽固派的。"很多受访者认为，缅南受国家政策影响深，缅化得快一点，缅北等地的华文教育政策没那么严厉，缅化得慢一点。

同化还表现在年轻人对缅语的认同高于华语认同（李春风，2021a）。一位年轻人在受访时说，青年一代觉得华人不会说华语很正常，但祖辈和父辈对此很有意见，觉得年轻人忘本了。少年、青年段除了对华语表现更大个人兴趣，还积极学习缅语，对英语也采取更开放包容的学习态度，关注比例上升。年轻人都认为缅语歌很好听，传统服装也很美，等等。就连缅化程度最低的缅北果敢人，也认为缅语应该被掌握。一位果敢少年说："自己是缅甸国民，应该学习自己国家的语言，学会了缅语就便于果敢人融入缅甸社会。"笔者访谈一位克钦邦年轻人时问："中国队与缅甸队足球比赛时，你希望哪个队赢？"他毫不犹豫地说："当然是缅甸队。"这说明缅甸华裔青少年对缅甸都有非常高的国家认同感，对缅语认同度也非常高。

缅甸是一个佛教信仰盛行的国家，其宗教信仰易为华人社会接受。而且华文教育能够坚持到政策默许，也是得益于缅甸佛教。从以上我们看到，老一代华人对祖籍国感情深，即使对融合有抵触心理，但也能够比较宽容地接受当地民族文化，内外自然融合。缅南在第二阶段政治影响下是被迫同化。但随着时间推移，新生代华裔青少年逐渐接受全盘缅化，对于不会说华语的态度非常宽容，逐渐达到自然同化。这在缅南已经非常明显：缅南华裔语言、文化、生活等各方面早已本土化，有些人连自己的祖籍和中文姓名都说不出来，华人更注重英语学习，希望子女到欧美国家和新加坡留学。而在缅北，华人缅化也是不可阻遏的趋势。可见，华人的语言文化将逐渐被基因化，成为华人身份的一个文化基因。

同化还表现在青年一代对族际婚姻的包容度。老一代华人很难接受族际通婚，但很多年轻人表示可以接受，他们说："爷爷奶奶那一代是肯定不会接受了。爸妈都还是比较传统的，我们家、亲戚都比较排斥与外族人结婚。我们这一代倒觉得没关系。"

4.2 特点

缅甸华人的语言文化与主体民族缅族的语言文化，在不同时段、不同地域，经历了不同类型的同化过程有两个特点：一是形成南北两条同化链，二是有自然同化和被迫同化。缅北主要是一个自然同化的过程，其同化链为"共生—竞争—融合同化—自然同化"；缅南则是由被迫同化到自然同化的过程，其同化链为"共生—被迫同化—自然同化"，缅南的被迫同化历时约 30 年。

根据族群意愿，同化分为被迫同化、自然同化。缅北的自然同化经历了自愿融合—逐步同化的过程，缅南的自然同化则是在被迫同化一至两代后，在华人后代中逐渐自然同化。华—缅族的语言文化关系是缅甸华语传承模式系统的重要组成部分，我们可在缅甸华语传承模式系统中，认识华人语言文化适应性的这两个特点。

我们设"华人语言文化"（主要指聚居族群的）为 A，"缅甸主体民族语言文化"为 B（下同）。表 1 中，国家语言政策对 A 在第一阶段、第三阶段、第四阶段没有严格限制，但在第二阶段有激进的民族主义政策限制。由缅甸华语传承历史变迁，我们看到，A 最终的走向是被 B 同化，相融同化是大势所趋。但表 1 也清楚显示缅南、缅北华人语言文化同化的过程不同。

表 1 缅甸华语传承模式系统表（李春风，2021）[①]

历史阶段	地域	华语传承模式	华—缅语语势	华—缅语言文化关系
第一阶段	全缅	顺外传内—完全传承	内势大于外势	共生
第二阶段	缅北	顺外传内—传承受阻	外势大于内势	竞争
	缅南	顺外弃内—传承中断	外势大于内势	同化
第三阶段	缅北	顺外传内—传承复苏	外势大于内势	融合—同化
	缅南	顺外拾内—传承复苏	外势大于内势	同化
第四阶段	全缅	顺外传内—传承复苏	外势大于内势	同化

缅北是自然同化。由于国家语言政策一直相对比较宽松，没有严格限制和干涉，A 与 B 经历的是"共生（第一阶段，A 强于 B）> 竞争（第二阶段，A 与 B 相峙）> 融合同化（第三阶段，A 与 B 取向趋向同化）> 同化（第四阶段，B 同化 A）"的过程。（> 为发展方向，下同。）

缅南是从被迫同化发展到自然同化的。A 与 B 经历的是"共生（第一阶段，A 强于 B）> 同化（第二、三、四阶段，B 同化 A）"的过程，缅南华人语言文化从第一阶段直接走向同化，这是受到 1962 年奈温政府的民族主义语言政策的直接影响。而第二阶段的同化是被迫同化，这一过程出现了"A 丢失 > 转用 B > B 同化 A"的发展路径，到了第三阶段、第四阶段已逐渐形成自然同化。

[①] 根据缅甸语言政策对华语传承的影响，我们将华语发展划分为四个主要历史阶段，分别是：第一阶段是 1961 年以前，即奈温政府之前；第二阶段 1962—1990 年，即奈温政府时期；第三阶段 1990—2000 年，军政府执政十年；第四阶段为 2001 年 1 月至今，军政府及现任政府期间。

4.3 成因

以上两条同化链的形成主要受三方面因素影响：不同时期的国家语言政策对同化链的形成起决定作用，华人谦和、包容、懂得感恩的民族性格是心理基础，华人语言价值观的需求是主观条件。

4.3.1 国家语言政策是同化链形成的决定性因素

从以上内容可见，形成两个地域不同同化链的主要原因是受不同时期国家语言政策的影响。在民族主义语言政策干涉严重的地域或时期，相融同化过程加速，是被动同化，如缅南；如果没有这类政策，则是一个自然融合同化的过程，是主动融合，如缅北。缅甸的语言政策是外因，民族认同、语言文化认同等是内因。在缅南，客观外因影响更大，且在历史跨度中，客观外因影响主观内因，影响语言认同；在缅北，客观外因与主观内因共同作用，形成阶段共峙，影响语言认同，最后达到自愿同化。

4.3.2 华人民族性格是同化链形成的心理基础

华人谦和、包容的民族性格，使得第一阶段的华语与缅语能够共生。缅甸华语文政策大致经历了宽松—严苛—放松—默许的过程，过于严厉的民族政策，对华人是一种民族伤害。但华人公私分明，对缅族怀有感恩之情。有华人为我们讲述，在反华情绪泛滥时期（第二阶段），很多缅族人冒着生命危险保护华人邻居，他们一直都特别感激这些缅族人。华人怀有感恩之心，从心理上比较容易接受缅族语言文化。同时，华人又有坚忍不拔的民族意识，使得缅甸华语在恶劣的生存环境中得以传承。

4.3.3 华人语言价值观是同化链形成的主观条件

语言价值观可以建立在物质基础上，也可以建立在精神基础上。前者称为语言物质价值观，后者则称为语言精神价值观（周明朗，2019）。语言物质价值观直接反映语言秩序，人们为了获取生存条件或最佳物质利益，常选择学习和使用语言秩序中的强势语言；语言精神价值观则从民族情感认同方面决定人们传承母语的态度。少数民族群体往往在语言物质与精神价值之间进行取舍、徘徊，一旦国家意志参与其中，则将加速取舍速度。当国家意志与少数民族群体的精神价值同向而行时，有利于民族语言文化保留；当二者发展方向背离时，将加速少数民族语言文化的同化速度，逐渐销蚀甚至濒危。缅甸华人为了生存，不得不向缅甸语言政策低头，选择物质价值，走向语言文化的同化道路；但华人也有发展传承本民族语言文化的精神需要，这是华语得以传承的根本原因。当然，我们看到缅甸华人母语出现的传承复苏，在一定程度上，是受经济因素驱动的复苏，但此 A 非彼 A，语言文化传承已出现销蚀，改变不了被同化的大趋势。

5 结语

以上可见，不同时期的缅甸国家语言政策是形成两条同化链的根本原因，并影响华人被同化的速度。缅甸华语传承在同化的趋势上有复苏，除了精神需求，也有物质需求的因素。这说明跨境民族群体的物质价值和精神价值并不矛盾，一定的历史背景下，二者可以达到平衡，成为双语人或多语人不失为两全其美的选择。

平衡物质价值与精神价值，成为双语人或多语人，往往还需要一定条件。即对跨境民族群体而言，祖籍国的经济发展对居住国制订民族语言政策会产生影响，居住国与祖籍国的外交关系，则影响该族群语言文化被同化的速度。因此，祖籍国的经济实力也是华人语言文化传承的后盾力量。

此外，国家在制定民族语言政策时，要考虑其民族性格，做到因势利导。

参考文献

戴庆厦 等，2019. 缅甸的民族及其语言 [M]. 北京：中国社会科学出版社 .

范宏伟，2004. 战后缅华社会政治地位变迁研究 [D] . 厦门：厦门大学 .

李春风，2020. 缅甸华裔青少年母语认同现状及成因 [J]. 贵州黔南民族师范学院学报（2）：53-59.

李春风，2021a. 缅甸华人母语认同代际差异及成因 [J]. 八桂侨刊（2）：21-28.

李春风，2021b. 缅甸华语传承模式研究 [J]. 语言战略研究（4）：19-28.

刘永厚，蔡亚梅，2021. 语言政策与规划研究的新发展：语言秩序视角 [J]. 汉字文化（13）：195-198.

刘泽海，2018. 缅甸语言教育政策与国家建构关系的研究 [C]// Proceedings of 2018 7th international conference on applied social science（ICASS 2018）. Mexico：Mexico city.

赵紫荆，2015. 缅甸汉语教学类型及地理分布研究 [D]. 北京：中央民族大学 .

周明朗，2019. 语言价值观与语言多样性 [J]. 云南师范大学学报（5）：57-64.

BERRY J W, et al., 1999. Cross-cultural psychology: research and application[M]. Cambridge: Cambridge University Press.

BOURHIS R Y, MOOESE L C, PERREAULT S, SENEACAL S, 1997. Towards an interactive acculturation model: a social psychological approach[J]. International journal of psychology, 32(6): 369-386.

ZHOU M，2019. Language ideology and order in rising China[M]. New York and London: Palgrave Macmillan.

作者简介

李春风，北京华文学院副教授，国家语委海外华语研究中心研究员。主要研究领域：海外华语教育教学研究、汉藏语系语言对比研究等。电子邮箱：lichunfeng@bjhwxy.com。

（责任编辑：杨佳）

语言安全规划视域下中国媒体
报道的国家形象自塑[*]

西安电子科技大学　语言与网络空间安全前沿交叉研究中心　**陈　韵　陈坚林**

提　要：本文基于语言安全规划视角，以中国官方媒体《人民日报》《中国日报》和CGTN的英文报道为语料，运用语义网络技术和及物性概念，分析了报道主题和所塑造的中国形象。研究表明，报道主要涵盖发展、外交、国家、区域、经济、疫情、党务等七个主题。高点赞和低点赞报道的主题存在差异。大部分报道将中国塑造为积极向上的形象，高点赞报道凸显的积极形象更多。基于上述发现，文章提出如何在语言安全规划视域下增强报道影响力、提高形象自塑有效性的建议。

关键词：语言安全规划；中国媒体；国家形象

1　引言

　　"国家形象是特定国家的历史与现状、国家行为与活动在国际社会和国内民众心目中形成的印象和评价。"（陈金龙，2019）良好的国家形象有利于提升国家地位，提高国际竞争力，是国家的无形资产和软实力，也是维护国家安全的保障。国家形象的决定性因素包括国家实力和国际传播（Meng，2020）。随着中国综合国力的不断提高，国际传播日益显现为国家形象建设的重要因素。媒体话语引导公众认知、投射国家形象、维护国家安全。话语安全规划成为语言安全规划的关键领域，为国家形象建设、国家话语传播提供智力支持（沈骑，2020）。媒体话语的国家形象塑造研究显得十分必要。

　　习近平总书记指出："中国在世界上的形象很大程度上仍是'他塑'而非'自塑'，我们在国际上有时还处于有理说不出、说了传不开的境地，存在着信息流进流出的'逆差'，中国真实形象和西方主观印象的'反差'、软实力和硬实力的'落差'。"（中共中央文献研究室，2017）有效解构西方谣言，不断增强"自塑"能力，掌握国际话语权，成为中国媒体的要务之一。然而，现有中国形象研究也以"他塑"研究为主，很少研究"自塑"中国形象（胡开宝 等，2017）。因此，中国媒体话语的国家形象自塑研究具有重要意义。

　　本文以《人民日报》《中国日报》和中国国际电视台新闻频道（CGTN）这中国三大官方媒体的英文报道为研究对象，借助语料库进行批评话语分析。首先，

---

* 本文系中央高校基本科研业务费项目"中美媒体对新冠疫情下的中国国家形象建构对比研究——以《纽约时报》和《中国日报》为例"（项目编号：ZYTS23039）和"危机传播情境下中国媒体对外话语体系构建研究"（项目编号：ZYTS23042）的阶段性研究成果。

运用语义网络技术从宏观层面分析报道议程，而后利用及物性概念从微观层面解析报道塑造的形象，进而展示国家形象自塑的路径和策略。基于媒体话语分析，文章提出了如何在语言安全规划视域下增强报道的影响力，同时提高形象自塑有效性的一些参考建议。

2　文献综述

2.1　国家形象的媒体塑造

国家形象的媒体塑造主要是通过语言。正如 Boulding（1959）在讨论国家形象时，将"形象"定义为"行为单位的总体认知、情感和评价结构，或其对自身和经验体系的内在看法"，媒体报道应当具备语言安全规划的意识，因为国家形象与媒体受众的认知、情感和评价密不可分。形象可以"由信息进行添加、转变和澄清，大众传媒传播给受众的信息可能会改变受众对事物的价值形象，即对事物的评价"（Boulding，1956）。因此，国家形象在信息传播中不断被塑造和改变，而媒体话语在国家形象塑造中至关重要。媒体对议程的高度关注，能使受众意识到其重要性（McCombs et al.，1972）；媒体用语言描述议程的具体信息，使受众理解和接纳所传播的国家形象。

尽管已有大量关于媒体话语对中国国家形象塑造的研究，但是多以"他塑"研究（马伟林 等，2020；Tang，2021；Diakon et al.，2017；Nassanga et al.，2016）或"自塑"与"他塑"对比研究（薛可 等，2017；江作苏 等，2017）为主，关于形象自塑的研究数量有限，且多以单个媒体的某个话题的报道作为研究对象（王瑞林 等，2018；董雁 等，2020），较少以大规模数据从话语分析的角度研究多个中国媒体的国家形象自塑。

2.2　语言安全和媒体语言能力

党的二十大报告将"国家安全"提升至事关"民族复兴的根基"的高度予以阐述，表明国家安全体系和能力现代化的重要性（经济日报评论员，2022）。国家安全体系和能力建设强调"统筹传统安全和非传统安全"（刘跃进，2020），传统安全以军事安全和政治安全为主要内容，非传统安全是指在非军事、政治领域存在的生存性威胁（余潇枫，2020）。语言的使用可能引发社会、经济、文化、政治、军事、信息等问题，始终贯穿于维护国家非传统安全和传统安全的过程之中（郭继荣 等，2021）。因此，语言能力是国家安全能力的要素之一，语言安全问题是影响国家安全的关键问题之一，而语言安全规划则是提升语言能力和解决语言安全问题的发展方案。

在语言安全规划背景下，中国媒体的语言能力提升尤为重要，因为其以国家形象建设、国家话语传播、国际话语权掌控、国际舆论引导为主要使命。媒体报道所塑造的国家形象影响受众对国家的价值判断，从而影响国家的外交效率和政治策略（胡伟华 等，2022）。虽然已有不少研究关注中国媒体话语的国际传播，分析传播范式、策略（杨扬 等，2022；邢丽菊 等，2021；李智 等，2019）或传播能力建设路径（朱炜，2022；李婕 等，2021），但是专门针对中国媒体话语国家形象自塑的研究还不多。因此，本文以中国主流官方媒体的英文报道为语料，分析国家形象的自塑策略，尝试提出服务于国家形象建设的相关建议。

习近平总书记把中国国家形象归纳为文明大国、东方大国、负责任大国和社会主义大国四大维度（习近平，2020）[50]。为服务国家战略，国际传播在功能结构上应合理区隔对外宣传、公共外交、文化贸易、舆论斗争等使命和职责以发挥最大效能（李宇，2022）。中国媒体自塑国家形象是否符合四大维度的安全战略思想、是否存在区隔效应是中国媒体国家形象自塑研究需要解答的问题。

2.3 批评话语分析

20世纪70年代末，批评话语分析（Critical Discourse Analysis，以下简称CDA）从批评语言学中孕育而生，关注语言在社会和政治进程中的作用（Bouvier et al.，2018）。CDA用复杂的社会认知界面将语言结构和社会结构相关联（van Dijk，1988），"揭示隐含的语言、权力和意识形态之间的关系"（Fairclough，1989）。意识形态是社会生活中的观念、信仰和思想产生的普遍物质性过程，象征特定社会群体或阶层的状况，在利益对立的情况下维护其利益并使其合法化（Eagleton，1991）。媒体话语塑造的国家形象，维护国家利益、传播意识形态，符合CDA揭示语言与意识形态关系的研究目标。尽管媒体批评话语分析已经相当丰富，但却多分析传播者的语言，而较少考察接受者的态度，本文将在考察受众态度的基础上分析文本。

CDA从诞生起就和系统功能语法有着不可分割的渊源（Fowler et al.，1979）。在系统功能语法中，概念功能中的及物性是应用最为广泛的语法工具之一（Tang，2021）。及物性在小句层面将世界经验识解为伴有参与者和环境成分的物质、心理、关系、行为、言语、存在过程的词汇语法系统（Halliday，2008）。在这些过程中，动作的发出者和承受者显现出不同角色，表现为不同形象。此外，为弥补CDA定性分析方法的不足（Stubbs，1997；Widdowson，2000），Hardt-Mautner（1995）、Baker（2006）等将语料库与话语分析结合，形成语料库辅助话语分析（CACDA）。语料库的词频、主题词、搭配、词丛、索引行等提供文本语境信息，避免了直觉判断的主观性（钱毓芳，2010）。

运用CACDA，结合及物性概念，马伟林等（2020）从物质、言语、关系过程分析了《卫报》对中国形象的构建；Lee（2016）在分析韩国两份报纸对进口美国牛肉的报道时，在及物性框架里添加了概念次范畴化，把参与者角色细化为语义范畴；Tang（2021）根据搭配分析及物性过程，归纳出中国在美国主流媒体的

7 种形象。这些研究表明，及物性分析能够使 CDA 从真实语境搭配中析出暗含的意识形态，在分析时，往往需要深入研究个别过程的具体词汇意义或内涵，根据语境细化参与者的语义范畴。

尽管及物性可以从微观层面解读经验过程，但是"及物性局限于词汇—句法层面"（van Dijk，2008），不能做宏观层面的话语分析。为弥补这一不足，本文将使用语义网络技术从宏观层面对语料主题进行解析。语义网络分析阐明了词语之间的关系，从而对整个文本的结构和意义产生深刻的理解（Danowski et al.，2022）。研究者将语义网络用于话语分析，用共现词语聚类析出文本主题，用高中心性的词语阐释各主题内涵。Guo（2013）指出，新闻议程的网络关系凸显可以从媒体传递给受众，与受众的认知网络关系改变相一致，从而影响受众的观点。因此，本文将使用语义网络技术分析语料主题，尝试获得中国媒体报道的议程网络，并根据受众态度从语言安全规划的角度提出调整建议，使受众形成更为正向的认知。

3　研究设计

3.1　语料来源

本研究将中国官方媒体《人民日报》（People's Daily Online，PD）、《中国日报》（ChinaDaily，CD）、CGTN 英文网站关于中国的报道作为语料。这些媒体是党和国家思想舆论阵线的排头兵，是具有国际影响力的媒体集群（胡娟 等，2021）。以 China 为关键词，利用网络爬虫仅爬取新闻报道，时间从新冠疫情暴发的 2020 年 1 月至 2022 年 5 月。爬取信息包括新闻标题、来源、原文、点赞量（仅 CGTN 提供此数据）等，共获取语料 256,101 条，随后进行等距抽样，共抽取语料 20,297 条，将新闻内容以文本格式存储，清除链接、非语言符号后，使用 AntConc 3.5.8 查询至少出现两次的含有查询词的 12 词词丛，人工比对删除重复条目后得到语料 20,212 条，具体信息如表 1 所示。

表 1　语料基本信息

语料来源	篇数	形符数	类符数	形符数 / 篇数
PD	7,081	2,393,176	37,509	337.97
CD	6,391	3,491,907	45,173	546.38
CGTN	6,740	2,113,611	42,327	313.59
合计	20,212	7,998,694	125,009	395.74

以点赞量的三分位数作为分类标准，将 CGTN 报道的接受度分为低、中、高三类，形成三个子语料库，具体信息如表 2 所示。

表 2　CGTN 子语料库信息

点赞量	篇数	形符数	类符数	形符数 / 篇数
高	2,569	1,164,938	29,752	453.46
中	2,265	656,701	26,004	289.93
低	1,906	291,972	17,848	153.19

3.2　研究问题

鉴于媒体传播在中国形象构建和国家安全维护中的重要意义以及国家形象自塑研究的薄弱，本文从宏观和微观两个层面对中国官方媒体英文报道进行分析。

研究问题 1：媒体报道在宏观层面具有什么特征？

（1）媒体设置了哪些主题？

（2）不同媒体的报道主题有无差异？

（3）高点赞和低点赞报道的主题有无差异？

研究问题 2：媒体报道在微观层面具有什么特征？

（1）媒体将中国塑造为哪些形象？

（2）不同媒体的形象塑造有无差异？

（3）高点赞和低点赞报道塑造的中国形象有无差异？

问题 1 从宏观层面考察和比较媒体的议程设置能力，问题 2 分析和比较媒体所塑造的国家具体形象。

3.3　研究方法

本文使用 AntConc 3.5.8 进行文本分析，使用 Wordij 3.0 和 UCINET 6 进行语义网络分析。宏观层面运用语义网络技术分析报道的主题，微观层面对 China 的动词搭配进行及物性分析，讨论所塑造的国家形象。

对问题 1，按照 Segev 的研究方法（Segev，2022），在剔除功能性词语、高频词 China 和 Chinese 的基础上，分别对全部语料和各媒体语料生成词语频率表和共现词对（word pair）频率表。频率范围为 1—5,349，为保证共现的典型性，仅将共现频率大于或等于 300 次的词对输入 UCINET 进行聚类分析。

对问题 2，在语料库和子语料库中分别检索 China 的左侧五个和右侧五个高频动词搭配，左侧和右侧动词分别显示 China 承受和发出的动作。选择 MI 值≥ 3、T- 值≥2 且搭配出现频率在 10 次以上的动词（对同词根动词合并处理为词根）在及物性框架下分析 China 在经验过程中的参与者角色，从语义层面归纳被塑造的形象，对比不同媒体以及高点赞和低点赞报道凸显的形象异同。

4 研究结果

4.1 新闻主题

全部报道的共现词网络关系如图 1 所示。图中节点表示高频词，连线表示词之间的共现关系（同时出现在 6 词词丛范围内），连线粗细表示共现强度，节点大小代表节点度中心性的强弱。为展示主要信息，图 1 删除了孤立点和悬挂点。度中心性较高的七个节点 develop、foreign、nation、region、percent、new、CPC 分别代表了发展、外交、国家、区域、经济、疫情、党务七个主题聚类。

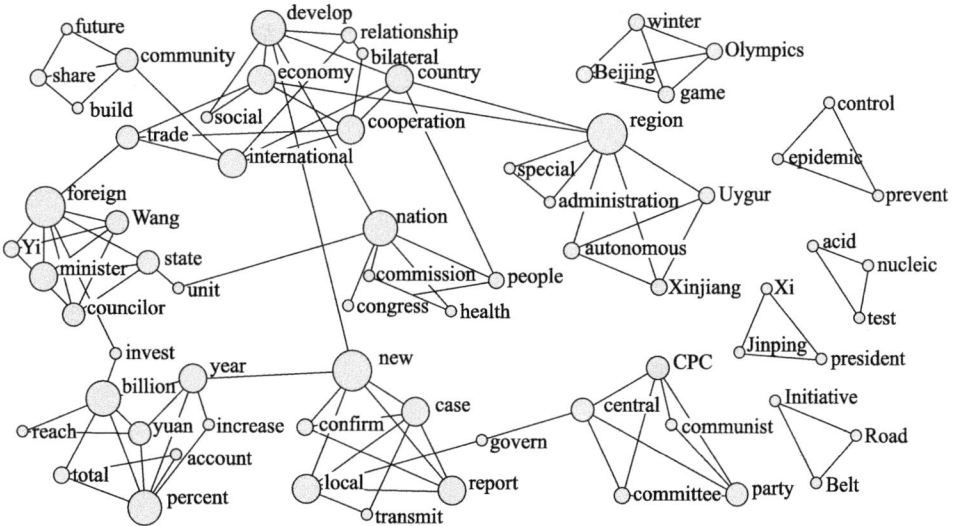

图 1 新闻主题聚类分析

以 develop 为中心的最大聚类 1，包含 economy、relation、cooperation、bilateral、social、trade、international、community、share、build、future等词，显示中国开放包容、互利共赢的合作战略。community、share、build 体现了"构建人类命运共同体"的理念。聚类 2 以 foreign 为中心，包含 minister、Wang、Yi、councilor 等词，报道中国的外交活动。聚类 3 以 nation 为中心，包含 people、health、commission、congress 等词，涉及国家卫生健康委和人民代表大会的相关报道。以 region 为中心的聚类 4，包含 Xinjiang、autonomous、Uygur 等词，是关于新疆维吾尔自治区的报道。以 percent 为中心的聚类 5 包含 billion、increase、yuan、total、reach 等词，以数据报告中国经济增长情况。以 new 为中心的聚类 6，包含 local、report、confirm、case、transmit 等与新冠疫情相关的词语，报告国内确诊病例数量和病毒传播情况。聚类 7 以 CPC 为中心，包含 communist、party、committee、central 等词，涉及党务活动，动词 govern 同时连接聚类 6 和聚类 7，彰显党在抗疫斗争中的领导力。此外，还形成了五个小聚类，包括冬奥会、防疫、

"一带一路"、国家领导、核酸检测等。

PD、CD、CGTN 语料的主题聚类分析结果显示，各媒体报道均覆盖了图1中绝大部分主题，如表3所示。斯皮尔曼两两相关分析表明，各媒体主题相似性较高（p>0.05），不存在明显的区隔效应。这说明 CGTN 报道的点赞数据可以作为整体语料点赞情况抽样。

表 3　各媒体报道主题

语料来源	主题											
	发展	外交	国家	区域	经济	疫情	党务	防疫	"一带一路"	国家领导	核酸检测	冬奥会
PD	+	+	+	-	+	-	+	+	+	+	+	+
CD	+	-	+	+	+	+	+	+	+	+	+	+
CGTN	+	+	+	+	-	-	+	-	-	+	-	+

（"+"表示有，"-"表示无）

CGTN 高点赞量报道的语义关系如图2所示。以 foreign 为中心形成了最大聚类1，报告中国国务委员、外交部部长、发言人的工作。较小聚类主题包括党务、国家领导、冬奥会、"一带一路"和国家。

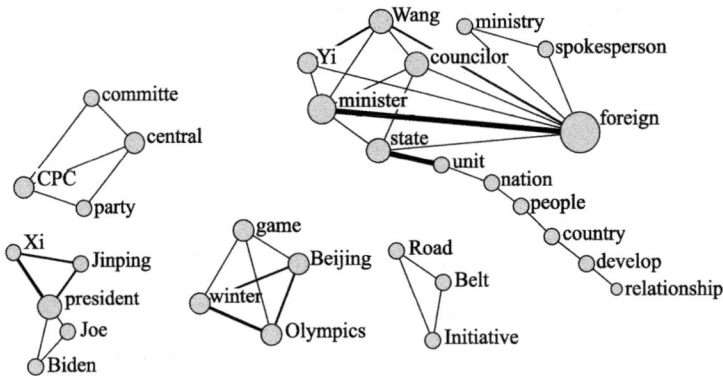

图 2　CGTN 高点赞量报道主题聚类分析

低点赞量报道的语义关系如图3所示。较大的聚类分别以 foreign、Paralympics、president 为中心形成关于外交、残奥会、国家领导的主题，较小的聚类涉及辽东湾系列片、农历新年、南方省份、新闻招待会等主题。

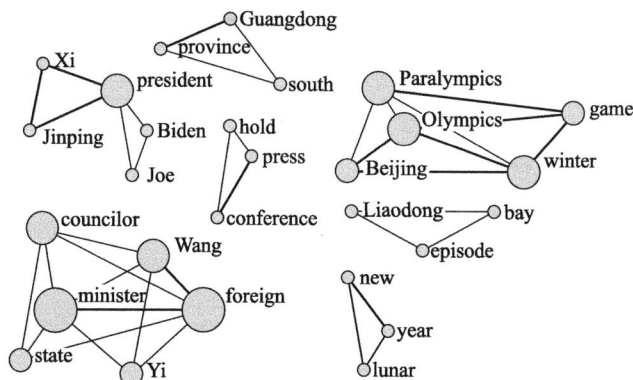

图 3　CGTN 低点赞量报道主题聚类分析

4.2 及物性过程和国家形象

China 的左侧五个和右侧五个动词的检索显示，左一位置（L1）动词占左侧动词的 95% 以上，右一（R1）和右二位置（R2）动词占右侧动词的 98% 以上，因此本文仅取 L1、R1、R2 动词进行分析。L1 高频动词的及物性过程以及 China 在过程中的角色和形象如表 4 所示，中国被塑造为被损害、被访问、被诋毁、被赞誉者的形象。

表 4　China 高频 L1 搭配动词的及物性分析

过程	动词（频率）	参与者角色	中国形象	总频率	比例
物质	contain（253）undermine（70）suppress（46）isolate（18）attack（16）encircle（10）destabilize（10）	目标	被损害者	423	37.2%
物质	visit（102）	目标	被访问者	102	9.0%
言语	smear（94）blame（85）accuse（83）slander（28）demonize（25）stigmatize（16）criticize（14）discredit（13）scapegoat（12）	对象	被诋毁者	370	32.5%
言语	thank（120）praise（56）congratulate（35）commend（19）laud（12）	对象	被赞誉者	242	21.3%

将 China 的 R1 和 R2 高频搭配动词进行合并，及物性分析发现中国被塑造为给予者、成就者、发展者和反驳者的形象，如表 5 所示。

表 5　China 高频 R1 和 R2 搭配动词的及物性分析

过程	动词（频率）	参与者角色	中国形象	频率	比例
物质	support（259）welcome（112）understand（25）urge（78）appreciate（73）	动作者	给予者	547	45.2%
物质	succeed（20）celebrate（10）	动作者	成就者	30	2.5%
物质	stand（227）attach（103）uphold（34）pursue（31）strive（30）maintain（27）	动作者	发展者	452	37.4%
言语	advocate（29）	说话者	发展者	29	2.4%
言语	oppose（135）lodge（16）	说话者	反驳者	151	12.5%

　　各媒体塑造的国家形象分布比例如表 6 所示。K-W 检验表明，各媒体塑造的国家形象不存在显著差异（p>0.05）。

表 6　各媒体塑造的中国国家形象分布

语料来源	中国形象（%）								
	被损害者	被访问者	被诋毁者	被赞誉者	给予者	发展者	成就者	反驳者	合计
PD	11.9	2.5	12.9	11.0	21.9	30.0	3.4	6.4	100
CD	23.9	12.1	13.5	6.6	17.3	18.7	3.6	4.3	100
CGTN	18.1	0.0	6.1	9.1	37.0	21.1	2.0	6.6	100

　　CGTN 高点赞报道的搭配分析显示，中国凸显为被赞誉、被损害、被诋毁、成就、给予、发展者形象，低点赞报道中未显现出典型形象。

5　媒体话语中的国家形象

5.1 媒体新闻主题分析

　　如前文图 1 所示，新闻主题展现出中国高度负责的社会主义大国、开放包容的东方文明大国形象。首先，围绕 develop 的最大聚类显示，中国高度重视建立经济、贸易国际合作、积极促进双边关系发展，倡导"人类命运共同体"理念和"一带一路"倡议。媒体将源自中国的"世界观"广泛传播，展现了中国故事背后的思想力量和精神力量（高晓虹 等，2022）。其次，报道以经济增长数据呈现中国的蓬勃发展，以少数民族区域发展状况驳斥西方国家的污蔑诋毁，以新冠疫情的报告和控制显示国家对公共卫生、人民健康的关切，以国家领导、外交部和党的相关工作报道展示国家的管理能力，塑造出卓越领导、坚决执行和高度负责的国家形象。最后，"冬奥会"聚类的相关报道展现东方文明大国形象。以"Beijing Winter Olympics"为关键词检索语料，得到大量关于中国历史、文化、科技的相关报道（例1、2）

例1　Drawing its curtain on the day of the Start of Spring, the Games auspiciously foretold a vibrant spring for not only athletes but the entire human race. The solar terms, having been developed throughout Chinese history since about 3,000 years ago and listed on the UNESCO's Representative List of the Intangible Cultural Heritage of Humanity in 2016, are so important to Chinese people that it appears both creative and natural for Zhang to employ and showcase them as a unique part of Chinese civilization to the world.

例2　The Beijing Winter Olympics have utilized some of China's newest achievements in science and technology, featuring technologies such as an underwater torch relay, modern sports and temperature control equipment, new energy vehicles, and virtual reality games.

图1和图2的对比显示，高点赞报道的主题和新闻整体主题基本一致，以外交、党务、"一带一路"、国家领导、冬奥会为主，兼涉发展、国家等主题。但是，图1凸显的区域、经济、疫情、防疫、核酸检测主题并未在图2显现。这一方面是由于经济、疫情、防疫、核酸检测主题在CGTN新闻报道中未形成明显聚类（如表3所示），另一方面可能是由于区域报道内容的84.8%以上是对西方污蔑的驳斥，7.8%涉及国际关系，仅有7.4%介绍区域文化，对受众的吸引力较低。国外受众认为中国文化报道客观而有价值，因而更感兴趣（Wang，2020）。中国政治传统所特有的官方语言和固定表述对受众的吸引力较低（Alvaro，2015）。因此，区域报道可以适度加强地域特色人文资源的展示以更好地吸引受众。

图2和图3对比表明，高点赞和低点赞报道的主题显现出以下两个特点。

（1）高点赞和低点赞报道的主题相似度较低，仅有外交和国家领导两个主题重合。以关键词foreign minister和Wang Yi检索两个子语料库，得到高点赞的外交主题报道211篇，低点赞报道44篇，表明大部分外交主题报道的接受度较高。语料的进一步分析显示，高点赞报道凸显中国推进世界和平、加强国际合作的意愿（例3）、支持公平正义的态度（例4）、对俄乌冲突的立场（例5）等。积极传播"人类命运共同体"理念和"一带一路"倡议在高点赞外交主题报道中分别出现8次和10次，表明中国追求互惠互利、和平共赢的理念得到受众认可。低点赞外交主题报道主要涉及中国同周边国家的双边关系、同他国外交官员的会晤以及其他国家外交部门的观点（例6）。

例 3 Chinese State Councilor and Foreign Minister Wang Yi on Saturday urged the international community to reject attempts to start a new "Cold War" and called for efforts to build lasting peace in the world.

例 4 Noting the negotiations of Iran nuclear talks have entered the final critical stage, Chinese State Councilor and Foreign Minister Wang Yi said China will continue to stand up for fairness and justice and firmly promote the process of political and diplomatic settlement of the Iranian nuclear issue.

例 5 Chinese State Councilor and Foreign Minister Wang Yi on Tuesday said the "four musts" highlighted by President Xi Jinping are China's clearest and the most authoritative attitude on the Ukraine issue.

例 6 Chinese-Panama Ties: Panama's foreign minister calls for more trade with China.

分别以关键词 President Xi、Biden 检索两个子语料库，高点赞语料关于 President Xi 的报道为 232 篇，而关于 Biden 的报道数量仅为 51 篇，低点赞语料关于两国领导人的报道数量分别为 18 篇和 20 篇，表明受众对中国国家领导人的相关活动的关注度较高。高点赞与低点赞报道的明显差异表现在高点赞报道更多关注中美两国领导人会谈，而低点赞报道更多报告美国领导人的出访活动。

（2）低点赞新闻报道更具体主题和媒体日常工作，如残奥会、辽东湾系列片、南方省份、农历新年、新闻招待会等。受众对残奥会的关注度不高，对中国一些地域的熟悉度偏低，对信息量较低的媒体日常工作兴趣偏弱，这些都是导致报道点赞量偏低的原因。"农历新年"是中国特有的传统文化资源，以 Lunar New Year 为关键词检索语料发现，在 227 条语料中，仅有不足 5% 讲述了具体人物的"新年故事"，与 Lunar New Year 搭配频率最高的词汇是 celebrate 和 holiday，大多是关于放假、庆祝等新年惯例的陈述。这或许是"农历新年"点赞量较低的原因之一，因为"讲好中国故事离不开宏大叙事，但更强调精微叙事"（杨明星 等，2021）。

5.2 国家形象的具体呈现

China 左侧动词塑造的被损害者和被诋毁者形象占 70%，这与报道的区域和疫情主题相符。美、英及其联盟国遏制中国发展和技术进步，编造中国台湾和香港负面消息，捏造所谓"中国威胁论"打压中国，破坏中国主权和领土完整，组成联盟包围中国，妄图使中国孤立于国际市场和群体。美国等西方国家组织指控、责备中国，借"病毒溯源"抹黑、嫁祸中国，批评中国防疫措施，诽谤诋毁中国减贫成果、军民关系以及中国同东盟国家关系。被赞誉者形象占 21.3%，包括不同国家和机构感谢中国在抗疫、经济发展、基础设施建设、人道主义救援、奥运会筹备、世界文化遗产保护方面的帮助，赞扬中国维护世界和平、支持低收入国家、成功举办奥运会、保护生物多样性、对世界抗疫的贡献等。被访问者形象仅占9%，访问目的除国事访问、学术研究、合作交流之外，还包括人权状况调查等，显示出对中国的不公正待遇。到访者见证中国的高速发展和稳定繁荣，使美国编造的"强迫劳动"等谣言不攻自破。被损害、被诋毁、被访问三种角色约占80%，表明中国媒体从各方视角（见表7）揭露了西方国家妄图利用疫情和区域发展话题误导国际公共舆论的卑鄙言行，以来访者视角展现了中国的真实面貌。

表7　L1高频动词所塑造中国形象的具体呈现

行动者	行动	中国形象
美国（70.1%）、四国峰会（11.8%）、美英联盟（5.8%）、美英澳联盟（5.5%）、西方媒体（2.9%）等	攻击 遏制 动摇 包围 孤立 打压 破坏	被损害者
美国（63.2%）、西方其他发达国家（15.5%）、西方媒体（4.8%）、北约组织（4.8%）等	指控 责备 批评 妖魔化 抹黑 诽谤 嫁祸	被诋毁者
国家（81.8%）、国家联盟（7.3%）、联合国（4.5%）、研究人员（3.6%）、留学生（1.8%）等	感谢 赞誉 赞美	被赞誉者
外国官员（39.7%）、研究人员（17.1%）、联合国官员（10.8%）、艺术家（9.6%）、外国友人（4.3%）、企业家（3.2%）、运动员（3.2%）等	访问	被访问者

China右侧动词塑造的"给予者"感谢他国支持，欢迎国际合作和访问中国民族区域、敦促以美国为首的某些西方国家纠正错误言论、支持国际和平和国际组织行动、理解他国的合理关切；"发展者"准备建立国际合作、重视国际关系维护、努力促进社会经济发展，秉承、坚持国际法规、倡议环保、追求可持续发展；"成就者"取得抗疫成功、庆祝运动会获奖、粮食高产等；"反驳者"对西方国家的错误言行提出严正交涉，反对美国和中国台湾接触、美国单边制裁和长臂管辖以及病毒溯源政治化等（见表8）。

表8　R1和R2高频动词所塑造中国形象的具体呈现

中国形象	行动	对象
给予者	支持 欢迎 理解 敦促 感谢	他国支持（19.9%）、国际合作（19.5%）、国际组织（12.7%）、国际和平（10.9%）、他国合理关切（4.1%）、访问新疆（1.9%）等。
发展者	准备 重视 秉承 追求 努力 坚持 倡议	合作（35.3%）、国际关系（17.5%）、社会经济发展（12.7%）、环保（5.0%）、联合国事务（2.6%）、抗疫（2.9%）、国际法规（2.3%）等。

（待续）

（续表）

中国形象	行动	对象
成就者	成功 庆祝	运动会获奖（51.3%）、抗疫成果（11.8%）、国庆（6.6%）、恢复联合国席位50周年（3.9%）、粮食高产（2.6%）、脱贫（2.6%）等。
反驳者	反对 正式提出	美国错误言论（25.9%）、美国和中国台湾接触（17.2%）、严正交涉（12.7%）、美国单边制裁和长臂管辖（9.5%）、病毒溯源政治化（4.2%）等。

总体而言，报道塑造的中国形象符合文明大国、东方大国、负责任大国和社会主义大国四大维度的安全战略思想，对负责任大国和社会主义大国的塑造更为显性，而对文明大国的历史文化、东方大国的气度精神呈现相对较少。媒体的区隔效应不明显，尚需进一步部署和优化对外传播的功能结构体系。

5.3 积极和消极国家形象

媒体塑造的国家形象按照情感可分为积极和消极两类。积极形象占55.4%，包括被赞誉者、给予者、成就者和发展者，显现中国扶危济困、维护和平、促进合作、致力发展的积极形象；消极形象占44.6%，包括被损害者、被诋毁者、被访问者和反驳者，显示对中国的不公正待遇和评判。高点赞和低点赞报道凸显的国家形象差异较大，前者凸显更多积极形象，而后者则无典型凸显形象。16.7%的消极形象和26.4%的积极形象得到了高点赞，表明受众对积极形象的接受程度更高。高点赞的积极形象中，给予者占49.5%，发展者占35.9%，说明受众对于扶危济困、致力发展的中国形象的认可度较高。高点赞的消极形象中，被损害者占63.0%，反驳者占20.1%，说明受众对损害中国的事实报道的认可度高于中国的自发反驳。西方媒体涉华报道暗含所谓"中国威胁论"（江作苏 等，2017），呈现的负面形象多于正面形象（薛可 等，2017；Tang，2021），对中国民族、经济、环保议题进行负面构建（马伟林 等，2020），而中国媒体反复驳斥这些对中国的负面不实报道。受众在不同媒体的"两面之词"的报道中态度很容易受到影响（霍夫兰 等，2015），这或许是对消极形象认可度较低的原因之一。低点赞报道未凸显典型形象，表明中国媒体的国家形象塑造在很大程度上得到了认可。

6 结语

本文通过分析发现，中国媒体关于中国的报道可提炼为发展、外交、国家、区域、经济、疫情、党务7个主要主题。各媒体报道主题和所塑造的中国形象不存在显著差异。高点赞和低点赞报道主题差异表现在：主题相似度较低，低点赞新闻报道更关注具体主题和媒体日常工作。

媒体将中国塑造为被赞誉者、给予者、成就者和发展者的积极形象以及被损害者、被诋毁者、被访问者和反驳者的消极形象，高点赞报道凸显更多积极形象。媒体塑造的国家形象符合东方大国、文明大国、负责任大国、社会主义大国四个维度的安全战略思想，负责任的社会主义大国形象更为凸显。

基于上述分析与发现，笔者建议，在驳斥部分西方媒体的不实言论时，中国媒体应当增强语言安全规划意识，把为国家形象代言、为国家利益护航作为目标，从以下三个方面着手建设媒体话语，或可加强中国报道的国际影响力，提高国家形象自塑的有效性。

其一，丰富文化资源报道，将中国塑造为更具吸引力的国家，体现中国对文化遗产和人类共同财富的保护和重视，引起受众共鸣和互动，这将有力促进"人类命运共同体"的发展，维护国家形象。

其二，以精微叙事代替宏大叙事，尤其是对中国的特色事物，如传统节日等，以个体叙事展现节日活动。个体故事的真实情节和真情流露更容易触动人心，从微观层面塑造国家形象。

其三，更多地传播中国的积极形象。"高山仰止，景行行止"，扶危济困、开放包容、和谐发展的积极形象比被动反驳的消极形象更易被受众接纳，能更好地展现国家魅力。

本文提出了如何从语言安全规划的视角助力媒体信息传播和形象塑造的有效方式，也为进一步研究媒体议程设置和形象塑造变化以及受众群体特征如何影响接受态度提供了基础。

参考文献

陈金龙，2019. 新中国 70 年国家形象的建构 [N]. 光明日报，9-6.

董雁，于洋欢，2020. 外宣媒体的战"疫"报道与中国国家形象塑造——以 CGTN 为例 [J]. 传媒（11）：42-45.

高晓虹，冷爽，赵希婧，2022. 守正创新：中国特色国际新闻传播人才培养研究 [J]. 中国编辑（7）：4-9.

郭继荣，杨亮，2021. 国内语言安全研究述评 [J]. 情报杂志（6）：95-101+58.

胡娟，王灿发，王森，2021. 党媒对外报道中提升中国话语说服力路径探析 [J]. 新闻爱好者（10）：22-25.

胡开宝，李鑫，2017. 基于语料库的翻译与中国形象研究：内涵与意义 [J]. 外语研究（4）：70-75+112.

胡伟华，徐英捷，2022. 国际媒体中的中国形象研究二十年之流变——基于 CiteSpace 的科学知识图谱分析 [J]. 外语电化教学（4）：42-51+115.

霍夫兰，贾尼斯，凯莉，2015. 传播与劝服 [M]. 张建中，等译. 北京：中国人民大学出版社：89.

江作苏，孙志鹏，2017. 互塑型媒介语态下的中国形象——以"FT 中文网"和《中国日报》G20 峰会"中国话题"报道为例 [J]. 传媒（2）：82-86.

经济日报评论员，2022. 把维护国家安全贯穿发展各领域全过程——论以高质量发展推进中国式现代化 [N]. 经济日报，11-12.

李婕，聂传清，2021. 跨越重洋，"海味"更浓——人民日报海外版加强国际传播能力建设的实践与思考 [J]. 传媒（22）：9-11.

李宇，2022. 国际传播亟需优化功能结构体系建设——基于美英国际传播的思考 [J]. 对外传播（4）：53-56.

李智，竺慧捷，2019. 新媒体时代国家形象传播的策略创新——以多语种网页交互纪录片为例 [J]. 外语电化教学（6）：33-38.

刘跃进，2020. 统筹传统安全和非传统安全 [N]. 光明日报，11-23.

马伟林，崔彦杰，2020. 基于语料库的中国国家形象研究：及物性视角 [J]. 外语电化教学（5）：114-121+17.

钱毓芳，2010. 语料库与批判话语分析 [J]. 外语教学与研究（3）：198-202+241.

沈骑，2020. 全球治理视域下的中国语言安全规划 [J]. 语言文字应用（2）：18-26.

王瑞林，毛彦心，2018.《人民日报》（海外版）国家形象建构研究——以"一带一路"国际合作高峰论坛为例 [J]. 传媒（17）：33-36.

习近平，2020. 论党的宣传思想工作 [M]. 北京：中央文献出版社.

邢丽菊，赵婧，2021. 新媒体与中国国家形象的国际传播 [J]. 现代国际关系（11）：51-59+61.

薛可，栾萌飞，2017. 中美新闻框架下的上海形象建构——基于《纽约时报》与《中国日报》的对比研究（2007—2016）[J]. 新闻记者（3）：63-70.

杨明星，潘柳叶，2021. "讲好中国故事"的外交叙事学原理与话语权生成研究 [J]. 新疆社会科学（5）：78-88+163.

杨扬，张文忠，2022. 短视频环境下的国家形象建构与传播策略研究 [J]. 传媒（20）：63-65.

余潇枫，2020. 非传统安全概论（第三版）·上卷 [M]. 北京：北京大学出版社：27-32.

中共中央文献研究室，2017. 习近平关于社会主义文化建设论述摘编 [M]. 北京：中央文献出版社：212.

朱炜，2022. 世纪疫情下讲好中国故事的国际传播能力建设 [J]. 思想教育研究（6）：149-152.

ALVARO J J, 2015. Analysing China's English-language media[J]. World Englishes, (2): 260-277.

BAKER P, 2006. Using corpora in discourse analysis[M]. London: Continuum.

BOULDING K E, 1956. The image: knowledge in life and society[M]. Vol. 47. Ann arbor: University of Michigan Press: 11-12.

BOULDING K E, 1959. National images and international systems[J]. Journal of conflict resolution, (2): 120-131.

BOUVIER G, MACHIN D, 2018. Critical discourse analysis and the challenges and opportunities of social media[J]. Review of communication, (3): 178-192.

DANOWSKI J A, Yan B, RIOPELLE K, 2022. Cable news channels' partisan ideology and market share growth as predictors of social distance sentiment during the COVID-19 pandemic[A]// Semantic network analysis in social sciences. New York: Routledge: 72-93.

DIAKON B, RÖSCHENTHALER U, 2017. The Chinese presence in the Malian mediascape[J]. Journal of African cultural studies, (1): 96-113.

EAGLETON T, 1991. Ideology: an introduction[M]. London: Verso: 28-30.

FAIRCLOUGH N, 1989. Language and power[M]. New York: Longman Inc.: 5.

FOWLER R, HODGE B, KRESS G, TREW T, 1979. Language and control[M]. London: Routledge.

Guo L, 2013. Toward the third level of agenda setting theory: a network agenda setting model[A]// Agenda setting in a 2.0 world. New York: Routledge: 112-133.

HALLIDAY M A, 2008. An introduction to functional grammar[M]. 3rd ed. Beijing: Foreign Language Teaching and Research Press: 168-279.

HARDT-MAUTNER G, 1995. "Only connect." Critical discourse analysis and corpus linguistics [M]. Lancaster: UCREL.

LEE C S, 2016. A corpus-based approach to transitivity analysis at grammatical and conceptual levels: a case study of South Korean newspaper discourse[J]. International journal of corpus linguistics, (4): 465-498.

MENG X, 2020. National image: China's communication of cultural symbols[M]. Singapore: Springer: 5.

MCCOMBS M E, SHAW D L, 1972. The agenda-setting function of mass media[J]. Public opinion quarterly, (2): 176-187.

NASSANGA G L, MAKARA S, 2016. Perceptions of Chinese presence in Africa as reflected in the African media: case study of Uganda[J]. Chinese journal of communication, (1): 21-37.

SEGEV E, 2022. How to conduct semantic network analysis[A]// Semantic network analysis in social sciences. New York: Routledge: 16-31.

STUBBS M, 1997. Whorf's children: critical comments on critical discourse analysis[A]// Evolving models of language. Clevedon: Multilingual Matters: 100-116.

TANG L, 2021. Transitive representations of China's image in the US mainstream newspapers: a corpus-based critical discourse analysis[J]. Journalism, (3): 804-820.

VAN DIJK T, 2008. Discourse and context: a sociocognitive approach[M]. Cambridge: Cambridge University Press: 29.

VAN DIJK T, 1988. News as discourse[M]. New Jersey: Lawrence Erlbaum Associates.

WANG X, 2020. Winning American hearts and minds: China's image building efforts in the 21st century[M]. Singapore: Springer: 71.

WIDDOWSON H G, 2000. On the limitations of linguistics applied[J]. Applied linguistics, (1): 3-25.

作者简介
陈韵，西安电子科技大学语言与网络空间安全前沿交叉研究中心讲师。主要研究领域：话语分析、二语习得。电子邮箱：chenchenlv2005@126.com。
陈坚林，西安电子科技大学语言与网络空间安全前沿交叉研究中心教授，博士生导师。主要研究领域：语言政策与规划、应用语言学。电子邮箱：jianlinchen900@126.com。

（责任编辑：王伶）

澳大利亚语言政策与文化研究概述：兼评《语言规划与政策的交叉：建立语言与文化之间的联系》[*]

海南大学　外国语学院/海南省外文海南文献与舆情研究中心　**朱　燕**

提　要：文章结合论文集《语言规划与政策的交叉：建立语言与文化之间的联系》，对澳大利亚语言政策与文化研究进行概述。在厘清澳大利亚语言政策与高校语言学科发展史基础上，结合澳大利亚高等教育中的具体案例对语言政策的制定、解释、应用和实践过程进行探讨，从而综述语言政策对澳大利亚高等教育中语言文化发展进程的影响及存在问题。

关键词：语言政策；语言文化研究；澳大利亚；高等教育

1　引言

　　过去的半个世纪里，语言的多样性发生了巨大的变化，人们对多语言的容忍度越来越高，对语言权利的关注度也不断提高。各民族和国家致力于通过语言来维护其民族特性。语言是保持和发展国家、民族共同文化的主要内容（潘一禾，2005）。更具包容性、基于语言和文化公民身份的语言政策反映了迅速发展和不断深入的全球化进程。

　　澳大利亚是比较典型的多语种和多元文化国家。英、美的语言学者通常用"语言与文化"来定义其教学和专业研究领域的语言—文化关系。并且澳大利亚高等教育随着语言覆盖范围和研究专业的多样化，过去各个相对独立的语言和文学研究，需要更广泛的、更具包容性的集体认同形式。因此，"现代语言"学科在澳大利亚被称为"语言与文化"（Fornasiero et al.，2020）[1]。澳大利亚大学的语言教学实践，反映出语言与文化领域的研究本质上是相互关联的跨学科研究、是语言和学科多样性的交汇之地。结合论文集《语言规划与政策的交叉：建立语言与文化之间的联系》（*Intersections in Language Planning and Policy-Establishing Connections in Languages and Cultures*），本研究首先厘清澳大利亚语言政策与高校语言学科发展史，在此基础上探讨语言与文化研究范式及其学科交叉边界；其次，

---

*　本文系海南大学博士科研启动项目"民族志语用学视角下的文化语用能力研究"[项目编号：kyqd(sk)1914]、海南省应用外语基地外语专项重点课题"东盟国家语言政策研究与海南'关键语言'人才培养战略"（项目编号：HNWYJD19-01）、海南省教育科学"十三五"规划课题"海南外语教育政策变迁与国家语言战略能力提升路径研究"（项目编号：QJY20201016）和海南省哲学社会科学规划课题青年课题"商业传播对海南青年社群的文化认同建构研究"[项目编号：HNSK（QN）19-25]的阶段性研究成果。

分析高校在语言规划和政策执行中的重要作用，并探讨澳大利亚高等教育在处理语言与文化方面所面临的问题和解决途径；最后，探索澳大利亚语言文化重要组成部分——土著语言文化的发展。每部分会结合澳大利亚高等教育中的具体案例对语言政策的制定、解释、应用和实践过程进行探讨，从而综述语言政策对澳大利亚高等教育中语言文化发展进程的影响及存在问题。

2　澳大利亚语言政策与高等教育中语言学科发展研究历史回顾

语言的发展史与民族的发展史紧密相连。澳大利亚的原始居民是当地土著人。自 17 世纪开始的大量殖民者的涌入、19 世纪中期淘金热所形成的移民潮以及二战之后的第二次移民潮，使澳大利亚在两百多年的发展过程中，逐渐成为多民族的移民国家。20 世纪之前的殖民时期，澳大利亚虽然没有非常明确的语言政策，但有大量隐性语言政策存在于政府部门、教育等领域，并间接发挥作用，属于放任时期；二战之后的澳大利亚语言文化政策最初有同化和一元文化的性质，移民语言和英语以外的语言被称为 LOTEs（Languages Other Than English）；之后由于移民数量的庞大、他们社会地位和经济地位的不断巩固，人们开始争论语言问题，游说政府支持本社区的文化和语言（卡普兰 等，2014）[166]。20 世纪 70 年代，澳大利亚也逐渐认识和接受自身的多元文化性质，开始考虑和制定满足不同社区需要的多语和多元文化的语言政策。1978 年，联邦政府公布《关于移民抵达后提供计划与服务的审查报告》（*Report of the Review of Post-arrival Programs and Services for Migrants*）。报告中提出，每一个人都应该不带偏见和劣势地保留自己的文化，并被鼓励去理解和拥抱其他文化。而保持文化最直接和最有效的方式是保持反映这种文化的语言。1984 年，澳大利亚参议院常设委员提出在国家制定和协调下的语言政策指导原则：英语语言能力；维护和发展除英语外的其他语言；提供英语以外的其他语言的服务；学习第二语言的机会（Lo Bianco，1987）。澳大利亚之后也在语言政策与规划方面做了很多工作，比如建立语言与多元文化教育顾问委员会（Australia Advisory Council on Languages and Multicultural Education，AACLME），在委员会指导下开展"澳大利亚第二语言学习项目""多元文化与跨文化补充项目"等项目规划；后又成立两个与语言规划和语言政策相关的团体，开始进行政策研究工作；成立"澳大利亚国家语言和能力协会"（政府机构）和"澳大利亚国家语言和读写能力机构"，但随着 1996 年政府换届而中断了对它们的拨款资助（王莲 等，2019）。虽然联邦和各州在语言教育方面都做了实实在在的开拓工作，但自 1996 年以来，语言政策并没有得到政府多少积极的支持（卡普兰 等，2014）[167-168]。20 世纪 90 年代，澳大利亚政府开始缩小语言学习范围，集中力量支持一些重要少数族群的社区语言（如土著语言、意大利语、希腊语等）、在区域或经济上重要的语言（如中文、日语等）和在经济文化上重要的语言（阿拉伯语和法语）。因此，澳大利亚的语言政策经历了放任、同化、多元与优先语言政策的不同阶段。

"学生不得不学习那些可以通过各种途径来反映和影响不同群体利益的语言来体现国家的多语化、多民族化和全球化。"（Shohamy，2018）[78] 首先，语言教育政策体现了国家语言政策意图，并且与政治、社会和经济发展紧密联系。国家通过语言教育政策，把语言意识形态转化为语言实践，并借此推广政治和社会意识形态。在此过程中，高校是语言教育政策实践和体现的主要阵地。在澳大利亚的高校中，语言一般是通过高等教育学位制度课程的开发得以进入教学的。比如，在澳大利亚八校联盟之一的阿德莱德大学，现代语言课程被列为本科获得学位或授予学位的先决条件，或作为该学位的选修科目之一。之后，学位课程的扩展又为现代语言学科融入大学核心教学铺平了道路。根据 West-Sooby（2020）的分析，高等教育中制度性因素、系统性因素和领导人物的影响，都会对现代语言学科的发展产生一定的影响。

其次，不同的语言学科在高等教育系统中的地位和发展情况会存在差异。Baldwin（2019）提出，1974—1988 年的一段时间，确实有许多移民或社区语言逐渐融入高等教育系统且蓬勃发展、地位也较为稳固。但一些代表较小社区群体的语言却相对较为脆弱。Clyne 和 Kipp（1997）通过 1986、1991 和 1996 年三次人口普查中调查数据发现，1986—1996 年，使用最广泛、地位最稳固的社区语言是意大利语。意大利语也是澳大利亚政府发布的白皮书——《澳大利亚语言：澳大利亚的语言和读写能力政策》中所建议的 14 种"优先学习语言"之一。高等教育语言项目是否对意大利语的巩固和发展起到了一定作用？Hajek 和 Baldwin（2020）选择意大利语使用最广泛的地区墨尔本，探讨了从 20 世纪 50 年代末到 80 年代，墨尔本高等院校中意大利语教学项目兴起和持续的原因。通过多渠道信息的分析和研究发现，在最初开始意大利语教学的几所大学——墨尔本大学、拉筹伯大学和莫纳什大学，意大利语被看作传统文学学位的一个组成部分，因此形成了完整的意大利语研究课程体系。各个高校语言课程的教师之间，也在地方层面形成了相互联系与合作。例如，拉筹伯大学和莫纳什大学的早期教师毕业于墨尔本大学，并且几所大学最初的意大利语教学都受到了法语和德语课程同事提供的关键性支持。这一点和目前"澳大利亚大学语言与文化网络"（简称 LCNAU）所倡导的宗旨一致，即致力于启动和促进非英语语言的创新研究，分享现在和未来好的方法，以鼓励和扶持大学的研究。与此同时，与这些传统大学不同的是，一些职业技术类院校将意大利语的学习作为增强国家外贸潜力的可能性，而非学位课程。但随着相关需求的下降，意大利语教学范围也不断缩小。因此，语言课程开始的驱动力、开设的方式、培养的目标以及教师的构成等，都会对语言课程的长期性产生一定的影响。

综上所述，高等教育领域语言与文化的发展，需要重视社会与环境因素对语言课程设置的影响，根据变换的形势及时对课程设置进行调整，保证支持性资金的投入，并且任命强有力的领导人物来推动课程创新、促进研究文化、鼓励教师团体的相互支持与合作。这些都被视为管理和维持学科的重要因素。

3 澳大利亚高等教育中语言课程新途径的寻找

各国语言政策和规划是动态的过程，需要根据国家和国际环境、社会和经济发展需要等不断地进行调整。在政策的制定过程中，也存在着不同的价值取向。澳大利亚经历了从单语向多语、从一元文化向多元文化的转变。"每一所大学都需要语言政策以协调与系统的方式来处理整个大学所面临的语言问题。"（卡普兰等，2019）[283] 高等教育领域首先需要对语言政策有正确的认识，并在课程设置、语言类型、授课方式等方面进行相应的调整，不断寻找语言课程发展的新途径。高等教育中的语言问题，不仅仅是处理识字问题或是跨文化问题，它是涉及整个大学文化氛围的所有问题（卡普兰 等，2019）[283]。

在很多非英语母语国家，学习外语是学生高等教育的重要组成部分，学生具备高水平的语言能力也被视为教育的目标之一。因此，政府、机构或者语言学习部门制定了相应的语言政策并参照执行。但在英语国家，有时情况却并非如此：1980 年，Paul Simon 在《舌头打结的美国人：面对外语危机》（*The Tongue-Tied American: Confronting the Foreign Language Crisis*）中提出要解决目前美国存在的单一语言和文化与多元语言和文化的矛盾冲突（Simon，1980）。类似的情况也发生在澳大利亚。《危机中的语言——澳大利亚救援计划》指出，1997 年，澳大利亚的大学能提供 66 种不同语言的教学，但十年后，语言数量下降到 29 种。短时间内语言项目的损失超过 50%（转引自 Absalom，2020）[164]。Lo Bianco 在《国家语言政策》中也提出，澳大利亚目前面临的语言问题包括：开设二语学习的学校和学习二语的学生人数有下降的趋势；只有 14.6% 的男生和 20% 的女生学习第二语言；大学阶段过度强调文学不注重实际的交际技能，造成大学阶段学习语言的学生数量很少（Lo Bianco，1987）[1-20]。

产生语言危机的原因是什么？高等教育中较低的语言课程保留率和学生退学率是教师的责任吗？是否在政策和规划的间隙寻找新的机会？众多学者就此问题从不同视角进行了研究。

在政策决策方面，Liddicoat（2020）通过对比澳大利亚和英国大学的官网数据，发现各个大学提供的语言课程、项目类型、时间分配差异较大。原因在于语言政策并没有把重点放在大学的语言学习上，几乎没有提到它们在实现语言政策目标方面的作用，因此在高等教育中仍缺乏对语言价值和地位的统一认识，导致在关于语言课程的决策上缺乏长期性；高等教育试图把语言课程融入标准化大学结构的做法，忽视了语言学习的独特性和重要性，致使语言课程经常被边缘化。

并且，高等教育机构声称，他们的决策过程是由对经济效率的关注驱动的。语言教学项目往往比英语或历史等主干课程更加费钱和低效，因此大学经费的削减导致了语言教师师资的流失、科目数量和种类的下降以及课堂面授实践的减少（卡普兰 等，2014）[176]。而大学解决的方法是通过与邻近大学共享课程来减少资金投入。Kinoshita（2020）的研究就揭示了这种特殊决策所带来的负面影响。2013 年，堪培拉大学管理层决定停止本校包括日语、中文、西班牙语在内的三种语言项目，学生需在临近的澳大利亚国立大学进行跨校学习，造成堪培拉大学语言项目学习人数显著下降——从 2011 年政策实施前的 264 名，下降到 2017 年的 8 名。政策执行的不力付出了巨大的社会代价，长此以往会使具有语言能力和跨文化能力、能够参与全球化工作的学生越来越少。因此，Kinoshita 提出，只有政府的干预和重视，将高校的语言教育视为培养跨文化和人际交往技能的平台，这种情况才会完全改变。

在决策失误的负面影响方面，一个突出的问题是高校语言课程的保留率和学生的退学率，这也是教育领域长期争论的问题。Absalom（2020）提出了三个方面的研究发现：出于学位的行政和结构限制，或者个人原因，很多学生早已决定他们准备学习某种语言的熟练程度。因此，低保留率和退学率可能不是老师的问题；澳大利亚从中学到大学的语言学习过程中，课程要求、能力培养和评估手段存在强烈的脱节，因此经常造成语言学习的中断；教师的性别也可能影响学生的选择。这也说明，高等教育需要通过强调灵活的学位结构、实现从中学到大学语言学习的平稳过渡；需要从关注性别问题等方面入手，进行有利的规划和改革，以促进学生继续学习语言课程。

在不断调整的政策之下，语言学者应该如何在政策和规划的间隙中寻找语言学习和研究的新机会？课程设置的创新是获得语言文化研究发展的有效途径之一。以墨尔本大学具有悠久历史的法语课程为例（Duché，2020）。1921—1956 年，墨尔本大学现代语言文学研究的主要人物——奇肖姆（Chisholm）对法语课程的设置进行了大胆的改革。奇肖姆在强调语音理论和实践、强调翻译、语法、阅读、听写和对话的原始法语课程体系基础上，发展了对法国浪漫主义诗歌的阅读，开创了"墨尔本学派"的研究趋势，使法语课程得到了新的发展，并且直至今日这种影响仍然存在。之后，奇肖姆的继任者罗纳德·杰克逊（Ronald Jackson），在肯定外语研究的多样化有助于打破以单语为主社会语言绝对性的同时，也表示了他的担忧：许多大学语言系仍然致力于语言—文学—文明的传统模式，而不是实际的语言能力（Baldwin，2019）[82]。因此，语言课程的发展还应注意实际语言能力的培养对学生可迁移技能培养的助力作用。例如，Edwards 和 Hogarth（2020）的研究就提出通过发展战略伙伴关系，在统一领域联合督导研究生，为语言以外的课程提供语言领域的理论、方法和技能；在语言课程中包括知识（语言结构与文化）和技巧（交际和跨文化能力）的培训，将语言研究定位为对学生可迁移技能培训的重要方面。这种方法重新将语言定位为有创新性的研究领域，还可使学生获得更多的知识和技能。

语言实践的重塑需要大学主动制定语言学习政策，积极倡导改变课程规划和设置，设法使其实践适应不断变化的使命。

4 澳大利亚高等教育中语言与文化关系的重新审视及互动发展范式

语言可以表达多种认同，可以支撑多样性的文化形式（罗·比安科，2011）[44]，它们是密不可分的。正如前文所述，澳大利亚"语言与文化"研究即是对"现代语言"的研究。它不是简单探讨教学和专业研究领域的语言—文化关系，而是语言与各个学科的交汇所形成的跨学科研究。这一概念的形成经历了一系列的发展。在澳大利亚高校中，起初的语言与文化研究主要是传授在校生他们所处的文化和亚文化方面的知识。文化概念或被局限于"可观察的一些现象"，或被混为一谈覆盖社会生活的方方面面（Lo Bianco，1995）。这种研究无法作为一个有说服力的概念用于社会意识教育，其方式也不易形成对特定文化的普遍欣赏，从而发展为更广泛的社会文化意识。大家逐步认识到，如果语言与文化研究能够产生实用的技能、知识、意识和态度，从而满足国家在政治、经济、教育、外交等方面的需要，这种研究才是人们所需要的。澳大利亚人文科学研究院研究员、墨尔本大学德国研究教授 Lewis，用"研究之岛"（The Island of Research）的漫画说明，研究者要更好地承受来自管理主义的机构压力、继续在研究之岛生存，就需要改变过去人文社会科学研究中的"独行侠"模式，以创造性的方式超越传统学科背景，与兴趣相近的同源学科找到共同点，建立自己的研究领域和其他学科之间的桥梁。澳大利亚高等教育部门的研究人员，在对语言与文化关系的重新审视和定义基础上，形成了语言学科与人文和社会科学学科的交叉融合、在语言教学中通过引进工学结合的先进教学模式，充分利用线上线下教学资源和技术平台，激发学生学习动机和自主学习能力，使语言与文化学习和研究得到了新的发展。

4.1 形成语言学科与人文和社会科学的交叉融合，重新定义语言文化研究

澳大利亚高等教育中，越来越多的语言系的研究人员具有人文和社会科学更广泛的学科背景，包括语言学及应用语言学、社会语言学和语用学、文学和文化、电影和表演研究、哲学、文化史和文化研究以及性别研究等。他们与众多学科研究形成交叉，在合作和伙伴关系方面创造了新的机会，出现了国际化与多元化的趋势，并从中加深了对语言和文化复杂性和微妙性的认识。例如，Lewis（2020）以个人研究大屠杀和德国战时状况为基础，实现了文学与历史的跨学科交叉，验证了大学院、系之间进行同源性和互补性发展研究协作的可能性；墨尔本大学在意大利语和西班牙语语言课程中引入饮食文化的研究（Absalom et al.，2020），从

而减少学生的语言"焦虑"，促进文化参与感和文化敏感性；西澳大学将戏剧表演引入德国研究课程，以鼓励学生通过真实的语言学习体验深入了解德国文化（Ludewig et al.，2020）。这些语言学科与其他学科的交叉融合，不仅提高了学生的语言技能，还使他们对相关文化有了更深的理解。正是由于语言学者们的持续努力，他们在巩固自身优势的同时，对语言和文化的理解不断加深，并在教育和研究中从不同角度和层面进行实践，形成了众多有研究和实践价值的交叉。因此，从 20 世纪末到 21 世纪初，在不断演变的大学制度环境中，许多语言与文化的课程和研究仍然在大学中得以保留（Fornasiero et al.，2020）[8]。

4.2 强调语言学科本身的跨学科研究性质，深化语言文化研究

墨尔本大学的 Anthony Pym（2020）通过对翻译历史的回顾，提出对翻译的全新理解。他认为，翻译过程是以多种不同形式进行的交际活动，判断成功与否的标准是沟通，而不仅仅是对等。翻译活动体现了民族的差异性，并且尊重多重文化身份。在多语种的社会，翻译是一种理解和解释跨国和"全球"社会学语境的手段，以及作为跨学科方法的定义范式。

研究者们在提供良好理论的基础上，又产生了有价值的实证研究。Ducasse 和 Maher（2020）通过基于课堂的评估框架，在翻译教学实践中体现了跨学科的范式。在此项目中，不同语言学科的学生组成统一的翻译小组，将语言、文化和翻译结合起来。翻译课程中学生不但探讨如何处理翻译中的语言迁移，还讨论了如何处理文化内容、体裁及语域等问题。翻译逐渐成为培养语言技能和跨文化意识的有效手段。

《国家语言政策》中也强调了笔译和口译的重要性。它们既是国内多语种人口的需要，又是专门、高效处理与非英语国家事务的需要（Lo Bianco，1987）[161-184]。目前澳大利亚大学语言与文化研究的主要机构 LCNAU 建立了"笔译与口译文化团体"（Translation and Interpreting Cultures and Languages Clusters，简称 TICL），就笔译和口译在外语课堂和语言与文化培训中的使用进行交流。研究范围多为跨学科内容，包括翻译与口译在课程中的地位和评估、机器翻译研究、翻译口译和跨文化交流、计算机辅助翻译、基于语料库的翻译研究等内容。

4.3 引入工学结合模式，丰富高等教育的语言文化课程

工学结合的模式最早可以追溯到 20 世纪初的英国和美国，目前很多发达国家工学结合教育模式发展的重点是跨国安排学生的工作实践，以达到教育国际化的目的（陈解放，2006）。澳大利亚高等教育在语言学习中纳入了工学结合要素，LCNAU 也建立了工学结合语言学习（Work Integrated Learning and Languages Studies，简称 WILLS）群体，在语言、文化丰富的环境中帮助学生积累经验。各个大学根据开设的语言课程和不同教学阶段，进行了一系列的工学结合的教育实

践。包括墨尔本大学的"工作中的语言"（Languages@Work）、弗林德斯大学的"行动中的语言"（Languages in Actions）和科廷大学商学院的交叉学科选修课"与欧洲做生意"（Doing Business with Europe）。

墨尔本大学的"工作中的语言"项目，允许本科学生在他们所学专业之外选择"广度"课程，并可获得语言文凭（一种可以与任何学士学位同时获得的文凭）（Anderson et al., 2020）。这一改革使该大学的本科生语言项目有了巨大增长，并为学生提供发展与工作相关技能的机会；弗林德斯大学"行动中的语言"项目，为了让高阶语言学习学生（目前涉及法语、意大利语、西班牙语、希腊语、印度尼西亚语）为未来工作做好准备，安排学生在当地各种社区环境，如养老院、文化协会、媒体、企业中工作，鼓励他们用所学语言与移民群体进行沟通和跨文化交流，其实质是跨学科、跨文化的行动（Bouvet et al., 2020）；科廷大学商学院的"与欧洲做生意"在商业课程中纳入语言要素（意大利语），引入欧洲国家的文化，达到人文和商业学科的结合，为学生在全球商业环境中工作做好准备。尤其值得称道的是他们的团队教学方式：两位教师共同授课，在如何处理商业和政治内容、教学单元中三个元素间的内容划分、课程的组织、教学、评估、反思和改进等方面进行了积极的思考（Briguglio et al., 2020）。

语言学习融入工学结合模式，通过跨学科的交叉教学和基于工作需求的实践，学习语言和相关文化，为学生提供了识别和扩展工作技能的机会。正如卡普兰所言："如果语言在消费和工作的经济活动中被感觉到是有效益、有价值的，并结合对习得一种语言的成本的考虑，那么社会成员很可能会学习这种语言。"（卡普兰，2019）[166]

4.4 采用线上线下混合教学方法和移动学习技术，扩宽语言文化学习途径

适应性学习被定义为"在线提供学习材料，根据学习者与先前内容的互动决定（至少部分决定）随后提供的材料的性质"的教育技术（Kerr, 2016）[88]。目前，适应性学习技术和移动学习技术是高等教育中语言教育个性化和混合化的创新。许多澳大利亚大学的语言文化教学正走向在线或者混合教学。教师有效地利用现有技术促进学生语言学习的前瞻性、鼓励学生参与在线学习空间中的语言文化互动，保持学生的积极性和参与度。很多大学进行了有益的尝试，包括弗林德斯大学的"现代希腊"线上线下混合课程、西悉尼大学为初学者开设的日语101在线课程、西澳大学意大利语初级课程等，都取得了一定的成绩。

希腊语是澳大利亚社区语言中位列12强的语言之一（Clyne et al., 1997）[455]。但是在澳大利亚的大学中，现代希腊语仍是不太常见的教学语言。作为维护小型语言项目的模式，弗林德斯大学提供了"现代希腊"线上线下混合课程（Palaktsoglou et al., 2020）。这一课程包括语言和文化主题，向校内外学生开放。弗林德斯大学专注于学习材料的设计，以及使用一系列同步和异步技术，为在线

教学提供有效和适当的教学方法和活动，最大限度地增加学生的交流能力；日语是澳大利亚优先语言政策中强调学习的语言之一。西悉尼大学为初学者开设的日语 101 在线课程提供和线下课程完全相同的教学内容，每个模块涵盖阅读、写作、听力和口语四项基本内容。并且每周召开一小时的 ZOOM 在线视频会议，旨在解决在线课程学生发言时间不足的弱点，用于加强学生的口语能力（Muranaka-Vuletich，2020）。西澳大学的意大利语初级课程把 Connect 平台和 LearnSmart 软件整合并融入课程设计中，以实现自动化和个性化的语言练习（Toni et al.，2020）。

除了上述在一所大学内部通过移动学习技术进行的线上线下混合教学实践外，还出现了跨地域的、校际的在线语言文化项目。比如，"让我们数字化吧！当代意大利'冲浪'到莫纳什：发现文学、文化和语言"项目（Carloni et al.，2020），意大利的乌尔比诺大学意大利语教学硕士和澳大利亚的莫纳什大学学习意大利语的学生以 Skype 为媒介，将教学内容、外语教学和技术融合在一起进行交流和互动。类似的项目还包括澳大利亚、德国和墨西哥三所大学的语言学习项目，学习者被分为两组（澳—德组，澳—墨组），运用英语通过 Skype 进行跨文化交流和互动（Mrowa-Hopkins et al.，2020）。

这些校内的或校际的、同地域或跨地域的、线上线下混合或者在线项目，结合移动技术，为语言与文化学习提供了性价比极高的交流平台。并且将跨文化视角从个体的技能和特征转移到文化意义在互动和交流中的构建，关注的不仅仅是文化的差异，而是文化间多层次的联系。通过真实的接触促进批判性的理解，学生的跨文化意识和文化敏感性得以提高。而且，澳大利亚认识到了经济利益在语言文化背后的推动力，为了满足经济与社会发展需要所颁布的《国家语言政策》提出了四大社会目标：平等（在一个多元文化的社会中"人人平等"）、经济（"经济"发展与贸易合作）、丰富（社会与文化生活的"丰富"）和外向（"外向型"关系）（卡普兰，2019）[183]。学习者熟悉了解其他国家的语言与文化，可以成为商务往来中的纽带，使多语和多元文化对经济效益做出实际贡献。

4.5 激发学习动机，培养自主学习能力，提高学生语言文化意识

Dornyei 提出的二语动机自我系统理论，从"理想二语自我""应该二语自我""二语学习经验"三个方面对二语学习动机进行解释，体现了学习者的主观能动性（Dornyei，2009）；自主学习能力是本科生的一项关键能力，它呼吁成年学习者尤其要为自己的学习承担更多的责任；而合作学习强调学习者在小组中解决问题、完成任务、实现共同目标的相互依存的过程。在澳大利亚目前高等教育语言科目流失率较高的情况下，有必要鼓励学生对二语学习的动机进行批判性反思，并将自主学习任务和反思性任务融入语言教学之中，鼓励学生通过合作学习的方式使他们的自主学习能力和跨文化能力得到提高。很多学者在这些方面进行了有益的尝试。

Amorati（2020）基于二语动机自我系统理论，把"前瞻性"的活动整合到传统的语言教学大纲中，从"身份塑造""未来旅程绘制""景愿实现"三个方面帮助学生在课堂塑造未来自我形象，以此提高他们二语学习的动机，帮助他们反思二语学习如何成为他们未来个人和职业身份的一部分，弥合了理论和实践之间的鸿沟；Xu 和 Hanley（2020）将自主学习任务和反思性任务引入两个中级水平的语言课程（中文和西班牙语），旨在支持自主学习技能的发展；Aponte Ortiz（2020）介绍的悉尼科技大学的项目致力于提高学生对西班牙语国家语言与文化的参与度。项目把来自不同学科背景和先前经验的学生组合形成新的合作学习环境，让学生们参与到对西班牙语社会中的历史、文化和社会状况进行讨论和反思的过程，在帮助学生理解西班牙语社会，培养社会文化和跨文化意识的同时，也发展他们的语言技能。

这三项研究都积极评价了他们在不同语言领域开发的提高学生学习语言动机的方法，并为未来的研究和规划提供了一个有效的平台。

5 澳大利亚土著语言文化的发展

Schiffman 认为语言政策是以语言文化为基础的。研究语言政策需要关注与特定语言相关的一系列思想、价值观、信仰、态度、偏见、宗教限制以及语言使用者交谈时从他们自身背景所带来的"文化包"（cultural baggage）（Schiffman，1996）[276]。如果不考虑这些语言政策产生的背景，或者研究中只关注某一文化或一类文化中的某些因素，语言政策类型化可能是徒劳的，甚至是微不足道的（Schiffman，1996）[5]。土著语言在澳大利亚大陆有着悠久的历史，是土著人民独特的文化、历史和环境认同的产物。原住民是澳大利亚最初的原始居民。有学者认为，在 18 世纪末期欧洲移民到达澳大利亚时，当地的原住民分属于 500—600 个不同的部落，说着 200 多种不同的语言和方言（洪历建，2019）。并且澳大利亚土著语言是独特的，仅属于澳大利亚语系，是原生语（董启宏，1999）。但欧洲人的到来给原住民带来了毁灭性灾难。首先到达澳大利亚定居的英国人宣布此处为"无主地"，否定了原住民的地位。1967 年以前，由于受"一元文化观"的影响，澳大利亚一直拒绝承认原住民为居民，原住民没有土地权和公民权。原住民的语言也由于他们政治、社会和经济地位的边缘化而成为弱势语言。在两百多年与外界的接触中，传统的原住民语言与文化已经面目全非了（Baldauf et al.，1989）。直到 20 世纪 70 年代，一元文化观才开始逐渐淡化。1987 年，澳大利亚颁布的《国家语言政策》中提出的指导原则之一是"维护和发展土著和托雷斯海峡居民语言的使用"。但目前幸存下来的土著和托雷斯海峡岛民语言中大概只有 20—25 种在持续使用，并通过代际传承得以延续（卡普兰 等，2014）[171]。之后的 2021 年，澳大利亚发布的《国家土著语言报告》中宣称，目前大约有 120 种土著语言在某种程度上仍在使用，其中只有 12 种语言仍为儿童使用。① 虽然 1989 年的"原住民教育项目"使各州相应地获得了资金支持，但这些资助的目的是让土著和托雷斯海峡岛民获得更好的教育服务，而不单是为了发展土著和托雷斯海峡岛民的语言和文化（卡普兰 等，2014）[171]。

土著语言和托雷斯海峡岛民的语言是澳大利亚无价的民族遗产。教授这些语言有助于强调他们不可替代的地位和价值。但在澳大利亚大学中，或者很少教授土著语言，或者教学内容相当有限。阿德莱德大学语言系的负责人 Rob Amery（2020）为了促进土著语言的教授和发展，分析了学习土著语言的合理性：除了语言学习的一些众所周知的益处，如培养横向思维、提高解决问题能力、理解不同社会和文化外，学习土著语言独特的好处在于，能使学习者更加了解自己的国家、历史和人民，并为土著语言的存在继续努力。土著语言教学还可以为母语人士提供就业机会，并且为大学土著语言教学培养师资。此外，Amery 还比较了"强势"土著语言 [皮詹加加拉语（Pitjantjatjara）、雍古语（Yolŋu Matha）] 和复兴土著语言 [乌纳语（Kaurna）、卡米拉瑞语（Gamilaraay）语和威拉祖利语（Wiradjuri）语] 不同的学习目的和需求：强势土著语言学习的主要目的是和当地说该种语言的土著人进行沟通和交流；而复兴土著语言的学习目的在于让学习者与他们祖先的语言与文化重新形成联系，了解自己是一个独特的民族。

南澳大利亚州是提供土著语言学习和研究的先驱州。目前在澳大利亚能学习土著语言的大学共有七所，其中两所在南澳大利亚州，即学习强势土著语言皮詹加加拉语的南澳大学和学习复兴土著语言乌纳语的阿德莱德大学。Gale 作为该州土著语言项目的开发者和教授者，回顾了过去七年来教授土著语言的过程、方法、成功经验以及面临的挑战（Gale，2020）[455-471]。自 2011 年以来，南澳大利亚州通过技术和继续教育（TAFE）部门教授土著语言。TAFE 首次开设了国家认证课程——"学习濒危土著语言三级证书"。目前，已经有 62 名土著人顺利完成学习并获得证书，标志着七种土著语言正在复兴；Gale 特别介绍了强势土著语言之一皮詹加加拉语的课程开展情况（Gale，2020）[491-506]。皮詹加加拉语是构成澳大利亚西部沙漠语系的几种语言之一，从历史上看，它一直被认为是南澳大利亚州偏远的西北部地区 Aṉangu Pitjantjatjara Yankunytjatjara 原住民的主要语言，也是目前澳大利亚高等教育中开办时间最长的土著语言课程。由于它是一种口头语言，没有传统的书面形式，所以教学中采用澳大利亚西部沙漠地区原住民学习语言的方式，即用听、看、尝试的方法学习土著语言。通过和经验丰富的土著教师和非土著教师的联合授课，使学习者的思维从原来西方认识论为主导的方法转向为土著居民认识、存在和行动的方式，使他们沉浸在文化中并加深对语言和文化的理解。

---

① 资料来源于澳大利亚大学语言与文化网络（LCNAU）官网（读取日期：2021 年 9 月 22 日）。

查尔斯达尔文大学则提供了另一种强势土著语言雍古语的学习。雍古语是在澳大利亚北领地广泛使用的土著语言，是澳大利亚非常宝贵的文化资源（Hayashi，2020）。查尔斯达尔文大学的语言项目旨在使学生更加了解雍古语的历史，以及开发与土著人的世界观和社会经济地位相关的雍古语特定语言和文化技能。学生学习经验的分享表明，他们除了获得使用这些语言的能力外，还开始尊重甚至热爱澳大利亚的特定语言和文化群体。

土著语言是澳大利亚独特的、不可替代的语言遗产，必须被视为一种特殊情况对待。2017 年，在 LCNAU 年度大会上成立了高校教授澳大利亚土著语言工作组（Teaching of Australian Indigenous Languages at University，TAILU），旨在支持和促进澳大利亚大学土著语言教学。工作组为来自澳大利亚各地的学生、包括目前不能提供土著语言课程的大学的学生，提供学习土著语言的机会，支持他们跨校学习。与此同时，工作组也提倡和支持对土著语言教师进行更好的培训。正如Amery 所提出的，"必须找到新的方法来提供土著语言课程，并提供传授社区和学校语言工作所需技能的课程。这是生死攸关的问题"（Amery，2007）[345-346]。在接近欧洲人定居澳大利亚两百周年的时候，承认、重视和采取行动促进土著语言的生存，并促进非土著居民对土著语言和文化的欣赏和认识，已成为澳大利亚一项极为重要的国家义务。

6　结语

论文集《语言规划与政策的交叉：建立语言与文化之间的联系》体现了吉布森·弗格森教授所提出的目前语言政策与规划研究的三个转向与关注，即开始关注语言使用者的语言活动与实践，关注体现国家层面、区域层面、社区和家庭层面的微观研究，并且语言政策与规划的研究逐步扩展到教育等新领域（张天伟等，2020）。首先，在澳大利亚的语言政策与规划指导下，该论文集聚焦于高等教育领域的澳大利亚语言与文化研究和实践，探究了澳大利亚高校语言发展史、界定了语言与文化研究边界、反思了语言使用者在语言与文化实践方面采取的具体策略和效果，并反映了各个层面所产生的语言与文化的互动。其次，论文集集中体现了语言政策与规划研究的方法之——民族志的方法。民族志方法结合并关注语言政策与规划研究的宏观层面和微观层面，在语言社区中研究和理解语言政策，在地方语境中从参与人、目标、过程、语篇和语境等方面进行多类型数据的收集，并对语言政策及语言文化关系进行描述和分析，避免了语言政策理论研究缺少实证数据的不足（张天伟，2016）。最后，澳大利亚语言政策作为文化政策最直观的一部分，直接反映其受到多元文化认同的影响（王辉，2010）[104]。在语言与文化领域研究社会认同对政策制定的影响，探究语言和跨文化能力如何作用于社会机会、就业和身份认同，并寻求解决族裔群体、国家、个人之间的交流与合作问题，是探究澳大利亚语言与文化关系的重要目标之一。但论文集也存在一定不足之处。比如，虽然澳大利亚高等教育在努力实现语言与文化学习和研究的深度交叉结合，但在课程体系中可以发现，这类课程大多为选修课程，在学习人数和语言文化课程数量上，仍限制了学生整体语言文化水平的提高。对于此类问题，论文集中并未提出解决方案；又如，中文作为在澳大利亚区域或经济发展上起到重要作用的优先语言之一，其语言与文化的学习和实践在论文集中没有得到体现。仅收录的 Yixu Lu（2020）的文章，重点在于审视 18—19 世纪欧洲的中国观，分析过去对中国的误读和偏见。在上述方面，相关研究仍有继续发展的空间。

澳大利亚语言政策与文化研究本质上是跨学科的相互联系空间。随着语言覆盖范围和研究专业的多样化，不到十年时间，澳大利亚的大学形成了自己的语言与文化网络（LCNAU），主要包括四个主要团体：跨文化语言教学与交际（ILTAC）、土著语言（Indigenous Language Cluster）、笔译与口译文化语言（TICL）和工学结合语言学习（WILLS）。它们在围绕澳大利亚高等教育未来的辩论中，从连通性、跨文化性和合作实践方面扮演了重要角色。

我们应该认识到，了解语言与文化间的相互联系，并不意味着研究者在日常工作中可以避免一系列的严峻挑战，比如，大学对人文学科资助的限制、否认语言学习在全球化进程中的中心地位、民族主义在世界范围内的复兴以及受英语国家"单语思维"的影响等。应对这些挑战，成为创建 LCNAU 的强大动力，同时也促使了"危机中的语言"范式的发展。任何教学领域都无法免受教育方式、预算限制、政治要求等的影响，也没有一个单一的制度或做法能够保证持久性。因此，学者们应把教学、管理和研究三个领域紧密结合，开拓大学语言与文化学习和研究的新空间。

参考文献

陈解放，2006."产学研结合"与"工学结合"解读 [J]. 中国高教研究（12）：34-36.

董启宏，1999. 大洋洲宗教与文化 [M]. 北京：中央民族大学出版社 .

弗格森，2018. 语言规划与语言教育 [M]. 张天伟，译 . 北京：外语教学与研究出版社 .

洪历建，2019. 权利与语言：澳大利亚原住民语言保护政策 [J]. 华东师范大学学报（哲学社会科学版）（6）：107-119+178.

卡普兰，巴尔道夫，2014. 太平洋地区的语言规划和语言教育规划 [M]. 梁道华，译 . 北京：外语教学与研究出版社 .

卡普兰，巴尔道夫，2019. 语言规划：从实践到理论 [M]. 郭龙生，译 . 北京：商务印书馆 .

罗·比安科，2011. 语言政策的重要性和有利于文化多样性的多语制 [J]. 国际社会科学杂志（中文版）（1）：41-72.

潘一禾，2005. 当前国家体系中的文化安全问题 [J]. 浙江大学学报（人文社会科学版）（2）：13-20.

SHOHAMY E，2018. 语言政策：隐意意图与新方法 [M]. 尹小荣，译 . 北京：外语教学与研究出

版社 .

王莲，马林兰，李瑛，2019. 澳大利亚国家语言政策研究 [M]. 北京：中国经济出版社 .

王辉，2010. 澳大利亚语言政策研究 [M]. 北京：中国社会科学出版社 .

约翰逊，2016. 语言政策 [M]. 方小兵，译 . 北京：外语教学与研究出版社 .

张天伟，2016. 语言政策与规划研究：路径与方法 [J]. 外语电化教学（4）：40-47.

张天伟，弗格森，2020. 语言政策与规划的学科属性及其发展趋势——吉布森·弗格森教授访谈录 [J]. 外语研究（3）：1-4.

ABSALOM M, 2020. Three provocations about retention and attrition and their policy implications[A]// Intersections in language planning and policy-establishing connections in languages and cultures. Cham, Switzerland: Springer Nature:163-174.

ABSALOM M, ANDERSON L, 2020. The language of food: carving out a place for food studies in languages curricula[A]// Intersections in language planning and policy-establishing connections in languages and cultures. Cham, Switzerland: Springer Nature: 371-384.

AMERY R, 2007. Aboriginal language habitat in research and tertiary education[A]// The habitat of Australia's aboriginal languages: past, present and future. Berlin: Mouton de Gruyter: 327–353.

AMERY R, 2020. Teaching aboriginal languages at university: to what end?[A]// Intersections in language planning and policy-establishing connections in languages and cultures. Cham, Switzerland: Springer Nature: 475-490.

AMORATI R, 2020. Drawing upon disciplinary knowledge to foster long-term motivation: implementing future L2 selves in the Australian tertiary L2 classroom[A]// Intersections in language planning and policy-establishing connections in languages and cultures. Cham, Switzerland: Springer Nature: 335-352.

ANDERSON L, ARE K, BENBOW H M, 2020. Language at work: defining the place of work-integrated learning in language studies[A]// Intersections in language planning and policy-establishing connections in languages and cultures. Cham, Switzerland: Springer Nature: 177-188.

BALDAUF R B Jr., EGGINGTON W, 1989. Language reform in Australian languages[A]// Language reform: history and future. Vol. IV. Hamburg: Helmut Buske: 29-43.

BALDWIN J J, 2019. Languages other than English in Australian higher education: policies, provision, and the national interest[M]. Cham, Switzerland: Springer Nature.

BOUVET E, DIAZ-MARTINEZ J, COSMINI D, et al. 2020. Learning language "in action": creating a work placement program in languages[A]// Intersections in language planning and policy-establishing connections in languages and cultures. Cham, Switzerland: Springer Nature:189-204.

BRIGUGLIO C, PORTA F, 2020. Developing global graduate capabilities: integrating business, language and culture in an interdisciplinary space[A]// Intersections in language planning and policy-establishing connections in languages and cultures. Cham, Switzerland: Springer Nature: 205-222.

CARLONI G, ZUCCALA B, 2020. Blending Italian through skype: a diachronic and comparative account of a telecollaborative project[A]// Intersections in language planning and policy-establishing connections in languages and cultures. Cham, Switzerland: Springer Nature:279-298.

CLYNE M, SANDRA K, 1997. Trends and changes in home language use and shift in Australia, 1986–

1996[J]. Journal of multilingual and multicultural development, 18(6): 451-473.

DORNYEI Z, 2009. The L2 motivational self-system[A]// Motivation, language identity and the L2 self. Bristol: Multilingual Matters: 9-42.

DUCASSE A M, MAHER B, 2020. Teaching and assessing languages and culture through translation [A]// Intersections in language planning and policy-establishing connections in languages and cultures. Cham, Switzerland: Springer Nature: 401-419.

DUCHE V, 2020. French studies at the university of Melbourne, 1921-1956[A]// Intersections in language planning and policy-establishing connections in languages and cultures. Cham, Switzerland: Springer Nature: 83-96.

EDWARDS N, HOGARTH C, 2020. Making the case for languages in postgraduate study[A]// Intersections in language planning and policy-establishing connections in languages and cultures. Cham, Switzerland: Springer Nature: 151-162.

FORNASIERO J, REED S M A, AMERY R, et al., 2020. Intersections: a paradigm for languages and cultures?[A]// Intersections in language planning and policy-establishing connections in languages and cultures. Cham, Switzerland: Springer Nature: 1-14.

GALE M A, 2020. Square peg in a round hole: reflections on teaching aboriginal languages through the TAFE sector in south Australia[A]// Intersections in language planning and policy-establishing connections in languages and cultures. Cham, Switzerland: Springer Nature: 455-471.

GALE M A, 2020. The pitjantjatjara yankunytjatjara summer school: kulila! ayawa! arkala! framing aboriginal language learning pedagogy within a university language intensive model[A]// Intersections in language planning and policy-establishing connections in languages and cultures. Cham, Switzerland: Springer Nature: 491-506.

HAYASHI Y, 2020. Yolŋu Languages in the academy: reflecting on 20 years of tertiary teaching[A]// Intersections in language planning and policy-establishing connections in languages and cultures. Cham, Switzerland: Springer Nature: 507-522.

JAJEK J, BALDWIN J, 2020. Remembering languages studies in Australian universities: an Italian case study[A]// Intersections in language planning and policy-establishing connections in languages and cultures. Cham, Switzerland: Springer Nature: 65-82.

KERR P, 2016. Adaptive learning[J]. ELT journal, 70(1): 88–93.

KINOSHITA Y, 2020. Cross-institutional study for languages: a case study in ad hoc planning[A] // Intersections in language planning and policy-establishing connections in languages and cultures [C]. Cham, Switzerland: Springer Nature:137-150.

LEWIS A, 2020. Research intersections in language studies[A]// Intersections in language planning and policy-establishing connections in languages and cultures. Cham, Switzerland: Springer Nature: 17-32.

LIDDICOAT A, 2020. The position of languages in the university curriculum: Australia and the UK [A]// Intersections in language planning and policy-establishing connections in languages and cultures. Cham, Switzerland: Springer Nature:115-136.

LIU Y X, 2020. Conceptualizing China in modern Europe[A]// Intersections in language planning and policy-establishing connections in languages and cultures. Cham, Switzerland: Springer Nature: 49-62.

LO BIANCO J, 1987. National policy on languages[M]. Canberra: Australian Government Publishing Service.

LO BIANCO J, 1995. Australian experiences: multiculturalism, language policy and national ethos[J]. European journal of intercultural studies, 5(3): 26-43.

LUDEWIG A, BENSTEIN P, LUDEWIG-HOHWER I, 2020. Language learning with performance techniques and flow[A]// Intersections in language planning and policy-establishing connections in languages and cultures. Cham, Switzerland: Springer Nature: 385-400.

MIGRANT SERVICES AND PROGRAMS, 1978. Review of post-arrival programs and services for migrants (The Galbally report)[R]. Canberra: Australian Government Publishing Service.

MROWA-HOPLINS C, CASTRO O S, 2020. How do language learners enact interculturality in e-communication exchanges?[A]// Intersections in language planning and policy-establishing connections in languages and cultures. Cham, Switzerland: Springer Nature: 299-315.

MURANAKA-VULETICH H, 2020. Online delivery of a beginners course in Japanese: its costs and benefits[A]// Intersections in language planning and policy-establishing connections in languages and cultures. Cham, Switzerland: Springer Nature: 225-242.

ORTIZ L A, 2020. Promoting collaborative learning in the Spanish language and culture classroom[A]// Intersections in language planning and policy-establishing connections in languages and cultures. Cham, Switzerland: Springer Nature: 353-369.

PALAKTSOGLOU M, TSIANIKAS M, LITINAS A, et al. 2020. The Development and delivery of an online modern Greek language program[A]// Intersections in language planning and policy-establishing connections in languages and cultures. Cham, Switzerland: Springer Nature: 243-258.

PYM A, 2020. Rebranding translation[A]// Intersections in language planning and policy-establishing connections in languages and cultures. Cham, Switzerland: Springer Nature: 33-48.

SCHIFFMAN H F, 1996. Linguistic cultural and language policy[M]. London: Routledge.

SIMON P, 1980. The tongue-tied American: confronting the foreign language crisis[M]. New York: Continuum.

TONI F, VERDINA F, CARUSO M, et al. 2020. Adaptive and mobile learning at university: students experience in Italian beginners language classes[A]// Intersections in language planning and policy-establishing connections in languages and cultures. Cham, Switzerland: Springer Nature: 259-275.

WEST-SOOBY J, 2020. Engaging with the past: lessons from the history of modern languages at the University of Adelaide[A]// Intersections in language planning and policy-establishing connections in languages and cultures. Cham, Switzerland: Springer Nature: 97-112.

XU H L, HANLEY J, 2020. Developing learner autonomy: a comparative analysis of tertiary Chinese and Spanish language cohorts[A]// Intersections in language planning and policy-establishing connections in languages and cultures. Cham, Switzerland: Springer Nature: 317-334.

作者简介

朱燕，博士，海南大学外国语学院副教授、海南省外文海南文献与舆情研究中心成员。主要研究领域：外语教育，语言政策。电子邮箱：1484091335@qq. com。

（责任编辑：张虹）

中东欧国家语言政策研究专栏

主持人语：民族——中东欧国家语言政策的永恒主题

北京外国语大学　欧洲语言文化学院　**董希骁**

　　历史上，中东欧长期处于文明冲突和帝国博弈的前沿，在各方力量的撕扯碰撞中形成了错综复杂的民族和语言图景。到现代前期，在西方工业文明和资本主义思潮的影响下，中东欧各民族的自我意识渐次觉醒。语言作为区分"自我"和"他者"的显性标记，成为强化民族认同、主张民族权利，进而建立民族国家的最主要依据之一。在民族与国家的互构过程中，语言更是发挥着关键的啮合作用。然而，这一过程在中东欧地区至今仍未彻底完成。各国的行政边界与民族、语言边界并不重合，"一个民族、一个国家、一种语言"的民族国家典型范式几乎仅存在于民族主义者的唯美政治理想中。

　　延续千年的游牧、战乱、殖民造成了中东欧地区复杂的民族混居现象，在大国干预下频繁变更的国界导致跨境民族普遍存在。例如，1919年的巴黎和会为迎合民族主义者的要求，在中东欧成立了诸多民族国家，却使该地区近20%的人口（1.2亿总人口中的2,200万）成为少数民族。战败国（如匈牙利）被剥夺了有争议的边界，民族构成因此变得相对单一，战胜国则成了多民族国家。制定并施行具有强烈民族主义色彩、偏袒主体民族的语言政策，一度被视为巩固新生国家主权和独立的不二选择，同时也给该地区的长期动荡埋下了隐患。二战后，相关国家实行"边界调整"或"人口交换"等措施，旨在让民族构成变得更为"纯粹"，但未取得预期效果。随着冷战的开启，两大阵营间的政治对抗掩盖了族际矛盾。身处社会主义阵营的中东欧国家秉承"阶级利益高于民族利益"的原则，有意淡化了语言政策中的民族主义色彩，最具代表性的做法就是在立法层面回避对官方语言的显性定义，并强调各民族平等权利。例如，《南斯拉夫社会主义联邦共和国宪法》（1974年）中，除三次提及语言使用自由外，还明确规定"公民没有义务表明自己属于哪一个民族，也没有义务确定自己属于哪一个民族"。

　　东欧剧变导致民族联邦制国家相继解体，随着外部压力的减轻和中央政府权力的削弱，民族主义因素在中东欧各国的语言事务中再次凸显，并聚焦为两种对立的政策诉求：一方面，少数民族要求所在国政府尊重其语言权利，并试图在此基础上谋求区域自治或文化自治；另一方面，各国中央政府纷纷依照民族国家构建理念，提升主体民族语言的地位，力争使官方语言/国语名称和国家、民族的名称达成一致。除捷克的语言地位规划通过隐性方式实现外，其余各国均在宪法中明文规定了国家的官方语言/国语，《罗马尼亚宪法》（1991年）中甚至有"宪法中有关罗马尼亚国家独立、统一和不可分割、共和政体、领土完整、司法独立、多元政治或官方语言的条款不得成为修改对象"的绝对化表述。具有排他性的语言政策再次挑动了少数民族的神经，而政治、经济层面转型不利导致的民生问题也进一步刺激了民族情绪，中东欧地区的不安定性急剧上升。

所幸，除前南斯拉夫地区外，其他中东欧国家在转型过程中均未发生大规模族际冲突，这在很大程度上应归功于欧洲一体化进程和欧盟的语言政策。为了应对苏联解体和东欧巨变后日益尖锐的民族矛盾，维护欧洲的安全与稳定，欧洲理事会适时颁布了《欧洲区域或少数民族语言宪章》（1992年通过，1998年生效，以下简称《宪章》）和《欧洲保护少数民族框架公约》（1994年，以下简称《框架公约》），1993年出台的《哥本哈根标准》则明确将少数民族保护列为入盟条件之一。中东欧国家从长期历史经验中认识到，没有强大的外部力量的依托，就很难在复杂多变的地缘格局下维持其主权和领土完整，因此普遍将"回归欧洲"作为国家建设的首要目标。对急于入盟的中东欧国家而言，《宪章》和《框架公约》无疑具有很强的约束力，促使其在提升官方语言地位的同时兼顾少数民族语言权益。2007年签署的《里斯本条约》（2009年生效）将欧盟整体性纳入包括《框架公约》在内的欧洲人权保护机制，意味着语言政策层面的入盟门槛进一步抬高。

2004年和2007年，欧盟通过两轮东扩吸纳了10个中东欧国家。此后，在欧债危机、难民危机、英国脱欧等一系列事件的影响下，欧洲政治和经济形势急剧变化，欧盟东扩步伐明显放缓，仅在2013年按既定部署发展了克罗地亚一个成员国。中东欧各国入盟后，其内部的民族矛盾，以及因跨境民族问题引发的国际争端并未就此消失，但是在一体化的大环境下，少数民族实行地域自治，进而建立"国中之国"的可能性已微乎其微。例如，聚居在罗马尼亚、斯洛伐克、克罗地亚、斯洛文尼亚等国境内的匈牙利族人都曾在匈牙利政府的支持下寻求地域自治，但无一如愿。在此背景下，从保护语言和文化多样性的角度寻求文化自治，成为少数民族更为务实的选择。其所在国中央政府也得以规避敏感的语言地位问题，致力于从语言习得规划层面体现对少数民族语言的保护，以及对欧盟多语资源的开发和利用。这样的做法与《宪章》的主导思想一脉相承——学界更倾向于从保护濒危语言和维护语言文化多样性的角度去解读《宪章》，认为其目的是保护语言，而非保护少数民族。何况中东欧地区的少数民族多为跨境民族，其母语往往兼有别国官方语言和欧盟官方语言的身份，不能被简单地视作濒危语言或弱势语言。中东欧国家入盟后，少数民族最紧迫的语言诉求已不再是将其母语地位提升为所在国的地区性或全国性官方语言，而是获得更多、更优质的母语或多语教育资源。在多语制政策的规约和引导下，单一国家内部的语言权利、地位之争正逐渐让位于各种语言在整个欧盟乃至全球层面的资源和声望竞争。

当前，中东欧仍有五个国家徘徊在欧盟大门之外，分别是阿尔巴尼亚和脱胎自前南斯拉夫的塞尔维亚、波黑、黑山、北马其顿。依照欧盟 1999 年提出的概念，上述五国均属于"西巴尔干国家"的范畴。除经济发展滞后外，这些国家民族矛盾普遍突出，跨境民族问题更是屡屡导致地区局势紧张。为了尽快达到入盟要求，相关国家迫切希望通过语言地位规划来明确主体民族与少数民族间的关系，但具体实施路径大相径庭。以黑山和北马其顿两国为例：黑山人口占比最高的两个民族分别为黑山族（45%）和塞尔维亚族（28.7%），黑山政府不仅在 2007 年版宪法中将官方语言从"塞尔维亚语'伊耶'化方言"改为"黑山语"（2017 年获得 ISO 代码），还通过一系列语言本体规划举措彰显黑山语的独立语言地位，撇清其与塞尔维亚语的历史关联。反观北马其顿（马其顿族和阿尔巴尼亚族占总人口的比例分别为 58.44% 和 24.3%），却在 2019 年将阿尔巴尼亚语提升为与马其顿语并列的国家官方语言。两种做法反差如此之大，从一个侧面反映出西巴尔干地区在内外部力量共同作用下，"大阿尔巴尼亚主义"抬头和塞尔维亚族受压制的现状。这种趋势若持续蔓延，很有可能导致科索沃局势因塞、阿两族矛盾升级而再度紧张，波黑塞族共和国与穆克联邦间脆弱的平衡也将难以为继。届时，西巴尔干国家将再次陷入混乱，其入盟之路也会变得愈发曲折。

事实上，无论是民族国家理论，还是欧洲一体化理论，都植根于西方，经西方国家依次实践后向东推广。中东欧国家却在复杂历史因素的作用下，未能经历循序渐进的"有机"发展，突如其来的转型使其同时面临"民族国家构建 / 巩固"和"回归欧洲"两大任务，两者对语言政策的要求格格不入，甚至相互抵触。从历史经验和当前趋势看，坚持语言民族主义，执迷于语言、民族、国家的"一致性"和"纯粹性"，只会导致国家的进一步崩解。欧洲一体化进程虽然不断遭遇挫折和挑战，但从语言资源保护和利用角度提出的多语制理念，迄今为止仍是纾解中东欧地区民族和语言矛盾的最优解。

（责任编辑：张天伟）

罗马尼亚高校跨境语言教育的经验及启示：以克卢日-纳波卡"巴贝什-博尧伊"大学为例*

北京外国语大学　欧洲语言文化学院　**徐台杰　董希骁**

提　要：世界上很多国家都存在跨境民族和跨境语言。如何在教育机构内部处理跨境语言事务，直接关系到语言问题的解决、语言权利的维护，以及语言资源的开发。罗马尼亚的克卢日-纳波卡"巴贝什-博尧伊"大学位于该国西北部的多民族地区，该校在欧盟政策框架内，结合自身地理位置、历史传统和发展目标制定了极具特色的学校语言政策，采取罗马尼亚语、匈牙利语、德语三条教学线齐头并进的融合式多语教育模式，并取得显著成效。本文基于语言资源视角对该校的成功经验加以分析，并尝试为我国高校跨境语言教育资源的挖掘和利用提供建议。

关键词：罗马尼亚；跨境语言；语言资源；机构语言政策

1　引言

跨境语言是分布在不同国家中同一语言的不同变体（戴庆厦，2016），存在于世界上很多国家。它们作为多功能的综合性战略资源（朱艳华，2016），是语言政策和规划的重要研究对象。对跨境语言的有效管理可以改善族际关系、维护地区稳定及促进区域融合，因此在各级教育中合理使用跨境民族语言即为管理措施之一（何山华，2018）。学校作为落实国家语言教育政策的主体，在处理跨境语言事务方面扮演着重要角色。

中东欧地处不同文明碰撞、融合的前沿，地缘版图在历史演进中屡屡变更，导致国家和民族的边界时常错位，形成诸多跨境民族。冷战结束后，妥善处理民族问题成为中东欧各国"回归欧洲"的硬指标。在此背景下，罗马尼亚愈发重视跨境民族语言教育，并在实践中积累了丰富经验。位于该国西北部特兰西瓦尼亚地区的克卢日-纳波卡"巴贝什-博尧伊"大学（Universitatea "Babeș-Bolyai" din Cluj-Napoca，以下简称 UBB）在欧盟政策框架内，依托自身语言资源优势制定了极具特色的机构语言政策，平行开设以罗马尼亚语、匈牙利语、德语作为教学语言的学位项目，执行多语培养方案，并取得了良好的教学效果和社会效益。本文从语言资源视角出发，分析 UBB 在跨境语言教育方面的特点与经验，旨在为我国

---

*　本文系北京外国语大学"双一流"重大标志性项目"国家语言能力国际比较及理论创新"（项目编号：2022SYLA001）的阶段性研究成果。

高校挖掘跨境语言资源、优化多语教育模式提供参鉴。

2　语言资源视阈下的跨境语言研究

Ruíz（1984）认为，将语言视作问题、权利抑或资源，是影响语言规划的三种取向，当前国内外针对跨境语言的研究亦多立足上述三个视角。

国际学界起初从语言问题视角出发，认为多语社会无法避免语言问题（Mackey，1979），且会因此失去凝聚性（Hufstedler，1980），由跨境语言使用和传播引发的民族问题还可能导致国内政局动荡和国际冲突（Barbour et al.，2000）。基于语言问题视角，政策制定者多鼓励或强迫小族群体转用主体民族语言。语言权利视角则与之相反，强调学习与使用母语是跨境民族的基本权利之一，是个体与集体认同的基础，应通过多种方式完善语言本体建设，并扩大使用范围（Mar-Molinero，1994；Neville，2009），但这种视角有时忽略了国家通用语言的重要性。上述两种矛盾的取向相互博弈，难以孕育出平衡有效的语言政策。相比之下，语言资源取向可以有效缓解此类矛盾，实现多民族多语言的和谐共存。积极的跨境语言资源规划有助于实现区域政治、经济、社会、文化的跨国融合，是构建想象共同体的有效途径（Valle，2011；Ndhlovu，2013；Portolés，2015）。

我国学者熊玉有（1999）、袁善来和康忠德（2014）、郭龙生（2016）等从问题取向出发，强调跨境语言与国家安全的相关性，分析其对民族团结和国家稳定的影响，以及由此衍生的社会问题。权利视角的研究多着眼于全体少数民族，认为语言权利是传承民族文化的保障（郭慧香，2013；何山华，2015），应在法律层面明确民族语言教育权的内涵和规范（李德嘉，2019）。语言资源视阈下的研究认为跨境语言可以提升国家多语能力、推动国际经贸、助力文化传播（朱艳华，2016；张四红，2020；阎莉 等，2022）。鉴于其具有多种功能和价值，学界主张积极保护、科学建设和有效利用跨境语言资源。教育作为语言资源保护和建设的重要途径，逐渐成为讨论热点之一。目前，我国民族地区跨境语言教育仍存在诸多深层次、结构性问题，包括缺乏聚焦民族地区双语教育的政策、未充分利用跨境语言资源优势、教材和师资不到位等（宋歌，2021）。为此，有学者呼吁在保障国家通用语主体地位的前提下重视跨境语言文字的保护、普及和推广（刘希瑞，2018），在我国跨境语言双语地区开展双向式双语教育（安丰存，2018）。

综上，语言资源观主张通过资源建设的方式来保障跨境群体语言权利，缓解语言冲突和矛盾，从而促进多民族社区的融合与发展。《"巴贝什－博尧伊"大学语言政策》（以下简称《UBB语言政策》）正是基于这一理念，依托该校所处地区的语言资源优势制定的，具有一定的参考价值。

3 《UBB语言政策》解析

3.1《UBB语言政策》溯源

"巴贝什－博尧伊"大学是罗马尼亚最负盛名的高校之一，其所在地克卢日－纳波卡（以下简称克卢日）为特兰西瓦尼亚地区核心城市。该地区在历史上几经易主，民族构成比罗马尼亚其他地区更为多元。除罗马尼亚族外，当地还居住着大量操匈牙利语的匈牙利族人和赛库伊族人，以及操德语的日耳曼族（萨斯）人。罗国家统计局2022年人口普查数据显示，匈族为该国第一大少数民族，人口约100万，占全国总人口的6%左右，主要分布在特兰西瓦尼亚。此外，该国还有约2.3万日耳曼族人，同样以特兰西瓦尼亚为主要聚居区。克卢日的高等教育可追溯至16世纪末，UBB的前身则是成立于1581年，以拉丁语为教学语言的克卢日耶稣会高等学院（Colegiul Major Iezuit din Cluj）。由于领土归属的变更，该校历经分合，教学语言也在罗语和匈语之间反复摇摆，但总体上坚持单一教学语言的原则。1959年，采用罗语教学的维克托·巴贝什大学（Universitatea Victor Babeş）和采用匈语教学的博尧伊大学（Universitatea Bolyai）合并，使整合多语教育资源成为可能。

1990年后，罗马尼亚社会全面转轨。为早日"回归欧洲"，该国依照欧盟政策框架建立起较为完备的少数民族语言保护机制，并形成了"隔离式"和"融合式"两种语言教育模式。前者常见于基础教育阶段，匈族背景的政党常以本民族语言和文化代言人的身份主张母语权利，有时为拉拢选民不惜诉诸激进的民族主义立场，将这种权利与国家通用语的普及对立起来（董希骁，2021）[55]。专门针对少数民族、使用单一教学语言的隔离式教育往往会导致学生国家通用语水平欠佳、同主体民族融合困难、职业发展受限等问题。在院校自主权更大的高等教育层面，融合式教育拥有更为广阔的平台，并取得了较好的教学效果和社会收益，UBB即典型的例子。1995年，该校正式确定建设罗马尼亚语、匈牙利语和德语三条教学线，2014年颁布的《UBB语言政策》则标志着多语教学理念的制度化和多语资源建设的规范化。

3.2《UBB语言政策》的制度框架

制度框架包括以下三个方面：（1）基本原则：确立多语制教学模式和国家通用语主体地位；（2）多语能力培养方案：规定落实基本原则的具体路径；（3）机构设置：为培养方案的实施提供制度保障。

3.2.1 基本原则

学校依据《UBB语言政策》，秉持国际化与多元文化发展理念，倡导在人才培养、成果发表、内部交流和对外推介时平等使用当地常用的罗语、匈语、德语，在教学科研活动中亦鼓励使用英语等国际通用语，以提升国际化办学水平。除罗语外，各院系可根据自身条件和需要申请开设以匈语、德语或其他国际通用语为教学语言的专业。其实行的"多语制"特指融合式多语制，而非教学线各自为营的隔离式多语制。不同民族的学生可自由选择专业教学语言和外语科目，共同上课，各教学线之间亦保持密切的沟通与合作。

在践行多民族、多文化融合理念的同时，《UBB 语言政策》也重视保障国家通用语的主体性，在相关条文中通过显性或隐性的表述确保罗语的使用。例如，所有涉及课程内容的文件都须用罗语和教学媒介语编写并公布；学校举办的会议建议使用所有参会者均能理解的语言；学校所有行政公文必须使用罗语。

3.2.2 多语能力培养方案

落实上述基本原则的前提是学生具备较强的多语能力。为此，《UBB 语言政策》制定了多语能力培养方案。本科阶段，学校遵循欧盟方针，实行"1+2"语言教育政策，即"母语（L1）+2 门其他语言（L2、L3）"。在 UBB 就读的罗籍学生母语（L1）以罗、匈、德语为主。L2 为必修，一般为国际通用语言（现行方案包括英语、法语、德语、西班牙语、俄语和意大利语），学生需在中小学阶段积累一定的基础，以适应本科阶段更高难度的学习。L3 为选修，可根据院系建议，在学校课程涵盖的语言中选择任何一种。依据特兰西瓦尼亚地区的民族构成，学校建议学生在罗、匈、德三种地区常用语言中选修一门作为 L3。针对具体某一门语言的学习，UBB 实行分级别、定制化培养。学生入学时经测试，依照《欧洲语言共同参考框架》（以下简称《欧框》）等级分入不同级别的学习小组，此后必须修习至少两学期的语言课程。各院系根据不同专业的特点确定外语课的具体学时和教学安排。

出于保障国家通用语主体地位的目的，《UBB 语言政策》要求校内相关部门在非罗语母语群体中积极推广罗马尼亚语言文化。这一工作由罗马尼亚语言、文化与文明系，以及罗马尼亚语作为欧洲语言研究所这两个机构负责，主要任务包括：（1）依据《欧框》提供各等级罗语课程，提升和评估非罗语母语学生的罗语水平；（2）通过各类课程和课外活动推广罗马尼亚文化；（3）通过硕士项目、模块化课程、实习实践等途径培养将罗语作为非母语／外语开展教学的人才；（4）支持在罗语作为非母语／外语教学领域开展学术研究，涉及二语习得、教材编写、教具研发等方面，确保罗语教学和评估过程符合欧盟标准。

《UBB 语言政策》要求罗、匈、德语三条教学线围绕多语能力培养举办各类活动，旨在增进语言文化交流，并通过学分转换制度确保学生能修习用其他语言讲授的专业课程，在掌握学科知识的同时提升语言能力。

3.2.3 机构设置

为高效建设跨境语言教育资源，UBB 在领导和执行层面均专门设置了组织机构。以匈语线为例，其领导机构主要包括以下三部分。（1）匈语线理事会：作为匈语线决策机构，负责制定该教学线相关的规章条例，把握其发展方向；（2）校务委员会匈语线小组：作为匈语线利益代表，向校务委员会呈交提案；（3）匈语线分管副校长：在各类活动中代表匈语线。

在执行层面，匈语线各专业依照领导机构部署开展教学科研工作。同时，语言类院系、非语言类院系及现代语言中心三方协作培养学生多语能力。文学院[①]须为全校学生提供语言课程，根据各院系要求确定课程内容和学时，并在所有课程结束后评定学生语言等级。另外，文学院还应依据需求分析、教学讨论和诊断测试的结果调整课程内容，并通过设立科研项目来支持语言学习活动、提升教学质量、促进教师发展。非语言类院系亦须通过各类举措提高学生多语能力，例如，要求学生阅读其他语言撰写的专业文献、参与用相关语言举办的讲座和会议、赴境外交流学习等。《UBB语言政策》规定该类院系应出台实施细则，并建议将执行情况列入教职工绩效考核。现代语言中心负责提供符合《欧框》标准的课外语言培训，作为已有教学内容的补充。

3.3《UBB语言政策》的实践与成效

UBB的跨境语言教育政策经多年实践，已取得丰硕成果，主要体现在以下方面。

在专业建设方面，以2021—2022学年为例，该校总共22个院系中的17个设有以匈语为教学语言的专业，包括67个本科专业（60个全日制专业，7个远程教育专业）和46个硕士专业（均为全日制）；8个院系设有德语教学项目，包括9个本科专业和6个硕士专业（见图1）。匈语线和德语线的本科专业数量总和约占罗语线专业数量的50%，其硕士项目数量也已超过罗语线硕士项目数量的30%。同时，该校还积极利用海外师资为跨境语言教育项目提供支持。2020—2021学年，共有131名匈牙利教师和56名德国教师受邀协助UBB开展教研工作。

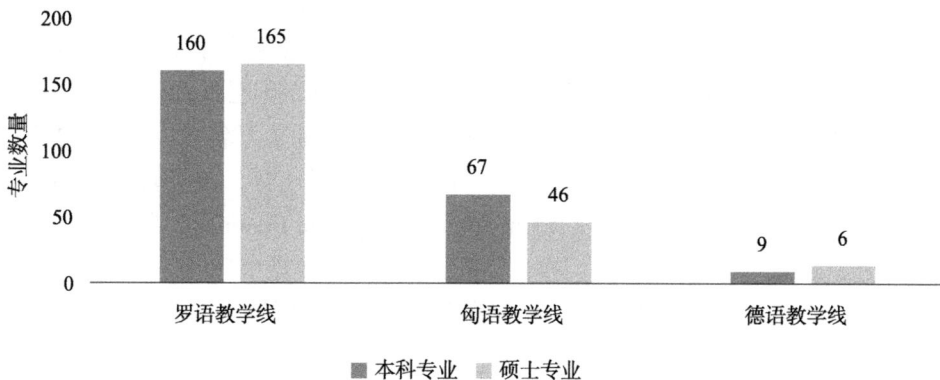

图1　2021—2022学年UBB罗、匈、德语教学线本、硕专业数量

---

① UBB的文学院（Facultatea de Litere）下设16个语言文学类专业。

在课程设置方面，UBB 在设计培养方案时既保障了各语言线教学内容的统一性，亦兼顾不同民族学生的需求。同一专业在各教学线的课程设置基本相同，部分人文社科类专业兼顾跨境民族文化内容，额外设置了相关课程。以匈语线历史专业为例，除了与罗语线相同的课程外，还包含匈牙利民族前现代史、匈牙利民族现代史等富有该民族历史文化特色的课程。

在学生来源方面，UBB 确保招生的开放性，各类跨境语言教育项目既招收少数民族学生，亦接受罗族学生报名，罗语教学线同样如此。此外，该校的跨境语言教学线对邻国学生也有一定吸引力。以匈语教学线为例，2021—2022 学年共有302 名匈牙利籍学生在该校就读，较 2015 年（220 名）增长近 40%，这些学生多选择心理学、经济学、社会学等专业。

在社会评价方面，UBB 在多类高校排名中居罗马尼亚大学之首，跨境语言教学线功不可没，不少相关项目培养的人才高度契合市场需求。例如，信息学（德语）作为德语线中最受欢迎的项目之一，培养了一批同时精通信息技术和德语的复合型人才，颇受市场青睐。恩梯梯数据（NTT DATA）、保时捷（Porsche AG）及其旗下的MHP 咨询公司长期为该专业提供经费，2021—2022 学年资助总额达 6 万欧元。相关专业的校企融合度在该国首屈一指，MHP 公司和 NTT DATA 公司的首席执行官亲自讲授部分专业课程，提供业界最新的知识与案例，从而提高了德语线的办学水平。

4 UBB 的成功经验

UBB 在跨境语言教育方面取得的成绩同其深厚的历史基础，对多语多民族融合式教学模式的坚持，以及对扩大高等教育影响力的尝试紧密相关。

4.1 继承发扬优良传统，整合优质教育资源

UBB 的多语、多民族融合式教学历史悠久，为后续发展奠定了坚实基础。1872—1918 年，该校前身之一匈牙利皇家费伦茨·约瑟夫大学（Magyar Királyi Ferenc József Tudományegyetem）虽然实行全匈语教学，但已采用多民族融合模式，面向匈族、罗族、日耳曼族招生。其间在此学习的 4 万名学生中有 1.2 万名获得毕业证书，包括 2,600 名罗族学生。1919 年 10 月 1 日，该校转制为用罗语授课的"斐迪南一世国王"大学（Universitatea "Regele Ferdinand I"），二战期间暂时外迁，1945 年迁回克卢日。同年，罗马尼亚当局在克卢日创建了一所用匈语教学的国立大学——博尧伊大学，以纪念两位匈族数学家——博尧伊·法尔卡什（Bolyai Farkas）和博尧伊·亚诺什（Bolyai János）。1947 年，罗马尼亚人民共和国成立，"斐迪南一世国王"大学于次年更名为维克托·巴贝什大学，以纪念罗马尼亚细菌学家巴贝什。1948—1959 年，两校除法学院有过合作外，基本保持独立办学模式。

1959 年，巴贝什大学和博尧伊大学在罗政府的要求下合并，并继续保持多民族融合教学传统。1959—1960 学年该校在校生共 4,502 人，其中罗族 3,159 人、匈族 1,285 人、日耳曼族 36 人、其他民族 22 人。此次合并客观上开启了多语教育资源整合之路。自 20 世纪 90 年代起，罗马尼亚社会开始全面转型，UBB 遵循欧盟多语制框架开展治理。1995 年，该校启动罗、匈、德语三条教学线的系统建设，进一步落实多语、多元文化理念。

4.2 践行欧盟语言政策，坚持多语教育原则

在罗马尼亚，几乎所有具有约束力的规则都必须与欧盟制度框架相符，与语言治理相关的法规亦不例外（董希骁，2021）[38]。高校语言政策与欧盟接轨，有利于推动师生交流、引入优质教育资源，实现同欧盟教育体系的深度融合，进而提升办学水平。

从维护少数民族语言权利的角度看，《UBB 语言政策》体现了《欧洲保护少数民族框架公约》中与语言相关的部分条款（见表 1）。

表 1 《UBB 语言政策》对《欧洲保护少数民族框架公约》精神的体现

《框架公约》条款	《UBB 语言政策》相应条款
第 10 条第 1 款：各方同意承认每一位少数民族成员有权自由不受干扰地在私下或公共场合，口头或笔头使用他或她的少数民族语言。	倡导在人才培养、成果发表、内部交流和对外推介中平等使用罗马尼亚语、匈牙利语、德语三种地区常用语言。
第 5 条第 1 款：各方同意改善必要条件，以使少数民族成员保持和发展他们的文化，保持其特性的基本要素，即宗教、语言、传统和文化遗产。	
第 12 条第 1 款：在适当情况下，各方应采取措施，在教育和研究领域培养其少数民族和主体民族的文化、历史、语言和宗教知识。	设置跨境语言教学线，少数民族学生可使用匈语、德语等语言获得教育；培养方案中包含体现相关民族历史文化特色的课程。
第 14 条第 1 款：各方同意承认少数民族成员有学习他或她的少数民族语言的权利。	
第 14 条第 2 款：在少数民族成员传统聚居地区或有相当数量的少数民族成员居住的地区，如有充分的要求，各方应尽一切努力，在其教育体系框架内，确保少数民族成员有适当的机会被教授少数民族语言或用少数民族语言获得教育。	
第 12 条第 2 款：实施第 12 条第 1 款时，各方……推动不同社区的师生进行接触。	通过文化活动、学分转换等多种方式保障各教学线间的学习交流，实现融合多语制。
第 14 条第 3 款：实施第 14 条第 2 款时，不应对学习官方语言或用该语言进行授课造成损害。	在非罗语母语者群体中适当推广罗马尼亚语言文化；罗语教学项目对各民族学生开放，可按需自由选择。

从语言能力建设角度看，《UBB 语言政策》是遵循欧盟多语制原则制定的。多语制是欧盟语言政策的核心之一，欧盟委员会将其定义为："社会、机构、群体或个人在每天的生活中经常使用一种以上语言的能力；亦指在一个地理区域、政治地理区域或政治实体内，多种语言的共存"（转引自戴曼纯 等，2017）[10]。UBB 设置罗、匈、德语三条教学线，执行"1+2"多语教学方案，有助于学生掌握地区常用语言及国际通用语，进而满足其日常生活与职业生涯的多语需求。

4.3 积极开展对外推介，服务国际教育需求

近年来，在 UBB 匈语线就读的罗籍学生人数整体平稳，增长潜力有限。为打破生源瓶颈，推动项目进一步发展，该校积极开展对外推介，吸引留学生就读。服务国际教育需求成为其优化专业建设，提升国际影响力的有效途径。

事实上，多数罗籍匈族人并不排斥学习国家的官方语言，甚至有强烈的罗语学习愿望。Sándor（1998）指出，"对于少数民族而言……只有掌握双语，他们才能在其生活的国度获得更强的生存能力。少数民族很明白这一点，因此都想让其子女尽可能掌握主体民族的语言……根据我们掌握的信息，没有任何一个匈族人会说不愿学习罗语"。因此，相当一部分匈族学生在综合考虑后选择罗语教学线项目，以便更好地融入当地社会，这也就导致匈语线生源规模难以持续扩大，发展前景受限。

在此背景下，UBB 充分利用外部条件，创新内部举措，将国际部分教育需求转化为自身生源。就外部条件而言，欧盟鼓励成员国之间的人员流动，客观上打破了高校跨国招生的壁垒，该校提供的跨境语言教学项目则使得相关国家学生赴罗留学的语言门槛不复存在；就内部举措而言，该校借助多种形式的推广活动在匈牙利吸引当地学生报考。例如，匈语线分管副校长和师生代表每年都会参加在布达佩斯举办的 EDUCATIO 国际教育展，通过发放传单、手册和播放宣传片等方式向匈牙利学生推介该校。在内外部因素共同作用下，在 UBB 就读的匈籍学生数量连年上升，反过来也促进学校积极完善跨境语言教育资源，其国际知名度、美誉度因此不断得到提升。

5 启示与建议

在欧盟和本国语言政策框架内，UBB 通过制定专门的机构语言政策来统筹各部门力量，丰富跨境语言教育资源，从而实现了和谐的多民族融合式教育。文秋芳（2017）认为，"国家语言能力"由"国家语言资源能力"和"国家话语能力"共同构成。我国一些边疆民族语言与"一带一路"沿线部分国家的官方语言和通用语言相近，是宝贵的跨境语言资源（文秋芳 等，2018），对其加以挖掘和利用，是国家语言资源能力建设的重要组成部分。尽管我国国家语言能力建设的宏观目

标与罗马尼亚不尽相同，但是在微观的机构语言政策制定和实施层面，该国的一些成功经验亦可作为攻玉之石。现结合 UBB 的实践经验，对我国高校的跨境语言教育提出三点优化建议。

5.1 细化顶层设计，通过资源建设保障权利、消解矛盾

基于语言资源观，通过教育机构做好对跨境语言资源的开发和利用，不仅有助于保障少数民族语言权利、预防和化解语言矛盾，还能推动我国多语人才资源库的建设，助力"一带一路"倡议的实施。我国拥有跨境语言教育资源的院校亦可参鉴《UBB 语言政策》，基于对供需关系的深入分析，为民族语言事务主管部门提供咨询意见，在中央和地方的政策框架内制定适合国情、地情和校情的机构语言政策。在确保国家通用语地位的同时，可鼓励设置用跨境语言讲授的学历项目或短期课程，通过教学线融合与多部门协作达成分类型培养目标。

需要注意的是，罗马尼亚高校并无成体系出版教材的传统，多依靠教师自选参考书目、自编讲义开展教学。尽管《UBB 语言政策》要求教学内容描述需配有罗马尼亚语版本，可以在一定程度上起到监管作用，但固定教材的缺位依然是一大隐患。一个国家的教材体系体现着国家意志，是国家事权。[①] 我国需加强整体规划，注重对跨境语言教材编写、使用和评估。

5.2 采用融合式教育增进民族团结

《UBB 语言政策》要求罗、匈、德语三条教学线通过融合式教育践行多语制理念，促进了各族学生对彼此语言和文化的了解。我国在推广国家通用语言方面已取得显著成效，边疆地区部分汉族家庭受营商等因素影响，同样存在学习其他民族语言的需求。例如，延边地区部分非朝鲜族家庭尝试把孩子送到朝鲜族学校就读，这一自发性的双向式语言教育进一步推动了该地区各民族的深度融合（安丰存 等，2017）。因此，拥有跨境语言教育资源的高校可酌情放宽对各族学生选择专业或课程的限制，采用融合式、多向式教育模式提升个人多语能力、增进族际文化交流。

教学语言本身并不是造成民族矛盾的根源，与之相比，教学内容的选择更具敏感性。除前文提及的教材建设外，我国还应培养更多通晓少数民族语言的教育工作者，在学生和教师层面同步实现多民族、多语言的融合，"全员、全程、全方位"掌控育人内容，共同铸牢中华民族共同体意识。

5.3 辐射周边地区，促进民心相通

大量吸引留学生是《UBB 语言政策》的一大亮点，这也为我国扩大高等教育

① 资料来源于中国教育部官网（读取日期：2023 年 1 月 12 日）。

影响力提供了新思路。我国文化底蕴深厚，教育传统悠久，综合国力不断增强，有能力为来自这些国家的留学生提供优质的教育服务。随着我国国际地位的提升，全世界越来越多的青年人有志于来华学习，并深入了解中国。尽管国际中文教育成绩斐然，但语言壁垒依然存在。为此，很多高校设立了用国际通用语（以英语为主）授课的留学项目。同理，设置用跨境语言授课的长短期留学项目，可大幅降低相关国家学生的入学门槛，以便在更大范围内培养知华、友华青年，同时提升我国高等教育的国际声誉。我国高校在这个方面仍有很大的拓展空间，以跨境语言教育资源较为丰富的内蒙古大学和延边大学为例，目前尚未设置专门针对蒙古国或朝鲜、韩国学生，用蒙古语或朝鲜语授课的留学项目。今后若能依托融合式教育模式，使中国各族人民和外国留学生在同一个课堂中学习，不仅可以营造和谐的族际、国际教育氛围，为"一带一路"沿线民心相通打好基础，也是我国制度自信、文化自信的体现。

参考文献

安丰存，2018."一带一路"背景下跨境语言活力与双向式双语教育研究 [J]. 北方民族大学学报（哲学社会科学版）（1）：56-64.

安丰存，赵磊，2017. 跨境语言双语教育对国家对外发展战略的基础作用——以延边地区的朝汉双语教育为例 [J]. 东疆学刊（3）：74-78.

戴曼纯，何山华，2017. 多语制与后里斯本时代的欧盟法律一体化的障碍与出路——以刑事司法领域为例 [J]. 北华大学学报（社会科学版）（1）：9-16.

戴庆厦，2016. 跨境语言调查的方法论问题 [J]. 华夏文化论坛（1）：159-164.

董希骁，2021. 罗马尼亚国家语言能力研究 [M]. 北京：外语教学与研究出版社 .

郭慧香，2013. 语言政策与少数民族教育公平性研究 [J]. 贵州民族研究（4）：170-173.

郭龙生，2016. 从生态与安全角度研究中国的跨境语言 [J]. 语言政策与规划研究（2）：12-20+96.

何山华，2015. 中东欧转型国家语言权利与小族语言保护研究 [D]. 北京：北京外国语大学 .

何山华，2018. 国际跨境语言管理：现状与趋势 [J]. 语言战略研究（4）：19-30.

李德嘉，2019. 民族语言教育权的提出与保护 [J]. 贵州民族研究（5）：20-23.

刘希瑞，2018."一带一路"倡议下的跨境语言规划研究 [J]. 西北民族大学学报（哲学社会科学版）（5）：184-188.

宋歌，2021. 民族地区跨境语言教育的新思路——论结构性问题与策略分析 [J]. 社会科学家（9）：156-160.

文秋芳，2017. 国家话语能力的内涵——对国家语言能力的新认识 [J]. 新疆师范大学学报（哲学社会科学版）（3）：66-72.

文秋芳，张天伟，2018. 国家语言能力理论体系构建研究 [M]. 北京：北京大学出版社 .

熊玉有，1999. 谈谈我国跨境民族的语言文字问题 [J]. 贵州民族研究（1）：149-156.

阎莉，文旭，2022. 基于语言命运共同体建设的跨境语言规划：框架与意义 [J]. 山东外语教学（1）：26-37.

袁善来，康忠德，2014. 中越跨境语言与边疆安全研究 [J]. 黑龙江民族丛刊（4）：152-156.

张四红，2020. 中国周边跨境语言研究国际学术话语权的构建 [J]. 语言文字应用（2）：27-36.

朱艳华，2016. 论跨境语言资源保护 [J]. 贵州民族研究（3）：204-208.

BARBOUR S, CARMICHAEL C. (eds.). 2000. Language and nationalism in Europe[C]. Oxford: Oxford University Press.

HUFSTEDLER S M, 1980. On bilingual education, civil rights, and language minority regulations[J]. NABE journal, (1): 63-69.

MACKEY W F, 1979. Language policy and language planning[J]. Journal of communication, (2): 48-53.

MAR-MOLINERO C, 1994. Linguistic nationalism and minority language groups in the "New" Europe [J]. Journal of multilingual and multicultural development, (4): 319-328.

NDHLOVU F, 2013. Cross-border languages in southern African economic and political integration[J]. African studies, (1): 19-40.

NEVILLE A, 2009. Evolving African approaches to the management of linguistic diversity: the ACALAN project[J]. Language matters, (2): 117-132.

PORTOLÉS J B, 2015. Cross-border cooperation and cultural communities in Europe[M]. Brussels: Centre Maurits Coppieters.

RUÍZ R, 1984. Orientations in language planning[J]. NABE journal, (2): 15-34.

SÁNDOR S, 1998. De ce nu-și pot însuși copiii maghiari limba română în școală?[J]. Altera, (7): 131-148.

VALLE J D, 2011. Transnational languages: beyond nation and empire? An introduction[J]. Sociolinguistic studies, (3): 387-397.

作者简介

徐台杰，北京外国语大学欧洲语言文化学院助教。主要研究领域：语言政策与规划、外语教育、中东欧社会文化。电子邮箱：xutaijie@bfsu.edu.cn。

董希骁，北京外国语大学欧洲语言文化学院副院长、教授、博士生导师。主要研究领域：罗马尼亚语语言文学、语言政策与规划。电子邮箱：dongxixiao@bfsu.edu.cn。

（责任编辑：张虹　王伶）

《语言使用法》与北马其顿国家双语制的再确认[*]

西安文理学院　文学院　**董洪杰**

西安文理学院　师范学院　**王雅荔**

北京外国语大学　孔子学院工作处/地拉那大学孔子学院　**李蓓蕾**

提　要：本文聚焦北马其顿双语制问题，以南斯拉夫时期马其顿社会主义共和国成立为时间起点，梳理马其顿语与阿尔巴尼亚语关系演变的历史路径及其进入双语阶段的法律确认过程。研究发现，语言教育权利问题是北马其顿国家双语制形成的主要助推力，而国家双语制的形成具体表现为北马其顿语言政策去主体化的过程。文章分析认为，国家双语制的建构是新民族国家社会治理在语言政策上的反映，是地缘政治、民族主义和少数族裔多因素影响下的结果。

关键词：国家双语制；北马其顿；阿尔巴尼亚语；语言政策

1　引言

北马其顿[①]与阿尔巴尼亚地处东南欧，互为邻国。阿尔巴尼亚语作为跨境语言，在北马其顿的政治生活中扮演了重要角色。2022年11月14日，北阿两国政府在斯科普里举行会谈并签署了双边合作协议。[②]除国防和经济等重大议题外，21项协议中有两个语言专项，分别涉及两国在阿尔巴尼亚语阅读和编辑领域和阿尔巴尼亚手语领域的合作。近年来，涉阿语言问题常常引发争议，[③]2018年北马其顿曾爆发旨在反对"实行双语制及阿尔巴尼亚化"的大规模示威游行，参与其中的"马其顿联合力量"表示："强迫采用双语制……是我们无法坐视不理的原因。"事件缘起于北马其顿官方发布的"扩大阿尔巴尼亚语官方使用范围的法案"。次年通过并颁布的《语言使用法》，规定北马其顿境内所有公共机构的工作语言应为马其顿语和阿尔巴尼亚语双语，阿尔巴尼亚语从原来的阿尔巴尼亚族聚居区官方语言跃升为国家官方语言。《语言使用法》生效标志着北马其顿国家层面双语制度的正式形成，也将对北马其顿的政治格局、民族关系和身份认同产生深刻的影响。下文将从历史维度分析北马其顿语言政策的流变，进而聚焦《语言使用法》，分析国

---

[*]　本研究得到教育部语合中心国际中文教育研究课题"语言经济学视角下巴尔干三国中文教育发展路径研究"（项目编号：21YH64C）的资助。

[①]　2019年2月12日，马其顿政府宣布正式更改国名为"北马其顿共和国"，之前分别使用过"马其顿共和国""前南斯拉夫马其顿共和国"等不同官方称呼，通常简称马其顿。为了行文方便，文中在2019年2月之前的事件描述中沿用"马其顿"的称谓，更名后的事件及论证部分则使用"北马其顿"。

[②]　资料来源于阿尔巴尼亚日报官网（读取日期：2022年11月23日）。

[③]　资料来源于俄罗斯卫星通讯社网站（读取日期：2021年10月15日）。

家双语制度的法律规制的确认及其在民族国家语言治理中产生的影响。

2　历史脉络：单一语言意识与二元民族的现实冲突

第一次世界大战结束后，当前马其顿的领土被并入南斯拉夫王国，[①] 在"一个国家、一个民族"的民族政策之下，其境内的两大族裔马其顿族和阿尔巴尼亚族的民族属性及其语言均未得到承认，马其顿族被视作塞尔维亚人（郝时远，1993），而阿尔巴尼亚人则被作为斯拉夫人对待，禁止使用阿尔巴尼亚语，致使一些阿尔巴尼亚人被迫移民。20世纪20年代，名为 Kaçak 的阿尔巴尼亚族游击队长期活跃在马其顿西部，他们将语言诉求和武装斗争相结合，促进了马其顿阿尔巴尼亚族意识的觉醒（董洪杰，2017；董洪杰，2018）。随着第二次世界大战的爆发，轴心国意大利将马其顿西部吞并为阿尔巴尼亚的保护国，建立了"大阿尔巴尼亚"[②]（Zolo，2002）。意大利当局允许在马其顿西部阿尔巴尼亚人聚居区域教育和行政管理中使用阿尔巴尼亚语，同时该区域的非阿尔巴尼亚人也须进入阿尔巴尼亚语学校学习，并采用阿尔巴尼亚语的习惯标写姓名（Hall，2010）。上述三十年内，马其顿语言意识尚未完全形成，而其境内阿尔巴尼亚族的民族和语言意识则从"抑"和"扬"两方面得到了推动，成为影响马其顿建国后语言政策形成和调整的重要背景。

2.1　第一阶段：南斯拉夫马其顿社会主义共和国时期

1945年南斯拉夫建国，[③] 次年其领导人铁托将马其顿地区与塞尔维亚分开，成立了一个南斯拉夫直辖共和国。南斯拉夫强调"兄弟情谊和统一"，奉行文化语言整合政策（马细谱，1999）。同年颁布的《南斯拉夫联邦人民共和国宪法》规定南斯拉夫联邦共和国有三种官方语言，分别是塞尔维亚—克罗地亚语、斯洛文尼亚语、马其顿语（邹瑜，1991），这是马其顿语首次在宪法中获得一席之地。马其顿成立了专委会开展词典编纂等语言标准化工作，同时创办马其顿语报纸、电视台，在高等教育和基础教育领域开办马其顿语学校。马其顿语标准化由此得到长足发展，语言使用也推广到社会各领域。该宪法也明确了少数民族的语言权利，支持阿尔巴尼亚和土耳其等少数族裔用各自的语言发行报纸和图书（Sharevski，

---

① 南斯拉夫各民族在1918年第一次建立了统一的独立国家，命名为塞尔维亚—克罗地亚—斯洛文尼亚王国（the Kingdom of Serbs, Croats and Slovenes）。1929年更名为南斯拉夫王国（the Kingdom of Yugoslavia），又称为第一南斯拉夫。

② "大阿尔巴尼亚"是阿国政治激进主义者的概念，基于阿尔巴尼亚人口的当前或历史存在的说法，对包括科索沃、普雷舍沃山谷、黑山南部、希腊西北部和北马其顿西部在内的领土提出声索。

③ 南斯拉夫共产党于1945年建立南斯拉夫联邦人民共和国（Federal People's Republic of Yugoslavia），1963年更名为南斯拉夫社会主义联邦共和国（Socialist Federal Republic of Yugoslavia，SFR Yugoslavia or SFRY），简称南联邦，又称为第二南斯拉夫，国家实行联邦制，执政党是南斯拉夫共产主义者联盟。

2013）。随后的 1963 年和 1974 年宪法[①]延续了 1946 年宪法的语言政策，规定马其顿的官方语言是马其顿语，阿尔巴尼亚族和土耳其族有权在教育[②]和媒体中使用自己的语言（Coulmas，2017；王辉，2015）。每个族裔社区都可以自由使用其语言，践行其文化和宗教信仰。但随着领导人铁托去世，南斯拉夫语言政策导向生变。1985 年，联邦政府推行语言教育政策改革，规定每个班级中民族学生超过 30 人才能使用民族语言教学。这种限制性政策导致接受阿尔巴尼亚语授课的学生人数大幅下降（Ilievski，2008）。

这一时期虽然马其顿仍处在南斯拉夫联邦之内，但马其顿语在社会声望上已是官方语言，其标准化和社会应用也得到了空前的发展。同时，阿尔巴尼亚语作为境内第二大族裔的语言，其语言权利也在宪法中得到体现，马其顿语和阿尔巴尼亚语的关系格局已初步形成。[③]

2.2 第二阶段：建国发展期

1991 年，马其顿从南联邦和平分离，独立建国，[④]成立了以马其顿族政党为主，阿尔巴尼亚族政党为辅的联合政府（Koneska，2012）。同年颁布的宪法具有公民宪法的属性，规定包括阿尔巴尼亚人、土耳其人、弗拉赫人、罗姆人和其他民族的公民都享有和马其顿族公民同等的权利。[⑤]宪法中有两项条款涉及语言政策，其中第七条规定，在地方政府统辖的地区，人口占比最高的少数民族可将其语言和马其顿语同时作为官方语言使用。第四十八条规定，少数民族有权在小学和中学接受以本民族语言为媒介的教育；在用民族语言授课的学校，学生必须学习马其顿语。该条款因"迫使"阿尔巴尼亚族学生学习马其顿语而招致阿尔巴尼亚族的批评和反对（Babuna，2000）。自 1991 年宪法颁布之后的十年中，语言教育问题始终是马其顿民族关系的核心议题之一。和其他巴尔干国家一样，马其顿在 20 世纪 90 年代开始入欧转型，受欧盟语言政策的影响，保护少数民族的语言权利被列入政治改革日程，马其顿少数民族语言政策随之得到逐步调整：1995 年首次立法允许地方自治政府使用民族语言（Sharevski，2013）；1996 年和 1997 年分别签

[①] 继 1946 年宪法之后，南斯拉夫又于 1963 年和 1974 年颁布两部宪法，分别是《南斯拉夫社会主义联邦人民共和国宪法》和《南斯拉夫社会主义联邦共和国宪法》。

[②] 阿尔巴尼亚语和土耳其语在教育领域的使用仅限于中小学基础教育，不包含高等教育。希望接受阿尔巴尼亚语大学教育的学生需要到科索沃深造。

[③] 这一阶段的语言政策还涉及塞尔维亚语，但本文的焦点为马其顿建国后双语制的形成，主要涉及马其顿语和阿尔巴尼亚语的地位和关系，因此此处不再展开论述。

[④] 马其顿建国后与和希腊爆发国名争端，其结果是马其顿共和国于 1993 年以"前南斯拉夫马其顿共和国"得名。

[⑤] 之前南斯拉夫的宪法均规定，马其顿共和国为马其顿族及"少数民族"——阿尔巴尼亚人和土耳其人共同组成的国家，马其顿族为国家的主体民族。资料来源于世界知识产权组织：前南斯拉夫的马其顿共和国宪法（读取日期：2022 年 11 月 23 日）。

署了《欧洲区域或少数民族语言宪章》①和《保护少数民族框架公约》②。这些举措解决了阿尔巴尼亚族使用民族语言接受高等教育的问题，得到了阿尔巴尼亚族政治集团的大力支持，马其顿国内的民族矛盾暂时得到缓解。

上述十年马其顿语言政策逐渐转向出于入欧转型的政治需要。马其顿政府通过签署国际公约和调整国内法律的方式，为少数民族的发展提供了更多的政策空间。而阿尔巴尼亚语作为境内最大的少数民族语言，其社会地位在这一过程中获得了有效的提升，适用范围也得到了相应扩展。

2.3 第三阶段：2001年奥赫里德协议的形成和实施

1999年，科索沃战争爆发，近40万阿尔巴尼亚族难民从科索沃涌入马其顿，迅速改变了马其顿国内形势。2001年春，马其顿西部的阿尔巴尼亚族人与这些难民联合，以语言权利为诉求发动武装叛乱（Bliznakovski，2013）[10]，引发了马其顿独立十年来最严重的安全危机。在国际斡旋下，马其顿族的政党（VMRO-DPMNE 党和 SDSM 党）和阿尔巴尼亚族政党（DPA 党和 PDP 党）领袖进行了谈判，产生了一份名为《奥赫里德和平框架协议》（*Ohrid Framework Agreement*）（以下简称《协议》）的文件。《协议》确立了国家政治的基本原则，确定马其顿为"公民国家"，并达成了阿尔巴尼亚族武装团体自愿裁军、停止民族敌对、政府的权力下放以及少数民族政治和文化权利的改革等宏观目标。《协议》同时要求连带修改宪法和法律体系，并对修改内容作了具体规定，以确保阿尔巴尼亚族能够获得协议中的相应权利。

《协议》在语言政策上实现了两大重要改变。其一是赋予了阿尔巴尼亚官方语言的地位。阿尔巴尼亚族作为马其顿第二大族裔，要求与马其顿族享有同等地位，而语言权利是社会地位的一个显性标签。因此自1991年宪法颁布以来，语言使用和语言教育一直是马其顿阿尔巴尼亚族人争论的焦点。《协议》对1991年宪法中一些条款中特定称说方式进行修改，如用"多数人口""社群"和"非多数社区"替代了"马其顿人民""民族"和"少数民族"等。这种政策话语的调整为阿尔巴尼亚语地位提升提供了政治空间。协议规定③任何人口占比高于20%的族裔都应

---

① 《欧洲区域或少数民族语言宪章》（*European Charter for Regional or Minority Languages*，简称*ECRML*）是一项在欧洲委员会支持下于1992年通过的欧洲条约（CETS148），目的是保护和促进在欧洲的历史性方言和少数民族语言。

② 《保护少数民族框架公约》（*Framework Convention for the Protection of National Minorities*）1994年由欧洲理事会通过，是世界上第一个将少数民族作为人权保护一部分的具有法律约束力的多边条约。

③ 《修订案》第7条第1、2和3款作出如下规定：（1）马其顿语使用西里尔字母书写，是整个马其顿共和国的官方语言，也是其处理国际关系使用的语言；（2）至少有20%的人口使用的任何其他语言也是一种官方语言，使用以下指定的字母书写；（3）依法，除使用马其顿语外，还应使用马其顿语以外的其他官方语言发布公民的官方个人文件。

享有平等的语言权利。根据马其顿各族的分布情况，[①] 除了主体民族马其顿族，只有阿尔巴尼亚族人口会超越上述人口比例。阿尔巴尼亚语由此获得了晋升官方语言的资格。这一规定影响巨大，从宏观层面改变了马其顿语作为唯一官方语言的格局。2002 年马其顿议会又通过一项议案，规定在立法机构的会议和选举中应使用马其顿语和阿尔巴尼亚语双语进行。行政机构各部门工作人员也开始使用阿尔巴尼亚语等民族语言进行公开演说（Sharevski，2013）。马其顿政府在 2002 年的《政府公报》中指出：议会签署的法律条款应以马阿双语公布；少数民族有权使用民族语言提交申请书和法律文件，法庭则有义务为其免费提供口译人员（Treneska-Deskoska et al，2012）。尽管《协议》并没有公开地指明阿尔巴尼亚语为第二种官方语言，但马其顿语和阿尔巴尼亚语都是议会的语言，若外交领域参与者的母语是阿尔巴尼亚语，亦可作为外交语言。阿尔巴尼亚语已经成为实际意义上的官方语言。由此可见，阿尔巴尼亚族要求与马其顿族在语言层面平起平坐的诉求在协议及其实施过程中得到了满足，阿尔巴尼亚语的地位最终得以提高，从区域少数民族语言发展到与马其顿语共享国语地位。

《协议》带来的第二个重要转变是在语言教育领域解决了旷日持久的"阿尔巴尼亚语大学"问题。《协议》用了显著的篇幅论述和规定了教学语言等敏感性、争议性较高的问题。根据协议，人口占比 20% 以上的族裔的语言有权设立以其为教学语言的高等教育机构，国家应给与相应的资金资助。同时，在与《协议》配套的宪法修订案中，还邀请国际社会为马其顿政府在高等教育领域执行《协议》相关内容提供援助。

教学语言问题自 20 世纪 90 年代初以来便是马其顿境内阿尔巴尼亚族政治行动的基石。在阿尔巴尼亚语进入高等教育领域这一问题上，马阿两大族裔各有攻防。早在 1994 年，阿尔巴尼亚族人未经政府许可成立了以阿尔巴尼亚语为教学语言的泰托沃大学（Tetovo University），马其顿当局随即宣布其违宪进而引发武装冲突。最终经过协商，大学获得合法性，但所发文凭不为官方承认（Czapliński，2008）。如前文所述，马其顿为了加入欧盟，语言政策出现了转向。这一点在教学语言领域也有体现。1997 年阿尔巴尼亚族的教育学院获批成立，但招致马其顿族学生的大规模抗议。2000 年，马其顿政府进一步推进少数民族语言权利，开办了阿尔巴尼亚语私立大学东南欧大学（South-East European University）（Czapliński，2008），同时斯特鲁加的斯特鲁加国际大学（International University of Struga）等马阿双语私立大学先后创办，《协议》正是在这样的背景下签订的。欧盟和美国在《协议》签订次年即发表声明，敦促马其顿落实和平框架协议，称"全面落实和平框架协议是马其顿加入欧盟和北约的先决条件"。2004 年马其顿政府在高等教育

[①] 根据北马其顿国家统计局官网公布的数据，马其顿族占总人口 64.2%，阿尔巴尼亚人总人口 25.2%，土耳其人 3.9%，其他少数民族占比均在 3% 以下（读取日期：2022 年 11 月 20 日）。

语言使用方面迈出了关键一步，在泰托沃市成立了使用阿尔巴尼亚语教学的公立大学（State University in Tetovo）（Czapliński，2008）。至此，马其顿国内最大的少数民族阿尔巴尼亚族可以在公立和私立的大学使用自己的母语接受高等教育。

17世纪以来，语言成为欧洲民族国家构建的文化认同的基础，新兴民族国家大多借助通用语文来凝聚起认同（菅志翔 等，2022），由此形成的"一个国家，一种语言"的语言意识在19世纪巴尔干地区民族主义运动中发挥了重要的作用。而巴尔干诸国，包括北马其顿，在民族国家构建过程中，常常面临的问题是民族语言的地理分布与国界不重合，进而产生主体民族在制定语言政策时的单一语言意识与其境内多元民族事实的潜在矛盾。北马其顿建国后语言政策的调整，正是这种矛盾在国内外政治环境变化中的现实表现。

3 法律确认：《语言使用法》与国家双语制度的法律规制

随着《协议》内容的实施和入欧进程的加快，马其顿2008年通过宪法修正案。修正案规定：官方语言为马其顿语和人口占比20%以上的民族语言；签发个人证件用语应兼及所有官方语言，也可用特定民族语言。修正案同时指出，在任何行政区划中，只要使用非马其顿语的人口达20%，市民有权用民族语言与公务人员交流，公务人员也需以马其顿语及相应民族语言回应。当时，阿尔巴尼亚族人口占全国总人口的25.2%，因此阿尔巴尼亚语获得了国家官方语言的资格，成为国家议会和中央政府的工作语言之一（Sharevski，2013）。2010年马其顿教育部对阿尔巴尼亚族学生从一年级开始学习马其顿语的要求由"必须"调整为"有权"（Xhaferi，2014），这一措辞的调整实质上在教育领域赋予了阿尔巴尼亚语和马其顿语同等地位。到了2011年，民族语的使用范围从国会议员扩展到所有议会官员。同时，在少数民族聚居区，民族语言可用于教育和行政部门，居民身份证、出生证、结婚证、护照以及死亡证均使用马其顿语和民族母语双语标注（Treneska-Deskoska et al.，2012）。

2018年1月一部旨在扩大阿尔巴尼亚语使用范围的"扩大阿尔巴尼亚语官方使用范围的法案"[1]进入马其顿议会审议并获得通过。保守党总统伊万诺夫随后以"不公正"和"具有压制性"为由否决了该法案，并指出"（这一法案）只赞成特定语言，会加深种族间的紧张关系"。2019年1月15日，马其顿议长贾菲里（Talat Xhaferi）签署了《语言使用法》（*The Law on the Use of Languages*），[2]并以政府公报形式向全国发布。该法共包含25条，第1、2条为总则，界定了官方语言及其使用范围；第3—17条从公共部门、公共标识、公共程序、公共服务等角度对语言具体使用进行了规定；第18—25条规定了执行该法律的专门机构和人员及

---

① 资料来源于北马其顿司法部官网（读取日期：2022年11月21日）。

② 资料来源于北马其顿共和国语言执行局官网（读取日期：2021年12月10日）。

法律的附则、生效日期等内容。《语言使用法》从官方语言、适用范围和保障机构三个方面确立了北马其顿的语言文字政策。

《语言使用法》规定，在北马其顿共和国本国及其国际关系中，官方语文为马其顿语及其西里尔书写形式（第1条第1款）；同时，总人口占比超过20%的公民使用的另一种语言（阿尔巴尼亚语）和文字，也是官方语文（第1条第2款）。北马其顿共和国的所有国家行政机关、中央机构、公共企业、地方政府、部门、机构和组织、委员会、依法执行公共授权的法人和其他机构，都应该依法使用官方语言和文字，即马其顿语和阿尔巴尼亚语及各自的文字。而在地方自治政府的各单位中，马其顿语及其西里尔书写形式、以及拥有总人口占比至少20%使用者的语言和文字均为官方语文（第1条第4款）。

在官方语言使用方面，《语言使用法》指出，公民有权使用官方语言及其文字，相关机构也有义务确保公民能够依法使用官方语言，包括以其执行法律程序（第2条第1款）。公民有权在行政、司法等诸如执法程序、预审和调查程序、刑事和轻罪程序、诉讼及非讼程序、执行制裁程序以及法律规定的其他程序中使用该法第1条第1款或第2款规定的官方语言。法院、公诉机关以及所有其他机关、部门和其他机构，有义务在所有程序中使用该法第1条第1款或第2款规定的官方语文（第2条第2款）。在第1条第3款所指机构中，北马其顿共和国的官方语文除了马其顿语及其西里尔书写形式之外，还包括阿尔巴尼亚语及其文字。同时，为实现《语言使用法》的根本目的，北马其顿共和国政府特设立阿尔巴尼亚语专门机构（Agency for the Use of the Language Spoken by at least 20% of the Citizens of the Republic of Macedonia）（以下简称机构），负责阿尔巴尼亚语的推广、保护以及统一执行。机构具有法人资格，有权对阿尔巴尼亚语进行标准化和统一化工作（第18条第1款）。机构领导人应由北马其顿共和国政府依照之前四年一任且有权重选的先例进行选举（第18条第2款）。机构的运营和运作经费由北马其顿共和国政府拨款（第18条第5款）。为了始终全面贯彻《语言使用法》涉及的语言使用条款及其执行，特设立语言使用检查员（第20条第1款）。检查的规则、职权、组织以及检查员对语言使用的检查程序按专法规定执行（第20条第1款）。

作为多族群民族国家，北马其顿的主流族群语言马其顿语始终占据法律上的主体地位，是共和国时期的"官方语言"，但其他族群语言，主要是阿尔巴尼亚语，则经历了从"少数民族语言""地方性官方语言"及至"全国范围的官方语言"的地位跃升。从修改宪法到《语言使用法》的出台，表明了北马其顿境内语言政策由含糊转向明确、从"事实"转向"法理"的过程，也是马其顿建国三十年来马其顿双语制度的法律确认。以法律的形式确认国家双语制度，对北马其顿的语言格局和国家治理都将产生重要影响。

4 政策反思：去主体化与民族国家的语言治理路径

《语言使用法》的出台引发了北马其顿国内外不同的反响。《语言使用法》规定公共机构有义务使用阿尔巴尼亚语，并配套了惩罚措施。但多数现有公职人员不懂阿尔巴尼亚语，因此该法律遭到北马其顿革命组织民族统一党（VMRO-DPMNE）的强烈批评。他们警告《政府公报》的负责人科斯托夫斯基（Martin Kostovski），并表示，未经总统签署通过而在官方公报上发布法律是犯罪行为，"所有违反法律的人将被追究责任"。他们谴责执政党社会民主联盟党（SDSM）再次破坏了北马其顿的民主和法治，由 SDSM 领导的政府正在将北马其顿共和国强制变为双语国家。①北马其顿政府的欧洲大西洋取向（加入欧盟和北约）一直被认为是团结其国内不同族裔最强大的约束力，而《语言使用法》的颁布则是其实现入欧进程的重要一环。2019 年 12 月，欧洲法治民主委员会（威尼斯委员会②）在第 121 届全体会议上以"欧洲标准和法治原则"对《语言使用法》的文本进行了评估，指出该法适用于保护少数民族语言权利的欧洲标准，基本上符合《保护少数民族框架公约》和《欧盟宪章》中《法治清单》③的相关规定。同时也提出了"法律文本表述缺乏清晰度和准确性""缺乏精确的人口普查数据作为支撑""有关法律所涵盖的地区和法人存在歧义""法律适用的标准不明"等质疑。评估组指出，语言使用问题一直是北马其顿关注和公开辩论的焦点，而《语言使用法》是一部涉及广泛公共利益的法律，这项意义重大的语言政策改革以混乱的政治冲突的方式得以通过，值得深刻反思。

如前文所述，南斯拉夫联邦之内马其顿语已是社会声望意义上的官方语言，而阿尔巴尼亚语作为境内第二大族裔的语言，其语言权利也在宪法中得到体现，马其顿语和阿尔巴尼亚语的"主体二元"格局在 20 世纪中叶已初步形成。从北马其顿建国后将近三十年的民族冲突可见，语言权利是核心诉求，而去主体化，即马其顿语在国家语言格局中主体性地位，则是主体民族与少数民族博弈的结果走向。主要出于入欧转型的政治需要，北马其顿政府为少数民族语言地位的提升开放了政策空间。一是《奥赫里德和平框架协议》赋予了阿尔巴尼亚语官方语言的地位；二是阿尔巴尼亚语的社会功能扩展到高等教育领域。由于民族主义和地缘政治的影响，阿尔巴尼亚语在北马其顿地位提升过程呈现出阶段性、连续性和复杂性，而这一个过程恰是北马其顿国家语言逐步去主体化的具体体现。从签订的

---

① 实际上，《语言使用法》颁布后的实施过程面临财政困境。用于执法部门的间接预算支出，如更改机构、发票、邮票、钞票、警察制服、消防、医疗保健的牌匾以及相关说明等，都将耗费大量的财政经费。法律在执行过程中极有可能面临缺乏合格的口译和笔译人才以及公务员语言能力不足等现实问题。

② 欧洲法治民主委员会是欧洲委员会的咨询机构，由独立的宪法专家组成。委员会成立于1990年柏林墙倒塌时，当时中东欧各国急需宪法方面的协助。由于该委员会一年召开四次的会议地点为意大利威尼斯，所以又称威尼斯委员会。

③ 资料来源于欧洲理事会威尼斯委员会官网（读取日期：2022年11月10日）。

协议、发布的公报和颁布的宪法修订案及立法条文来看，语言权利占据了最大的篇幅，从地方机构到中央部门，从中小学基础教育到大学教育，步步推进，成为双语制形成的主要助推力。

自 19 世纪以来，语言被视为国家治理和处理国际关系的显性符号和重要工具（董希骁，2017）。而在北马其顿国家双语制的形成过程中，"去主体化"成为欧盟、北马其顿政府及阿尔巴尼亚族裔社区博弈之下所形成的一个主要趋势，即在政策导向、实施主体以及机构设立等环节逐步形成"主体二元"到"非平衡二元"的构架，以契合地缘政治诉求和民族国家复杂的语言现状。

参考文献

董洪杰，2018. 阿尔巴尼亚语言政策变革 [J]. 渤海大学学报（哲学社会科学版）（3）：26-35.

董洪杰，李蓓蕾，2017. 阿尔巴尼亚的语情和当代语言政策 [J]. 中国社会语言学（2）：86-93.

董希骁，2017. 俄欧博弈背景下的罗马尼亚和摩尔多瓦语言政策平行论 [J]. 宁夏社会科学（1）：215-219.

郝时远，1993. 南斯拉夫联邦解体中的民族危机 [M]. 成都：四川民族出版社 .

菅志翔，马戎，2022. 语言、民族国家建构和国家语言政策 [J]. 学术月刊（9）：25.

马细谱，1999. 巴尔干穆斯林的由来与发展 [J]. 世界民族（3）：28-38.

王辉，2015. "一带一路"国家语言状况与语言政策（第一卷）[M]. 北京：社会科学文献出版社 .

BABUNA A, 2000. The Albanians of Kosovo and Macedonia: ethnic identity superseding religion[J]. Nationalities papers, (1): 67-92.

BLIZNAKOVSKI J, 2013. Language policy in Macedonia[D]. Ljubljana: Ljubljana University, Faculty of Social Sciences.

COULMAS F, 2017. An introduction to multilingualism: language in a changing world[M]. Oxford: Oxford University Press.

CZAPLIŃSKI M, 2008. Conflict prevention and the issue of higher education in the mother tongue: the case of the Republic of Macedonia[J]. Security and human rights, (4): 260-272.

HALL R C, 2010. Consumed by war: European conflict in the 20th century[M]. Kentucky: University Press of Kentucky.

ILIEVSKI Z, 2008. Integrativnata teorija na Donald Horovic I nejinata primena vo Republika Makedonija[D]. Skopje: Univerzitet Sv.Kiril i Metodij, Praven Fakultet "Justinijan Prvi" (in Macedonian).

KONESKA C, 2012. Vetoes, ethnic bidding, decentralisation: post-conflict education in Macedonia[J]. JEMIE, (11): 28.

SHAREVSKI M, 2013. The model of language policy in Macedonia by the Ohrid Framework Agreement and its impact[J]. ALPPI annual of language & politics and politics of identity, (7): 49-60.

TRENESKA-DESKOSKA R, SPASOV A L, 2012. Language policy in Macedonia: achievements and major challenges[J]. Südosteuropa Mitteilungen, (1): 30-45.

TUFAN Ş, 2015. On multi-ethnicity, multilingualism and language policy in The Republic of Macedonia [J]. Beykent Üniversitesi Sosyal Bilimler Dergisi, (8.2): 75-89.

XHAFERI G, 2014. The importance of e-learning system in higher education in developing countries: a case of Macedonia[J]. Beder university journal of educational sciences, (4): 393-400.

ZOLO D, 2002. Invoking humanity: war, law and global order[M]. London: Bloomsbury Publishing.

作者简介

董洪杰，西安文理学院文学院教授，博士。主要研究领域：社会语言学、语言政策与规划。电子邮箱：donghongjie@xawl.edu.cn。

王雅荔，西安文理学院师范学院教授，博士后。主要研究领域：教育法学。电子邮箱：lily@xawl.edu.cn。

李蓓蕾，北京外国语大学孔子学院工作处/地拉那大学孔子学院讲师。主要研究领域：语言规划和国际中文教育。电子邮箱：beileili2012@qq.com。

（责任编辑：张虹　王伶）

语言民族主义主导下的黑山语言规划[*]

北京外国语大学　欧洲语言文化学院　**彭裕超**

提　要：黑山共和国 2006 年独立后，于次年将黑山语宣布为该国官方语言。2017 年，黑山语获得 ISO 639-2 代码，这不仅是该国语言地位规划的重要节点，还标志着其语言本体规划开始发生从"名"向"实"的转变。本文梳理黑山语言身份建构过程后发现，持民族主义立场的"激进派"在语言规划层面占据了主导权，试图将新的语言与它曾经所处的历史时期和历史状态分离，从而建构语言的"独立性"和"纯洁性"。语言民族主义占据意识形态和现实政治优势，该国的语言身份建构和语言规划在其主导下，仍有可能继续向激进的方向发展。

关键词：黑山；语言民族主义；地位规划；本体规划

1　引言

黑山共和国（以下简称黑山）位于欧洲巴尔干半岛西南部，面积 1.38 万平方公里，人口 62.2 万。[①]2006 年，黑山脱离塞黑联盟宣告独立，开始融入欧洲一体化进程，同时积极建构民族和文化认同。语言作为族群差异的最直接标志，在构建民族国家、强化民族认同方面发挥着重要的作用。正如安德森所说，"民族的印刷语言"具有无比的意识形态与政治重要性（安德森，2016）[66]。语言问题，特别是如何对官方语言重新进行定义和规划，成了黑山社会各界关注的焦点。黑山政府试图通过确立语言身份来巩固民族地位，将黑山语打造成黑山民族、文化和国家的最重要象征（Požgaj Hadži，2017）。2007 年，黑山语取代塞尔维亚语成为官方语言，这被认为是黑山语"正名"之路的里程碑。2017 年，国际标准化组织为黑山语授予代码 ISO 639-2，意味着黑山语在文献归档和数据检索工作中可以被单独标记和识别。更重要的是，这标志着在国际权威机构中，黑山语的独立语言身份和国家官方语言地位得到了认可，黑山在民族国家建构方面迈出了坚实的一步（董希骁，2019）。

官方语言地位的确立并不代表语言问题的终结，它仅仅意味着人们关于语言问题的关注开始从"名"向"实"转变，围绕语言规范化理念及举措的争议

---

* 本文系北京外国语大学"双一流"重大标志性项目"国家语言能力国际比较及理论创新"（项目编号：2022SYLA001）的阶段性研究成果。

① 黑山是一个多民族国家，根据最近一次人口普查数据（2011 年），黑山族占总人口 44.98%、塞尔维亚族占 28.73%、波什尼亚克族占 8.65%、阿尔巴尼亚族占 4.91%，罗姆族占 1.01%，克罗地亚族占 0.97%。语言使用者占比分别为：塞尔维亚语 42.88%，黑山语 36.97%，波斯尼亚语 5.33%，阿尔巴尼亚语 5.27%，罗姆语 0.83%，克罗地亚语 0.45%（资料来源于黑山共和国统计局网站，读取日期：2022 年 12 月 3 日）。

不断出现。Mønnesland（2001）认为，新成立国家内部关于语言规划的不同主张，一般可以分为"温和派"和"激进派"。这一观点得到不同立场研究者的认可（Glušica，2010；Lakić，2013；Požgaj Hadži，2017），并被应用于克罗地亚、波黑、黑山等国家独立后的语言规划研究。从近年来黑山语言政策和规划的变化趋势可以看出，主张民族语言改革的"激进派"影响力日增，几乎成为黑山语言规划的实际执行者，其主张具有明显的语言民族主义（linguistic nationalism）倾向。民族主义者以语言为手段，凝聚和强化本民族的民族意识，增强民族成员之间的认同感（陈平，2008），并以此为基础建立或巩固以本民族为主体的现代民族国家（王莹，2009）。黑山官方语言名称与国名、主体民族的名称实现统一，便是语言民族主义的体现。

2 语言民族主义主导下的黑山语言身份建构

语言具有交际（同化）和标识（异化）的双重功能。它首先是表情达意的工具，是文化传承的重要载体。另一方面，语言是表示所属群体的直接标志，反映其民族和国家身份（赖特，2012）[45]。因此，语言常常成为民族政治诉求中的重要内容，被认为是民族主义的核心，语言民族主义则指一种以语言为工具的民族主义政治理念和活动（陈平，2008）。它是以维护本族语言为契机，排斥外来语言文化的影响，推动民族主义运动和国家独立的现象（李小娟 等，2019）。语言民族主义运动可分为"分裂型"和"整合型"两类（徐琳 等，2019），前者指在统一的多民族国家内，某些族群以语言为由谋求分裂或自治；后者指在以统一民族语言为手段谋求民族解放或超民族共同体的建立。戴曼纯和朱宁燕（2011）、董希骁（2019）、哈吉等（2019）等学者指出，前南斯拉夫时期的黑山语言民族主义主要体现出"分裂型"特征。相对而言，后南斯拉夫时期的黑山语言身份建构以及其语言规划举措，则体现出"整合型"特征，同样是语言民族主义运动的典型。

在追求民族独立的过程中，语言可以用来界定种族差异；民族独立后，语言加以推广后可以形成民族主义所需的全国性交际共同体（赖特，2012）[9]。从南斯拉夫独立出来的黑山将语言民族主义奉为圭臬，期望通过强化语言差异、强调官方语言独立性等方式来构建和巩固国族认同（董希骁，2019）。民族主义的语言建构，实质上是利用语言的文化符号属性，激发国民的爱国精神，释放公民政治热情。

2.1 "温和派"与"激进派"之争

将语言的交际功能和身份认同功能结合起来的愿望是语言规划的核心，这对于民族建构至关重要（赖特，2012）[8]。但对于黑山语言身份建构应采用何种理念，"温和派"和"激进派"长期各执一词。

　　"温和派"以坐落在尼克什奇市（Nikšić）的黑山大学语言学院（Filološki fakultet Univerziteta Crne Gore u Nikšiću）为中心机构，又称"黑山大学语言学派"或"尼克什奇学派"，代表人物是语言学家格鲁什卡（Rajka Glušica）。这一派别主要由语言学专业人士、学者组成，主张在语言政策制定和语言改革方面，应该对斯拉夫语言文化的共同基础持包容态度，确保本国语言在历史、文化、文学等层面的功能统一（董希骁，2019）。该大学语言学院将本国语言专业设置为"黑山语言及南部斯拉夫文学"，它是从"塞尔维亚语言及南部斯拉夫文学"专业分设出来的，体现了传统延续性和理念包容性。在实践层面，"温和派"主张以语言科学的基本规律为依据，以社会共识为基础，以语料库为资源，采用克制而渐进的方法实行语言改革，改革必须与大多数社会群体相对应（Glušica，2010）。近年来，"温和派"在黑山国内的支持者越来越少，其竞争者"激进派"却声势渐长。

　　在主要由作家、政治家和社会活动家组成的"激进派"的眼中，官方语言问题不是单纯的语言学问题，而是意识形态问题。"激进派"以坐落在黑山古都采蒂涅市（Cetinje）的黑山语言文学研究所（Institut za crnogorski jezik i književnost，ICJK）为中心机构，所以又称"采蒂涅语言学派"，其代表人物是被称为"黑山学（montenegristika）之父"的尼克切维奇（Vojislav Nikčević，1935-2007）。他认为："没有一个民族，没有一个国族，没有一个国家可以脱离自己的语言而存在，黑山民族也不例外。如果没有黑山语，那就不可能有黑山这个国家，甚至连黑山这个民族也难以幸存。"（Glušica，2020）这一论断显然是对德国浪漫民族主义者费希特（Johann Gottlieb Fichte）思想（第一，操有一种原有的语言的人们便是民族；第二，作为民族必须操有一种原有的语言）（转引自凯杜里，2002）[61] 的本土化应用。它把语言与民族、国家紧密捆绑在一起，极力彰显独立民族国家的合法性。尼克切维奇去世后，黑山语言文学研究所现任所长契尔吉奇（Adnan Čirgić）成为"激进派"的领军人物，并于 2019 年获得黑山文化部颁发的"杰出文化人物奖"。

　　"激进派"的主张和做法得到了国家层面的支持，尤其是在国家独立后，以黑山共和国教育和科技部、文化部为代表的政府部门在制度设计、机构设置和资金支持方面都向其倾斜。例如，教育部 2004 年将中小学的语文科目由"塞尔维亚文学语言"更名为"母语与文学"，政府还在 2014 年通过决议，支持"激进派"成立黑山语言文学研究所并开设黑山语专业，拨款支持"激进派"提出的多项语言规范方案。在官员任用上，政府也更青睐"黑山语口音纯正者"（Požgaj Hadži，2022）[137]。作为学术和文艺领域权威机构的黑山科学艺术院、黑山马蒂查文化协会（Matica crnogorska）和黑山作家协会都是"激进派"的支持者。可以认为，"激进派"实际上已成为黑山语言规划的主体方。

2.2 "激进派"主导下黑山语言身份建构的特点

　　"激进派"的理念和政策都体现了较为强烈的语言民族主义倾向。在国家获得独立后，其首要任务是撇清黑山语和塞尔维亚语的关系。格鲁什卡指出，"激进派"语言民族主义者遵循浪漫民族主义思想，运用"民族神话"模式来对黑山语言的身份进行建构（Glušica，2011），体现出以下几点特征。

一是强调"语言纯洁性"。黑山的语言民族主义者称黑山语是纯洁的、本土的、独特的语言，与塞尔维亚语之间不存在亲缘关系，进而否认南部斯拉夫民族语言的共同起源。凸显语言差异，划清语言界线的目的是为了确认黑山语作为纯洁的独立语言而存在的合法性，为进一步差异化建构奠定基础。在实践层面，"激进派"奉行"拟古主义"，主张以《山地花环》（*Gorski vijenac*）①等传统文学文本的蓝本，将黑山语言恢复到 150 年前（即与塞尔维亚结盟之前）的状态，并且通过人为干预语言形态扩大黑山语与塞尔维亚语的差异。

二是塑造自身"受害民族"形象。语言民族主义者称黑山民族是历史的受害者，其语言一直承受着外部文化（塞尔维亚文化）和制度（南斯拉夫语言政策）的威胁、压迫、篡改和破坏，自身发展因此受到长期阻碍（Glušica，2011）。一方面，受害者身份能够为黑山民族语言发展的滞后提供了较为合理的解释；另一方面，受害者身份意识还能使个体恐惧升级为排外的民族情绪，为确立文化"他者"埋下伏笔。

三是确立"民族敌人"，即"外部他者"。一个民族如果是受害民族，那找出施害者，确立反对情绪和反抗意图就十分有必要（Glušica，2011）。由于黑山和塞尔维亚在历史上有着复杂而紧密的关系，在黑山语言民族主义的叙事中，塞尔维亚是强势的施害者，是永恒的文化敌人。"激进派"认为，在与塞尔维亚结盟的一百多年里，黑山都接受着塞尔维亚"语言一元主义"的影响，抵受着塞尔维亚文化的同化，被迫承认塞尔维亚语为自己的官方语言。这导致黑山语长久以来成为"被流放者"，其地位得不到承认。"激进派"语言民族主义者认为这是"历史的不公"（Glušica，2011），因而寻求复兴黑山语。

四是确立"内部敌人"，即"内部他者"。民族主义需要外部敌人，同时也需要背叛民族利益和国家荣誉的内部敌人，这一角色应由那些未表现出激进的黑山语言认同、不支持激进的黑山语言政策的文化保守主义者来承担。"温和派"主张承认黑山语与塞尔维亚语有共同语言基础，承认南部斯拉夫民族文学共同传统，被"激进派"视为国家的"叛徒"，即内部敌人（Glušica，2011）。语言民族主义者将民族语言和爱国主义捆绑在一起，主张批判或惩戒未能表现出"语言正确"和"民族正确"立场者。

语言作为民族和国家的重要象征，被民族主义者用作建构民族的工具，其目的在于表达对政治权利的追求。语言民族主义意识形态成为黑山语言政策和规划

---

① 黑山统治者、诗人佩塔尔·涅果什（Petar Njegoš）写于1847年的诗剧，讲述黑山人反抗奥斯曼土耳其帝国统治的故事。这一作品被认为是黑山语言和民族文化的权威体现。

的基础，对语言文化发展和社会政治进程造成了显著的后果，其引发"狭隘民族主义"或"沙文主义"的可能性也引发了越来越多的担忧（Glušica, 2020）。

3 黑山的语言规划

作为社会语言学的一个重要分支，语言规划在 20 世纪 60 年代受到越来越多关注，相关概念不断得到修订，研究内涵不断被扩大。1969 年，德国语言学家 Kloss 提出了语言规划研究的二分法，即地位规划（status planning）和本体规划（corpus planning），为相关研究提供了理论基础和框架（Kloss, 1969）。80 年代，语言规划研究从宏观层面深入到微观层面，Cooper 将语言习得规划（acquisition planning）加入"本体规划—地位规划"二分体系中（Cooper, 1989）[33]。Haarmann（1984）将语言生态参数纳入语言规划研究之中，增加了声望规划（prestige planning）这一新的维度。其中，地位规划和本体规划是基础和重点，习得规划和声望规划概念的产生相对较晚。黑山语作为一门"新生"的语言，地位规划和本体规划是黑山政府关注的重点，本文将围绕这两个方面进行论述。

3.1 黑山的语言地位规划

冯志伟（2000）指出，地位规划就是决定某种语言或文字在社会交际中的地位。它一般要借助于政治的力量来进行。对官方语言的法律地位进行观察，是对其地位规划进行确认的最直接方式。将黑山语作为独立标准语言开展"正名运动"的想法早在 20 世纪 60 年代就已出现，但影响有限。直到 20 世纪 90 年代南斯拉夫联邦共和国解体以前，黑山仍与联邦保持一致，以塞尔维亚—克罗地亚语作为共和国的官方语言。随着南联邦的解体，斯洛文尼亚、克罗地亚、马其顿和波黑相继宣布独立，唯有黑山通过全民公决，选择留在与塞尔维亚共同的国家中（改国名为南斯拉夫联盟共和国，2003 年更名为塞尔维亚和黑山）。鉴于新的国家语言不再使用塞—克语的名称，黑山的官方语言的名称也随之从塞—克语调整为"塞尔维亚语的'伊耶'化方言"。2006 年黑山与塞尔维亚独立，2007 年颁布的新宪法将官方语言命名为"黑山语"，实现以国家主体民族的名字来命名官方语言的夙愿。从"塞—克语"到"塞尔维亚语'伊耶'化方言"再到"黑山语"，勾勒出了分裂型语言民族主义在联邦制国家解体过程中的发展轨迹（董希骁，2019）。

在上述演变历程中，改变的只有语言名称，语言本身并没有发生显著的变化。如果从语音、词汇、语法结构和文学传统等语言要素进行考察，从塞—克语分别独立出来塞尔维亚语、克罗地亚语、波斯尼亚语和黑山语四者之间的差别很小，并不能对人们的沟通构成明显的障碍。所以，在语言名称的问题上，起作用的并不是语言的交际（同化）功能，而是象征（异化）功能。随着时间的推移，它们作为"民族独特性见证"的象征意味越来越浓。黑山语不断上升的法律地位，反映了语言认同不是一成不变的，会随着个体和社会所受到新的意识形态影响而发生改变。

语言的相似性，为黑山的语言政策带来了一定宽松度。2007 年颁布的宪法虽然将黑山语规定为官方语言，但并未将塞尔维亚语、克罗地亚语、波斯尼亚语排除在外，而是允许这三种语言与阿尔巴尼亚语一同，可作为"官方使用"。"官方使用"的提法同样出现在塞尔维亚、克罗地亚和波黑等国宪法中，旨在用"官方语言"和"官方使用"并行的方式来解决因多民族混居带来的政治分歧和语言冲突，更好地通过语言平等来体现民族平等。此外，在塞尔维亚语、克罗地亚语、波斯尼亚语、黑山语四者的边界尚未被清晰定义时，这样的提法某程度上模糊了它们的差异，提供了一定的操作便利性。尽管黑山官方并未对"官方语言"和"官方使用"加以澄清，但它们并不是平等或相同的，而是有着明确的主次之分：通常情况下"官方语言"拥有更高的权威性，这已经是一种不成文的共识（Lakić，2013）。

3.2 黑山的语言本体规划

本体规划指的是对语言文字本体进行改造和完善，即规范化、标准化的有关举措。通过语言设计与发展进行区分的"自主的语言"历程是许多 19 世纪的民族主义规划的中心要点（赖特，2012）[48]。20 世纪 90 年代起，为了区别"他者"和标榜"自我"，正字法、语法、词典等语言工具书的编制和出版，被认为是标准语制定的重要途径。在这一过程中，黑山语言民族主义者以"受害者"的身份自居，迫切希望摆脱南斯拉夫语言政策对黑山语言文化的"侵蚀、威胁和压迫"，致力于其"恢复"与"护养"，进而让语言成为民族与国家的重要象征，这成了黑山语言规划的出发点。相关学者在正字法、词汇、语法结构调整方面付出了巨大努力，致力于从本体规划层面实现语言分化，以取代南斯拉夫时期方言连续体的单一语言形式方案。

3.2.1 字母表和正字法

为彰显黑山语作为独立语言的合法地位，"激进派"强调的"语言纯洁性"在《黑山语言正字法》（*Pravopisa crnogorskog jezika*，以下简称《正字法》）修订和出版中得到了充分体现。

语言差异的第一个标记就是字母表。赖特指出，如果一个方言连续体内的某一种方言使用一种字母表，而其相邻的方言使用另一种，那么，这两种语言的差异是很明显的（赖特，2012）[49]。黑山在字母改革方面的举措非常坚定。现行的《正字法》于 2009 年出台，由"激进派"代表契尔吉奇主持修订。新正字法的主要特点是引入了两个全新的字母 ś 和 ź，以代替早已存在的字母组合 sj 和 zj。这样一来，黑山语的字母表就有 32 个，与其 32 个音素一一对应，比塞尔维亚语、克罗地亚语的 30 个要多，从而彰显了黑山语的特征。一些词汇随之改写，如 sjekira（斧头）改为 śekira，zjenica（瞳孔）改为 źenica。不过，新字母的出现还引发了其他语言学问题：如果像民族主义语言学家所希望的那样，不仅要将 ś 和 ź 确认为独立字素，还要把它们确立为独立音素的话，那么影响就会很复杂——在别的字母上出现的类似语音现象是否也需要按照此语音规律，在书写上进行重新定义？如 tjerati（逼迫）是否要改写成 ćerati，而 djeca（孩子）是否要改写成 đeca（Lakić，2013）[145]？可见，此类改变可能会给黑山语的规范化带来不可控的影响，然而深入专门的语言学专题研究目前还比较缺乏，不足以提供充分的学术支撑，各界的争论仍在继续。

另一方面，《正字法》还体现出明显的"拟古主义"倾向，如在标点符号、字母大小写方面，过多使用 19 世纪文本作为例子。"激进派"试图以这样的方式彰显黑山语言的悠久历史和文学传统，然而这与现代语言的普遍规律不太一致，容易引起人们不必要的困惑，难以成为日常语言实践的参照。

关于《正字法》的争论还集中于它的合法性。在其出台前，"温和派"也曾向黑山共和国教育和科技部提交过一份修订正字法的提案，建议延续当时的正字法传统，基于统一的塞 – 克语来构建黑山语变体（Glušica，2020）[83]。然而，教育和科技部在未对"温和派"和"激进派"的提案进行公开论证，也未向公众征求意见的情况下，径直采纳了"激进派"的提案为通用正字法并予以公布。因此，单是在行政程序上，这部正字法的权威就没有得到专业人士和普通公众的认可。其直接结果是不同政府部门、媒体、公共单位采用了不一致的正字法，书写方式各异，使公众无所适从。Požgaj Hadži 认为正字法规范存在"双重权威"：语言学家代表的语言权威体现在正字法规则的编写，而国家机构所代表的非语言权威（即行政权威）则体现在采纳与否的最终决定权，非语言权威在黑山明显高于语言权威（Požgaj Hadži，2017）。

3.2.2 语法著作

"激进派"所主导的黑山语言身份建构的另一特点是将塞尔维亚语塑造成"外部敌人"和文化他者，他们在语言本体规划中努力强调与塞尔维亚语的差异，排除语言中的塞尔维亚因素，这样的动机在《黑山语语法》（*Gramatika crnogorskoga jezika*，以下简称《语法书》）有明显的体现。

《语法书》2010 年由黑山共和国教育和科技部出版，次年被认定为黑山中小学的语文工具书。与《正字法》一样，这部语法工具书同样由契尔吉奇担任主编。有趣的是，编者团队的核心成员却是两位来自克罗地亚的语言学家。虽然号称"第一部真正的黑山语语法书，涵盖音位学、形态音位学、形态学、构词法、句法学和功能风格等多方面内容"，但批评者认为它不过是对 2007 年出版的《克罗地亚中学和高等学校语法》（*Gramatikai hrvatskoga jezika za gimnazije i visoka učilišta*）

的翻抄，仅将书中的"克罗地亚语"字样替换成"黑山语"，其唯一目的是强调与塞尔维亚语语法的差异（Glušica，2011）[327]。由于它与克罗地亚语语法严重趋同，似乎又走向了另一个极端，同样无法彰显黑山语言的语法特征。

更有普遍代表性的观点认为，塞尔维亚语、克罗地亚语、波斯尼亚语和黑山语的语法实质上就是相同的，不同的只是语法术语，以及个别方言因素。比如，这些语言的名词都有七个格，其中方位格在塞语中被称为"第七格"，而在克语和黑山语中被称为"第六格"，但是词形变化规律是一样的。不过，对于黑山语言民族主义者来说，《语法书》作为黑山语言的"使用说明书"，具有重大的意识形态和政治价值，其意义不言而喻。

3.2.3 词典

2011 年，黑山科学艺术院语言文学研究所与黑山大学语言学院开始合作编写《黑山民族语言和文学语言大词典》（*Rječnik crnogorskog književnog i narodnog jezika*，以下简称《大词典》）。《大词典》计划分 12 册，其中第 1 册于 2016 年推出，共含 12,018 个词条。与《正字法》和《语法书》不同，《大词典》的编撰是由"温和派"主导的。《大词典》一经面世，"激进派"的支持者黑山马蒂查文学协会即提出批评，相关争议不断扩大，最终升级为一场涉及阿尔巴尼亚族、波什尼亚克族等少数民族权利和政治利益的冲突。"温和派"作为"内部敌人"，遭到了语言民族主义者的攻击。

词条"阿尔巴尼亚化"（albanizacija）是这场冲突的导火索，《大词典》的释义为："将阿尔巴尼亚语言、文化和习俗强加于（nametanje）其他民族的现象"。而另外一个类似词条"巴尔干化"（balkanizacija）的解释则为："将巴尔干民族语言、文化、传统特征内化（usvajanje）的现象"。[①] 相比之下，"阿尔巴尼亚化"释义中的措辞"强加于"似乎带有敌对色彩，引起了阿族及普通民众的强烈不满。114 名知识分子联名向黑山科学艺术院写公开信，要求召回《大词典》。在黑山国家议会上，阿族议员联合其他少数民族议员就此问题提出严正抗议。议会裁定要求黑山科学艺术院召回《大词典》，对争议内容修订后重新出版。但是黑山科学艺术院表示拒绝，称"（《大词典》中）语言的修改理由应基于语言学，而非意识形态。专业的学术活动不应向政治妥协"。[②] 事件后来不了了之，但人们注意到，《大词典》中的释义和例证同样反映出编者的意识形态。从词条"阿尔巴尼亚化"这个例子可以看出，"温和派"作为《大词典》的主编，似乎有污名化阿尔巴尼亚的倾向。

---

① 资料来源于 Portalanalitika 网站（读取日期：2022 年 8 月 16 日）
② 资料来源于 Vijesti 网站（读取日期：2022 年 8 月 16 日）。

4 结语

赫尔德（Johann Gottfried Herder）以语言为导向，提出"语言民族"的概念，指出语言是民族精神、民族灵魂以及民族性格的表达（转引自李睿，2020）。费希特则认为一个民族必须讲一种原初的语言，其语言越纯洁，它就越自然，这个民族认识它自身和提高其自由度就越容易（转引自凯杜里，2002）[61]。他们的主张成为语言民族主义的思想核心，并且在世界民族运动中产生了广泛影响。现代民族国家的建构一直强调语言的符号作用，黑山共和国视黑山语为民族国家认同的重要符号，并且在语言规划过程中不断强化这一认同。黑山的语言民族主义者主张通过人为扩大语言差异来建构"纯洁语言"，以表达对意识形态和政治权利的追求。在语言规划方面，近年来秉持语言民族主义立场的"激进派"在与"温和派"的竞争中逐渐占据主导，并在政府支持下逐步掌握黑山标准语言的"编码权"。

然而，由于黑山语与塞尔维亚语、克罗地亚语以及曾经的塞—克语之间存在着复杂的历史关联和文化纠葛，纠缠着同样复杂的民族因素和社会诉求。在黑山的语言规划过程中，语言民族主义者极力想把新的语言与它曾经所处的历史时期和历史状态相分离（董希骁，2019），从而建构语言的"独立性"和"纯洁性"。尽管宪法对官方语言进行了规定，《正字法》《语法书》《大词典》等语言工具书逐步面世，但是除了官方语言得到"正名"外，语言规范化并没有取得全社会的一致认可。在语言民族主义的主导下，新字母的创造、"拟古主义"、照搬克罗地亚语语法等举措短期内尚无法与语言生活现实完全适配。此外，政府部门、学术机构、文化组织之间在语言政策上缺乏沟通，在语言规划方面缺乏合作，也是造成黑山语言标准化难以推进的重要原因。

随着南斯拉夫的解体，黑山、塞尔维亚、克罗地亚、斯洛文尼亚、波什尼亚克等南部斯拉夫民族之间失去了统一的融合中心，共同的文化身份日益淡化，其语言、文化、传统习俗正出现进一步分化。可以预见，在语言民族主义占据上风的情况下，黑山的语言身份建构和语言规划很有可能会继续往激进的方向发展。

参考文献

安德森，2016. 想象的共同体 [M]. 吴叡人，译. 上海：上海人民出版社.

陈平，2008. 语言民族主义：欧洲与中国 [J]. 外语教学与研究（1）：4-13+80.

戴曼纯，朱宁燕，2011. 语言民族主义的政治功能——以前南斯拉夫为例 [J]. 欧洲研究（2）：115-131+160-161.

董希骁，2019. 从语言名称争议看中东欧语言民族主义新动向 [J]. 国际论坛（1）：143-154+160.

冯志伟，2000. 论语言文字的地位规划和本体规划 [J]. 中国语文（4）：363-377+383.

哈吉，布尔茨，彭裕超，2019. 原南斯拉夫地区的语言身份和语言政策 [J]. 语言政策与规划研究（1）：1-16+105.

凯杜里，2002. 民族主义 [M]. 张明明，译. 北京：中央编译出版社.

赖特，2012. 语言政策与语言规划——从民族主义到全球化 [M]. 陈新仁，译. 北京：商务印书馆.

李睿，2020. 论赫尔德的历史语言观 [J]. 古典学研究（1）：35-51+193.

李小娟，叶伟伟，2019. 语言民族主义视野下的孟加拉国独立运动 [J]. 南亚东南亚研究（3）：106-122+156-157.

王莹，2009. 试论 19 世纪至 1945 年间的德国"语言民族主义" [J]. 徐州师范大学学报（哲学社会科学版）（6）：65-67.

徐琳，王新刚，2019. 试论语言民族主义的民族国家整合建构和分裂解构 [J]. 外国问题研究（1）：81-90+120.

COOPER R, 1989. Language planning and social change[M]. Cambridge: Cambridge University Press.

GLUŠICA R, 2010. Crnogorski jezik u čeljustima nacionalizma[J]. Riječ (nova serija), (4): 25-45.

GLUŠICA R, 2011. O novousvojenoj gramatici crnogorskog jezika[C]. U: Njegoševi dani 3. Međunarodni naučni skup: zbornik radova. Nikšić: Univerzitet Crne Gore: 317-329.

GLUŠICA R, 2020. Crnogorski jezik i nacionalizam[M]. Beograd: Bibioteka XX vek.

HAARMANN H, 1984. Sprachplanung und prestigeplanung[J]. Europa Ethnica, 41(2): 81-89.

KLOSS H, 1969. Research possibilities on group bilingualism: a report[R]. Quebec: International Center for Research on Bilingualism.

LAKIĆ I, 2013. Jezička slika Crne Gore[A]// Jezik između lingvistike i politike. Beograd: Bibioteka XX vek. 133-158.

MØNNESLAND S. 2001. Sociolingvistička situacija deset godina poslije raspada Jugoslavije[A]// Jezik i demokracija (ur. S. Mønnesland). Sarajevo: Institut za jezik: 17-24.

POŽGAJ HADŽI V, ur., 2013. Jezik između lingvistike i politike[M]. Beograd: Biblioteka XX vek.

POŽGAJ HADŽI V, Balažic Bulc T, 2017. Jezična restandardizacija i politika (na primjeru pravopisnih previranja u Hrvatskoj)[A]// Njegoševi dani 6. Međunarodni naučni skup: zbornik radova. Nikšić: Filološki fakultet, Univerzitet Crne Gore: 271-286.

POŽGAJ HADŽI V, Balažic Bulc T, 2022. Formiranje jezika i njegovo rastakanje: od srpskohrvatskoga do hrvatskoga, srpskoga, bosanskoga i crnogorskoga[M]. Ljubljana: Znanstvena založba Filozofske fakultete Univerze v Ljubljani.

作者简介

彭裕超，博士，北京外国语大学欧洲语言文化学院塞尔维亚语专业讲师。主要研究领域：塞尔维亚语语言文学、中国与中东欧国家文化关系、巴尔干国家语言政策。电子邮箱：pengyuchao@bfsu.edu.cn。

（责任编辑：张虹　王伶）

《家庭语言政策与规划的儿童视角》评介[*]

上海外国语大学　语言研究院/中国外语战略研究中心　**吕梦婵**

中国地质大学（武汉）　外国语学院　**汪卫红**

1　引言

　　近年来，随着城市化、国际化的不断推进，中国多言多语家庭日益增多。来自不同语言文化背景的人组建的家庭往往面临更复杂的语言选择和语言教育问题，关注这些家庭的语言规划有重要的现实意义。早在 20 世纪 70—80 年代，家庭作为经典语言政策研究的微观面开始引起学界关注（Cooper，1989；Fishman，1970）。进入 21 世纪以来，随着国际交流和人口流动的增强，家庭语言政策（亦作家庭语言规划或家庭语言政策与规划）迅速发展成为一个独立的研究领域（Curdt-Christiansen et al.，2020；Smith-Christmas，2016a），集中探讨家庭语言规划与儿童语言能力发展之间的关系（方小兵，2018；尹小荣 等，2017）。研究希望回答"什么样的家庭语言政策能够使儿童成功习得某种语言"这一问题（Lanza，2004）。在这样的导向下，判断家庭语言政策成功与否的标准往往聚焦在儿童的语言习得成效上。除了语言表现外，家庭语言政策对儿童心理、情绪和认知的影响均有不同程度的关注（如 De Houwer，2017；Schwartz et al.，2013）。然而，这些研究大多以父母为主要的数据收集对象（Hollebeke et al.，2020）。尽管儿童是家庭语言政策的重要主体，因其年龄偏小，数据收集困难，鲜有研究以儿童为视角展开。斯普林格出版社 2020 年出版的英国学者 Sonia Wilson 的学术专著《家庭语言政策与规划的儿童视角》（*Family Language Policy: Children's Perspective*）在一定程度上弥补了这一空缺。该著作以儿童为出发点，通过对六组跨国婚姻家庭儿童双语成长经历长达三年的跟踪研究，详细呈现了家庭语言规划对儿童语言态度、语言实践，以及家庭关系的影响。儿童视角是对现有家庭语言政策研究的有益补充，对该领域的拓展乃至宏观语言政策研究均有深远意义，特在此评介该书。

2　主要内容

　　《家庭语言政策与规划的儿童视角》全书共五章。第一章是开篇，主要介绍课题的研究背景。作者首先亮明研究对象，指出日益频繁的跨国流动催生了众多

---

*　本研究系北京高校高精尖学科"外语教育学"建设项目（项目编号：2020SYLZDXM011）和中国外语战略研究中心–外教社"世界语言与文化研究"项目（项目编号：WYZL2022SH0011）的阶段性研究成果。

跨国婚姻和多语家庭,本研究聚焦父母一方的母语为居住地主流语言(majority language),而另一方为小族语言(minority language)的双语家庭。相较于父母均来自同一文化和语言背景的情况,此类家庭更容易出现强势语与弱势语地位不平等、发展不均衡现象,其家庭语言选择和祖语传承也因此面临更大的困难与挑战,尤其需要关注。接着,作者简要回顾了家庭语言政策领域的形成发展过程和领域内核心概念的界定,并从父母的语言意识、语言态度、语言实践、语言管理以及儿童的祖语习得和多语家庭面临的挑战等方面梳理了现有家庭语言政策领域研究文献。在梳理过程中,作者重点反思了将父母看作家庭语言政策的制定者、孩子作为政策的被动接收者和执行者这一研究理念的局限性,特别指出关注儿童语言态度、观点和情感的必要性。鉴于此,第一章文末引出本书的研究课题,并简要阐明本研究的目的和意义。作者指出,该研究主要目的是探究双语儿童对家庭语言政策的看法以及松紧家庭语言政策对双语环境中儿童成长各方面的影响。研究对促进现有家庭语言政策研究从聚焦父母向聚焦儿童的转向有积极意义。

第二章着重介绍本研究的研究方法和数据收集与分析过程。研究采用多重个案的研究方法,选取六个生活在英国的英法双语家庭为研究对象。多重个案能够帮助研究者通过比较不同参与对象,获得更有价值的发现(Yin, 2009)。通过对英国境内 22 所法语补习学校、共 164 人的在线调查,寻找到六个愿意参加研究的家庭,这六个家庭分别来自英国三个不同的地区,在家庭语言规划方面也各有特点。在数据收集方面,作者运用多种质性研究数据收集方法,如面对面半结构化访谈、邮件往来、家庭自然对话的观察和录音等。值得一提的是,基于儿童的心理和表达特点,作者创新使用了视觉刺激(visual stimuli)和语言画像(language portrait)两种研究工具来收集数据。视觉刺激指使用图片或视频等媒介帮助研究对象更好地参与访谈并表达原本难以表达的想法。本研究中,作者主要通过让被调查者对九幅生活场景图片进行表述和为被调查者提供表示"积极 / 中立 / 消极"三种态度的表情图片两种视觉刺激方法,来帮助儿童表达自己的情绪和态度。语言画像则是鼓励儿童通过绘画表达感受和认知。在本研究中,作者给被试一个代表他们自己的人物剪影,请他们想象生活中会出现的语言,并为每一种语言选涂颜色。必要时作者也会就一些细节进行提问,例如,鼓励孩子们为画像添加文字注释或进行口头描述。通过涂色和画画,儿童得以表达出对英法两种语言在自己生活中扮演角色的认知。而且,这种方法能够直观地显示出孩子们对两种语言的偏好,例如认为自己是一个"英语人"或是"一半英国人一半法国人"。最后,借助质性数据分析软件 Nvivo 11,访谈和语言画像收集的数据在主题分析法(Thematic Analysis, TA)指导下,从语言实践、语言管理和语言意识形态三方面进行了分析解读。

第三章以家庭为单位,详细介绍了六组家庭儿童的语言生活实践、语言态度和情感体验。六组家庭中有三组在儿童语言培养中执行"一人一语"(One Parent

One Language）政策，一组家庭采取法语单语政策，另外两组采取相对灵活的英法双语政策。然而，在"一人一语"家庭中，虽然父母能够坚持只与孩子使用单语交流，从家庭对话中仍可看出，大部分孩子会偏好使用英语，并更多与使用英语的父母一方交流。在语言态度和信念方面，六组家庭中，讲法语的父母一方对儿童的法语习得更具责任感，参与度也更高。父母对于双语主义以及儿童语言教育的定义和态度会直接影响其家庭语言政策的制定，采取"一人一语"政策或法语单语政策的家长一般对于语言混用和儿童语法错误的容忍度都较低。该章节最重要的部分是儿童对祖语的态度以及儿童对父母语言管理的认识。该部分主要围绕儿童的访谈数据、视觉刺激反馈结果以及对语言画像的解读展开。该部分数据表明，所有儿童，即便是年龄最小的孩子（6岁），都能意识到父母的语言管理，并构建自己对于祖语和双语主义的理解和认同，而父母则经常忽略或误解孩子的想法。六组家庭中的大部分孩子对法语态度积极，能够意识到法语承载的情感与文化意义，或将法语作为优势资源，在学校的法语学习中获得积极体验。尽管如此，这些孩子普遍对父母严格的法语政策持消极态度，因为他们生活在英语为主流语的国家，所以更倾向于使用英语这种对他们来说"更简单"的语言。而且，因为不生活在说法语国家，法语使用有限，他们对自己的法语能力并不自信，常常不敢或不愿与他人使用法语交流，甚至有部分儿童出现祖语焦虑症状。

第四章综合六组家庭的研究发现，并据此展开讨论。本章首先对比了父母和儿童对家庭语言政策的看法。作者指出，倘若不在家庭中公开讨论，父母不关心儿童的感受，或仅通过猜测、观察来理解子女对祖语和其家庭语言管理的态度，就很有可能导致误解甚至冲突，影响家庭和谐。因此，作者在本章中特别强调了一家人共同讨论家庭语言管理规划的必要性。其次，作者进一步区分了儿童的语言态度和语言偏好两个概念，并用实际语料对二者之间的不一致性进行了阐释。儿童对法语持积极态度，在某些场景下愿意使用法语，而在更多时候偏好使用英语。双语环境下成长的儿童会根据场景和经验自然地调动自己的语言能力，这其中也包括英语和法语的混用。这一现象提示我们，在探讨双语儿童的语言态度和语言偏好时，应当避免完全将两种语言分离和对立起来的预设，以整体视角观察儿童的语言使用。第四章最后一部分讨论了家庭语言政策对孩子的影响。作者指出，太过严厉的语言管理可能导致孩子对某种语言的抗拒或对语言管理行为本身的抵触，还可能影响其对自己未来语言实践的预期，即希望将来脱离父母掌控后不再使用某种语言。同时，严格的语言管理也有可能激发某些负面情绪，影响家庭关系。例如，禁止使用英语与小族语父母交谈会降低孩子与父母的沟通数量和质量。由于孩子并不常向父母表达自己对于家庭语言政策的不满，父母往往因此忽略孩子的负面情绪。作者由此强调，父母需要多关心成长在多语环境中的儿童的心理健康，将健康的情绪和家庭关系作为家庭语言政策目标的一部分，通过灵活合理的方式推动建立一个和谐的双语发展环境。

第五章既是对该研究的总结，也是本书的结语。本章首先总结了该研究的主要发现，并进一步阐释了该研究对多语家庭语言规划实践和研究的启示。对公众来说，第一，父母应与儿童一同讨论要如何使用和学习不同语言，而非自己独断专行。第二，父母应采取相对温和而又灵活的家庭语言政策，要既符合儿童双语混用的特点，又有利于建立和谐的亲子关系。第三，在移民家庭儿童祖语传承培养时，父母要认识到儿童独特的双语体验，允许成长于多语多文化环境中的儿童建立起自己的语言和文化认同。对研究者来说，本书通过实证展示了家庭语言政策中儿童视角的重要性，提供了儿童视阈下研究跨国双语家庭的思路和方法，启发未来的研究者更多地倾听儿童的声音，更关注家庭语言政策对儿童心理、情感等方面的影响。

3　简要评述

本书是对家庭语言政策领域一实证研究的完整汇报，该研究具有以下三个特点。

第一，研究视角新颖，为家庭语言政策研究领域的拓展做出了重要贡献。首先，该研究促进了家庭语言政策研究从父母中心视角向父母与儿童结合的视角转变。以往家庭语言政策研究大多聚焦在父母的语言管理策略制定和执行上，儿童常被看作是政策的被动接受者，而非自我塑造者。近年来，尽管有学者提出有必要重视儿童自己的选择和偏好，但相应的实证研究并不多（Crump，2017；King et al.，2013；Namazzi et al.，2014）。本研究指出儿童对父母的语言管理策略有自己的理解，为儿童视角的重要性增添了数据支持。此外，该研究引导家庭语言政策研究从单一追求儿童语言能力提升转向同时关注儿童语言、情感、心理等多维度上来。Smith-Christmas 在研究苏格兰盖尔语在少数族裔家庭中的传承问题时发现，当父母对儿童的语言使用做出严格规定时，盖尔语将与权威感建立联系，这会触发儿童的抵触情绪，导致较低的盖尔语使用意愿和使用率（Smith-Christmas，2014；Smith-Christmas，2016b）。但除此之外，关于情感因素的研究目前还不多，尤其是既关注父母的育儿体验，也关注双语环境中儿童的心理、情绪因素的研究。本研究不仅指出了儿童在管理自己语言方面的能动性，还揭示了不同家庭语言政策对儿童心理和情绪健康、家庭关系塑造的影响，大大拓宽了家庭语言政策研究的范围和研究路径。

第二，研究创新性地采取长期历时的研究设计，为后续儿童视角下的家庭语言政策研究提供了范例。该研究显示，家庭语言政策发生在家庭内部，有很强隐蔽性，需要与研究对象建立长期的联系，深入家庭内部收集数据。然而，多数研究的数据收集一般仅持续3—6个月，部分研究能够达到半年至一年，历时一年及以上的研究整体占比较少（Hollebeke et al.，2020）。家庭语言政策的影响因素及其作用机制十分复杂，短期的调查可能难以对其中的长期因素和影响给出可信可靠的解释。本书汇报的研究历时三年，对于家庭语言政策给儿童和父母带来的长期影响有较强的解释力，是对现有跨国多语家庭语言政策研究的有益补充。此外，作者为了让儿童顺利地表达自己的想法和观点，创造性地选择了语言画像和视觉刺激访谈这样的研究工具。且作者细致地记录了自己与作为研究对象的儿童初次见面、建立信任、观察与访谈等数据收集的全过程，使得研究的可信度与可复制性都大大增强。

第三，除学术参考价值外，该书还有更广泛的现实意义。语言既是交流的工具，也是情感的纽带，对于以小族语为母语的移民来说更是融入当地社会、维系亲情和联结源文化的桥梁。跨国移民家庭无论在家庭内外都面临着更为复杂的语言问题。本书汇报的研究课题能够为帮助移民家庭处理诸如祖语保持和双语教育等问题提供借鉴，尤其能帮助父母认识到儿童在家庭语言政策中的能动性，进而建立更能促进双语和谐发展的家庭语言政策。

然而，尽管本书有诸多贡献，它也存在一定局限性。正如本书作者提醒读者的，该研究中对于家庭的定义仍是传统意义上由父母和孩子组成的核心家庭，且六组案例均生活在英国，其代表性仅局限于传统欧洲中产阶级家庭，至于该研究结果的广泛性和普遍性还有待更多类似研究的加入。Smith-Christmas 指出，家庭类型单一是目前家庭语言政策领域研究普遍存在的不足（Smith-Christmas，2016a）。当今世界，跨国移民群体既有因工作、教育等需要而选择的主动移民，也有源于战争或灾害的被动移民。在家庭类型中，除了传统核心家庭，还有如包括祖辈的三代家庭、孤儿、领养、单亲、残障人士等非传统家庭。目前，已有研究开始关注这些不同的家庭类型，如 McKee 和 Smiler（2017）研究了聋儿的家庭语言政策和新西兰手语的语言地位与活力；Namazzi 和 Kendrick（2014）以乌干达农村地区孤儿家庭为研究对象，分析了这些特殊儿童的语言学习、使用情况和自身的文化与身份认同。未来的研究可以进一步关注非传统家庭的语言生活，在更丰富多元的语境中开展家庭语言政策研究。

4 总结

《家庭语言政策与规划的儿童视角》是家庭语言政策领域值得一读的新作。作者通过长期深入的多重个案研究，细致描绘了六个英法双语跨国家庭的语言态度、语言实践和语言管理行为，并重点分析了儿童的语言态度、对家庭语言政策的认识以及家庭语言政策对儿童心理、情绪和亲子关系的影响。研究发现，儿童对家庭语言政策有自己的观点和态度，父母应与儿童就家庭中的语言使用问题进行沟通，避免专制。此外，儿童对双语的理解是将两种语言放在一起综合考虑，而非割裂开来，单独处理的，这提示父母可以适当包容儿童的双语混用；严格的语言限制可能激起儿童的负面情绪，导致不和谐的亲子关系。虽然每个家庭的语言生态和语言规划都有其特点，但总体来说更加宽松灵活的政策更能为儿童创造积极的双语体验。该研究无论对研究者还是公众都有重要启示。一方面，作者提示研究者可以继续关注儿童的情感因素与家庭语言政策的关系，设计更多适用于儿童的研究工具，在更多元的家庭类型中开展研究。另一方面，对于正在祖语传承焦虑中挣扎的跨国移民父母来说，该书对儿童视角的描写和据此给出的建议也许能够帮助父母在双语教育中找到平衡，建立起能够促进双语和谐发展的家庭语言政策。

参考文献

方小兵，2018. 从家庭语言规划到社区语言规划 [J]. 云南师范大学学报（哲学社会科学版），50（6）：17-24.

尹小荣，李国芳，2017. 国外家庭语言规划研究综述（2000—2016）[J]. 语言战略研究，2（6）：68-79.

COOPER R, 1989. Language planning and social change[M]. Cambridge: Cambridge University Press.

CRUMP A, 2017. I speak all of the language[A]// Family language policies in a multilingual world: opportunities, challenges, and consequences. New York: Routledge.

CURDT-CHRISTIANSEN X L, HUANG J, 2020. Factors influencing family language policy[A]// Handbook of home language maintenance and development: social and affective factors. Berlin: Walter de Druyter: 174-193.

DE HOUWER A, 2017. Bilingual language acquisition[A]// The handbook of child language. Oxford: Blackwell: 219-250.

FISHMAN J A, 1970. Sociolinguistics: a brief introduction[M]. Ann Arbor, MI: Newbury House.

HOLLEBEKE I, STRUYS E, AGIRDAG O, 2020. Can family language policy predict linguistic, socio-emotional and cognitive child and family outcomes? A systematic review[J/OL]. Journal of multilingual and multicultural development, 1-32. https://doi.org/10.1080/01434632.2020.1858302.

KING K A, FOGLE L W, 2013. Family language policy and bilingual parenting[J]. Language teaching, 46(2): 172-194.

LANZA E, 2004. Language mixing in infant bilingualism: a sociolinguistic perspective[M]. Oxford, UK: Oxford University Press.

MCKEE R, SMILER K, 2017. Family language policy for deaf children and the vitality of New Zealand sign language[A]// Family language policies in a multilingual world. New York: Routledge.

NAMAZZI E, KENDRICK M E, 2014. Multilingual cultural resources in child-headed families in Uganda[J]. Journal of multilingual and multicultural development, 35(7): 724-737.

SCHWARTZ M, VERSCHIK A, 2013. Achieving success in family language policy: parents, children and educators in interaction[A]// Successful family language policy. Dordrecht: Springer.

SMITH-CHRISTMAS C, 2014. Being socialised into language shift: the impact of extended family members on family language policy[J]. Journal of multilingual and multicultural development,

35(5): 511-526.

SMITH-CHRISTMAS C, 2016a. Family language policy: new directions[A]// Family language policies in a multilingual world. New York: Routledge.

SMITH-CHRISTMAS C, 2016b. Family language policy: maintaining an endangered language in the home[M]. Basingstoke, UK: Palgrave Macmillan.

YIN R K, 2009. Case study research: design and methods [M]. 4th ed. Thousand Oaks, CA: Sage Publications.

作者简介

吕梦婵，上海外国语大学语言研究院/中国外语战略研究中心在读博士研究生。主要研究领域：语言政策与语言教育。电子邮箱：lyumengchan@shisu.edu.cn。

汪卫红，中国地质大学外国语学院教授。主要研究领域：社会语言学、语言教育、语言政策。电子邮箱：wangwh@ cug.edu.cn。

（责任编辑：张天伟）

《城市接触方言与语言变化：
全球南北部视角》评介[*]

湘潭大学　外国语学院　**李素琼　姚亚玲**

1 引言

　　语言接触引发语言变化是社会语言学研究关注的核心内容。劳特利奇（Routledge）出版社自2019年以来共出版了5部语言变化研究（Routledge Studies in Language Change）系列丛书[①]，展示了对世界各地大量言语社区（speech community）语言变化纵向和短期模式的研究，从扎根于言语社区的实证调查研究案例中概述出深刻的理论见解，为调查语言变化社会基础的定量研究提供了方法指导，促进了人们对语言变化的理解。系列丛书基于社会认同理论、社会网络理论、语言变化模型、儿童语言习得、多语研究、语言接触、语言传播和语言更换等多种理论框架，鼓励跨学科研究，特别是探索社会语言学与形式语言学、历史学、人文地理学、文学或人类学等邻近学科接口。2022年3月出版的《城市接触方言与语言变化：全球南北部视角》（*Urban Contact Dialects and Language Change: Insights From the Global North and South*）对全球南北部城市接触方言进行系统比较研究，探讨撒哈拉以南的非洲及欧洲西北部主要城市方言的产生和发展。全书聚焦于当代城市环境，揭示大规模移民背景下形成的新的语言实践（language practice）和混合说话方式（mixed way of speaking），以及当代城市环境中产生的新方言和原有语言或方言之间的密切接触。通过对非洲和欧洲各城市新的语言变异和变化模式的比较，检验语言现象的共性，以及多语和单语习惯社会（multilingual and monolingual habitus societies）主导环境中的社会语言差异。

2 两位主编的学术背景及相关研究评述

　　《城市接触方言与语言变化：全球南北部视角》由保罗·柯斯威尔（Paul Kerswill）和海克·维斯（Heike Wiese）主编，两位主编合作撰写引言部分，并分别撰写独立章节。

---

[*] 本文系国家社科基金项目"人口流动与柯因内化语言问题研究"（项目编号：18BYY069）的阶段性研究成果。感谢课题组学术顾问、英国国家学术院院士（Fellow of the British Academy）、英国约克大学语言与语言科学系保罗·柯斯威尔（Paul Kerswill）教授对本文的指导。

[①] 劳特利奇语言变化研究（Routledge Studies in Language Change）系列丛书简介可参阅劳特利奇官网。

2.1 柯斯威尔的学术背景与"多元文化伦敦英语"研究

柯斯威尔是英国社会语言学方言接触研究代表学者（参见李素琼，2022a；李素琼，2022b）、英国国家学术院院士、英国约克大学语言与语言科学系教授，以他的博士论文为基础的、牛津语言接触丛书《方言融合：挪威城市中的乡村语言》对挪威卑尔根市农村移民语言的研究是移民语言变化领域的一项开创性工作，他提出的方言接触模型（model of language and dialect contact）和"巢居"言语社区理论（"Nested" speech community theory）标志着变异社会语言学（variationist sociolinguistics）发展的新高度（Holmes，1996）[303]。他主持研究的、由英国国家经济和社会研究委员会（ESRC）资助的 4 个大型项目[①]对方言接触理论发展做出了重要贡献，有关来自 4 个项目研究成果的内容及其影响在不少文献中均有介绍（如 Stuart-Smith et al.，2009；Gordon，2006；李素琼 等，2018；李素琼 等，2021；田海龙 等，2021；赵芃 等，2022；李素琼，2022a；李素琼，2022b），这里不再重复。两位主编强调，城市环境（urban settings）一直是语言变异与变化（Language Variation and Change，简称 LVC）的温床，城市人口和背景多样性使得其语言特别具有活力。在城市大熔炉中，说话人可利用大量不同语言、方言和风格（styles）来支持新的语言实践、新的语码（codes）或风格、变体（varieties）的出现（特别是在年轻人中），城市环境中语言发展和变化速度普遍更快。这在以社会多语制（societal multilingualism）为常态的国家尤为明显，撒哈拉以南非洲大多数情况就如此，多语实践（multilingual practices），包括语码混合（language mixing）和语码转换（code-switching），在日常生活中十分普遍。在具有社会多语特征的国家动态语言环境中，新风格和新变体的出现与典型的语码转换同时存在。相比之下，在全球北部（尤其是欧洲），大多数社会仍然被一种强烈的单语习惯所主导，这种社会以单语为常态，并将多语实践视为异常，但现实中语言使用情况并非如此，特别是城市社区（urban speech communities）越来越多地使用多种语言，新的和创造性说话方式不断产生，无论是在单语还是多语习惯社会都存在因接触而产生新的说话方式现象，多语并存使用是社会常态。因此，该书对在多语和单语习惯社会中的城市接触方言持一致观点，指在本地出生的年轻人群体中基于移民语言多样性背景下出现的城市方言，将城市方言说话人标记为多种族同龄群体（multiethnic peer group）。

柯斯威尔在第 16 章"英国：多元文化伦敦英语"中讨论了 20 世纪后期在伦

[①] 附柯斯威尔主持研究的 4 大 ESRC 资助项目结题报告信息：（1）Kerswill, P. & Williams, A. 1994. A new dialect in a new city. *Final Report on ESRC Grant* 000232376；（2）Williams, A. , Kerswill, P. & Cheshire, J. 1998. The role of adolescents in dialect levelling. *Final Report on ESRC Grant* 000236180；（3）Kerswill, P. & Cheshire, J. 2007. Linguistic innovators: the English of adolescents in London. *Final Report on ESRC Grant* 000230680；（4）Kerswill, P. & Cheshire, J. 2011. Multicultural London English: the emergence, acquisitions and diffusion of a new variety. *Final Report on ESRC Grant* RES-062-23-0814.

敦内城工人阶层社区年轻人群体中出现的一种英语方言变体，即多元文化伦敦英语（Multicultural London English，以下简称 MLE），通过大量实证语料，报告了伦敦青少年英语和 MLE 两个大型项目中的研究，揭示在伦敦复杂的语言背景下形成的新方言变体 MLE 的语音、形态句法和话语特征，以及语言变体、语体风格、方言与习得、种族和身份等方面的社会语言学发现。MLE 说话人来自不同种族和文化背景，该概念由柯斯威尔在伦敦英语项目研究中首次提出，目前已成为广为熟知的英语社会方言变体。柯斯威尔（Kerswill，2014）认为，伦敦东部出现的新的、多元文化城市方言变体显然已取代了传统方言 "伦敦腔"（Cockney），且正在向外城和其他地区扩散。英国社会语言学家大卫·布里顿（David Britain）[1]在第 18 章 "民族语言、多民族语言和城市接触方言：前瞻、回望与环视" 里指出，欧洲多民族接触变体研究是变异社会语言学在 21 世纪的重要创新。MLE 课题的重要成果之一（Cheshire et al., 2011）已成为权威期刊《社会语言学》（*Journal of Sociolinguistics*）高被引论文，该期刊主编把它遴选为创刊以来十大最佳论文之一。柯斯威尔及其研究团队成员詹尼·切希尔（Jenny Cheshire）等发表了较多相关成果，对 MLE 更详细的评介可参见相关文献（李素琼 等，2021）。

2.2 维斯的学术背景与 "德国方言变体邻里德语" 研究

海克·维斯是柏林洪堡大学（Humboldt-Universität zu Berlin）多语环境下的德语教学和城市多语研究中心（Center of Language in Urban Diversity）创始人，与社区、幼儿园、学校、教育政策制定者和博物馆都有外联合作。她的研究兴趣是多语环境下语言动态变化，重点关注语法—语用界面（grammatical-pragmatic interfaces）和语言结构，以及单语意识形态（monolingual ideologies）、语言歧视和赋权（linguistic discrimination and empowerment）等研究。她关于德语青少年变体邻里德语（Kiezdeutsch）作为一种新的德语方言的专著（2012）受到了国内、国际媒体关注，提高了人们对城市接触方言作为语言景观（linguistic landscape）合法组成部分的认识。语言景观是社会语言学和语言社会学交叉研究的一个重要领域，张天伟对国外语言景观研究的经典文献和最新成果进行过梳理和分析（张天伟，2020）。

在第 17 章 "德国方言变体邻里德语" 中，维斯和亚兹古尔·西姆塞克（Yazgül Şimşek）讨论了一种通常被称为邻里德语的城市接触方言新变体，通常指城市中心出现的和青少年相关的独特说话方式。德国是典型的欧洲民族国家，尽管移民历史悠久且存在语言多样化事实，但具有强烈的单语习惯，这使得德语（尤其是 "标准德语"）从 19 世纪开始就成为该国强大霸权语言。维斯和西姆塞

---

[1] 本文作者在与柯斯威尔教授交流中了解到，大卫·布里顿曾是彼得·特鲁吉尔（Peter Trudgill）的博士研究生，且为英国社会语言学发展做出了突出贡献。

克以实证语料证明了柏林语言多样性，揭示了邻里德语作为多民族同龄群体互动中的城市接触新方言的产生和发展。传统柏林方言通常与"德国性"种族（ethnic Germanness）相关联，传统柏林方言与邻里德语等城市接触新方言对比，稍类似于柯斯威尔等揭示的传统伦敦腔与 MLE 的关系。柏林作为典型城市，一直以移民不断涌入及其语言资源多样化为特征，导致充满活力的多语言和多民族混合。如今，邻里德语作为城市接触新方言主要出现在柏林西部工人阶层社区，这些社区特别适合这种混合变体产生和发展，因为这些社区存在土耳其语（Turkish）、阿拉伯语（Arabic）、库尔德语（Kurdish）、俄语（Russian）、普什图语（Pashto）、西班牙语（Spanish）、英语和法语，包括非洲语种（African varieties）等各种语言长期接触、混合现象。柏林本地出生的说话人在一方面以德语为主要语言（如在学校接受标准德语教育）的环境中长大，另一方面在语言高度多样化非正式环境生活，二者共同作用，为邻里德语作为多民族同龄群体互动（multiethnic peer-group interactions）中的城市接触方言发展提供了最佳条件。

3 撒哈拉以南的非洲及欧洲西北部主要城市方言的产生和发展

劳特利奇系列丛书《城市接触方言与语言变化：全球南北部视角》分为 A、B 两大部分，各章节结构保持一致，每一章都介绍了案例城市的语言和社会背景、可用数据信息（包括语料库）、对语言结构和社会因素的研究发现、对城市接触方言状态及其随时间推移而逐步形成稳定方言的相关讨论。布里顿、牛津大学社会语言学教授米里亚姆·梅耶霍夫（Miriam Meyerhoff）、美国威斯康星大学麦迪逊分校语言学系教授约瑟夫·萨尔蒙斯（Joseph Salmons）、移民语言和社会变革国家研究基金会主席、南非开普敦大学教授拉金德拉·米斯特里（Rajend Mesthrie）等来自不同理论和地理观点的评论章节进一步丰富了各案例讨论的问题。

3.1 多语社会背景下撒哈拉以南的非洲城市接触方言

A 部分共有 9 章，前 7 章主要报告了多语社会背景下的撒哈拉以南的非洲不同城市语言接触案例，最后两章对前 7 章中的案例研究进行评述。

3.1.1 喀麦隆城市英法混合变体喀弗朗莱语

德国汉堡大学非洲语言学教授罗兰·基斯林（Roland Kießling）探讨了在喀麦隆城市地区出现的一种英法混合变体喀弗朗莱语（Camfranglais）[①]，该混合变体是 20 世纪 80 年代以来主要在杜阿拉（Douala）和雅温得（Yaoundé）两个城市青年群体中发展起来的，是混合语言实践（hybrid language practice）和城市青春期

---

① Camfranglais 目前尚无中文译文，本文作者综合考虑地名、音译和词意后译为"喀弗朗莱语"。

（urban adolescence）的标志。

3.1.2 刚果金沙萨市青少年林加拉语变体

美因茨大学非洲语言和语言学助理教授尼科·纳森斯坦（Nico Nassenstein）报告了在刚果金沙萨市（Kinshasa）青少年群体中出现的一种林加拉语（Lingala）变体，该变体的起源可追溯到 20 世纪 50 年代后期，城市青少年群体中反复出现的再词汇化（relexification）和语言创造力（linguistic creativity）形成了青年语言（youth language）的特殊结构特征。对非洲城市青年口语实践（spoken youth language practices）的研究是社会语言学研究近期关注的热门话题之一。

3.1.3 塞内加尔城市方言沃洛夫语

佛罗里达大学语言学和非洲语言教授菲奥纳·麦克劳克林（Fiona McLaughlin）讨论了塞内加尔（Senegal）的城市方言沃洛夫语（Wolof）的产生和发展情况。沃洛夫语自前殖民时期（precolonial period）以来一直是多语种国家塞内加尔的通用语（lingua franca），随着城市化进程的加快，沃洛夫语稳步发展，目前已成为塞内加尔主要的城市语言（dominant urban language）。

3.1.4 南非塔尔语和城市土语形式

南非开普敦大学从事非洲青少年语言实践研究的埃伦·赫斯特·哈罗什（Ellen Hurst-Harosh）副教授研究了南非塔尔语（Tsotsitaal）和城市土语形式（urban vernacular forms）。南非有 11 种官方语言，此外，还有一些重要语言，如手语（sign language）和其他邻近国家语言，哈罗什主要报告了在西开普省和豪登省（Western Cape and Gauteng）出现的城市语言变体。

3.1.5 加纳学生群体中出现的皮钦英语

加纳大学语言学系多萝西·波夸·阿吉蓬（Dorothy Pokua Agyepong）博士和加纳大学现任校长、语言系教授纳纳·阿巴·阿皮亚·安福（Nana Aba Appiah Amfo）报告了在加纳学生群体中出现的一种皮钦英语（Pidgin English）。加纳是多语国家，共有 81 种语言，其中 73 种土著语言（indigenous language）和 8 种非土著语言，英语是其官方语言。加纳学生皮钦英语起源于 20 世纪 60—70 年代，产生动机是对英语在学校占主导地位的抵制。两位学者讨论了学生皮钦英语的语言和社会语言学特征，特别关注诸如年龄、性别、制度、地位和宗教等社会语言学因素带来的语言变异与变化。值得关注的是，他们讨论了学生皮钦英语从课堂外的非正式语言发展成正式、半正式领域用语的演变过程。

3.1.6 肯尼亚青年语言变体盛语和英格希语

荷兰莱顿大学非洲语言学教授马腾·莫斯（Maarten Mous）和荷兰拉德堡德大学桑德拉·巴拉莎（Sandra Barasa）讨论的是肯尼亚青年语言变体盛语（Sheng）和英格希语（Engsh）。肯尼亚官方语言是斯瓦希里语（Swahili）、英语和肯尼亚手语，盛语是与肯尼亚相关的主要城市青年语言变体，但英格希语之前较少被学界关注，两位学者以翔实的语料，对盛语和英格希语进行了深入探讨。英格希语被认为是 20 世纪 90 年代出现的一种使用非正式词汇、口语和惯用表达的说话风格，这一观察结果与流行音乐、电影和迪斯科行话（disco jargon）影响有关。和盛语相比，人们对英格希语持更积极态度，英格希语通常被认为与精英（the elite）、受过教育、英语相关的语言变体。

3.1.7 芬兰古代赫尔辛基俚语与城市身份

赫尔辛基大学从事多语互动（multilingual interaction）、语言意识形态（language ideologies）和语言意识（language awareness），以及教育和教学中多语现象研究的社会语言学家海尼·莱托宁（Heini Lehtonen）和坦佩雷大学（Tampere University）芬兰语教授海基·鲍诺宁（Heikki Paunonen）报告了芬兰古代赫尔辛基（Helsinki）俚语研究，莱托宁对赫尔辛基口语的社会语言变异研究具有开创性意义。方言是城市的重要标志，赫尔辛基是芬兰首都，处于瑞典语区中部，没有自己的芬兰方言，赫尔辛基俚语反映了赫尔辛基城市身份，是城市化过程中出现在赫尔辛基芬兰—瑞典工人阶层社区中的一种说话风格。

3.1.8 多语习惯社会背景下的城市接触方言研究评述

综上所述，前 7 章主要涉及喀麦隆、刚果、塞内加尔、南非、加纳、肯尼亚和芬兰等国家多语环境下城市语言接触新变体产生和形成，主要关注主题是"青年语言"（youth languages）、"城市语言"（urban languages）、"接触语言"（contact languages），有些甚至可能被称为"皮钦语或洋泾浜语"（pidgins）或"克里奥尔语"（creoles）。

梅耶霍夫和萨尔蒙斯分别在第 8 章"去殖民化语言学（decolonising linguistics）的初步进展：城市语言研究"和第 9 章"城市接触方言的变异性（variation）、复杂性（complexity）和丰富性（richness）"中对前 7 章所述进行了评述。梅耶霍夫认为，不少章节把所调查城市方言变体与青年语言、多民族语言、皮钦语和克里奥尔语等标记（labelling）联系起来，这是很重要的社会语言学步骤，因为它以使用这些变体的环境及说话人的各种语言和社会政治经验为中心进行标记。各章节研究内容和标记概念标志着接触语言学去殖民化取得的一些进展。长期以来，在人们的思维方式、生活社区、社会机构、以及学科形成等方面都存在某些根深蒂固的偏见。出版一本关于城市语言研究书籍的及时性和前瞻性至少从两方面可说明：第一，它及时提出了关于标记和包容（inclusion）的问题；第二，它提出了关于谁的话语被赋予特权问题。在前 7 章中，通常被边缘化的说话人（marginalised speakers）的语言实践和通常被边缘化的语言（marginalised languages）相关知识占据了主导地位。提高人们对被边缘化语言的认识，并让被边缘化的说话人参与定义语言学下一步将走向何方的对话是研究人员所设想的"去殖民化"复杂过程的一部分。

萨尔蒙斯认为，前 7 章对多语社会城市接触方言发展和变化提供了丰富且非常连贯的描述，以具有丰富的语言结构和社会后果的创造性方式展示了说话人对他们可以获得的所有资源的利用，加深了人们对语言接触和变化核心观点的理解：将语言接触与各种意义上的简化联系起来。各案例研究表明语言接触在结构和社会方面产生了显著复杂性。彼得·特鲁吉尔梳理了与接触下的简化或复杂化相关的社会决定因素，复杂性增加与儿童双语共同生活区域的长期不断接触有关（Trudgill，2011）[34]。前 7 章的研究内容验证且有助于深化和完善特鲁吉尔的结论，同时也强调了乌列尔·温赖希（Uriel Weinreich）等提出的但尚未得到充分讨论的变异在语言变化中完全中心地位（utter centrality）核心观点（Weinreich et al.，1968）。语言广泛而深刻的变异性使得变化几乎不可避免。

3.2 单语社会背景下的欧洲西北部主要城市接触方言

B 部分共有 10 章，主要报告单语习惯社会背景下欧洲西北部不同城市语言接触案例。

3.2.1 坦桑尼亚的斯瓦希里街头语言变体

德国汉堡大学斯瓦希里语（Swahili）讲师乌塔·鲁斯特·雅恩（Uta Reuster-Jahn）博士和非洲语言学教授罗兰·基斯林（Roland Kießling）探讨了坦桑尼亚的斯瓦希里街头语言变体 Lugha ya Mitaani，这是斯瓦希里语的一个术语，是城区语言或街头语言的总称。街头语言没有离散边界（discrete boundaries），但必须将它们视为风格和社会方言之间的连续体（continuum）。街头语言起源于城市中心，是基于斯瓦希里语形成的一种非正式城市口语实践（urban speaking practices），其特点是语言操纵（linguistic manipulation）和借用。街头语言的使用者通常被认为是男性青年，但男性青年群体划分并不完全基于说话人年龄，还有其他一些标准可参照，如单身和缺乏固定收入来源。尽管如此，年轻人对街头语言的使用在程度和频率上也有区分，主要取决于社会文化和情境因素。坦桑尼亚首都和文化中心达累斯萨拉姆大都市是街头语言创新、传播和复兴之地。

3.2.2 丹麦城市接触方言变体

哥本哈根大学社会语言学和方言学教授皮亚·奎斯特（Pia Quist）报告了丹麦城市接触方言。丹麦城市接触方言研究可分为两个传统：一个由方言学和变异社会语言学发展而来，另一个植根于双语研究和语言民族志（ethnography）。丹麦是斯堪的纳维亚（Scandinavian）国家，东与瑞典接壤，北与挪威相邻，南与德国交界，其官方语言是丹麦语，这是一种北日耳曼语（North Germanic language），与挪威语和瑞典语非常相似。丹麦有时被认为是欧洲语言最标准化的社会之一（Pedersen，2003），几乎没为地域方言留下空间。20 世纪 60 年代，劳动力短缺导致二战后第一波移民涌入，首批输入劳工主要来自土耳其、巴基斯坦、摩洛哥和前南斯拉夫。如今，由于移民涌入，在丹麦使用的语言已达 120 多种（Risager，2006）。过去 20 多年来，丹麦城市接触方言研究主要集中在三个最大城市：哥本哈根、奥胡斯和欧登塞。

3.2.3 挪威当代城市语言风格

奥斯陆大学语言学教授本特·斯文森（Bente A. Svendsen）探讨了挪威当代城市语言风格。挪威语和萨米语（Sámi）是挪威两大官方语言。挪威是丹麦王室的前殖民地，挪威语有两种官方书面标准，一种是以丹麦语为基础的"书面语言"（bokmål），另一种是国家以西海岸方言为基础而制定的后殖民挪威语，也叫"新挪威语"（nynorsk）。特鲁吉尔指出，与许多欧洲国家不同，挪威语言景观（Norwegian linguascape）被称为"天堂"，因为该地区对语言多样性持非常宽容的态度。挪威没有官方认可的标准口语，方言具有较高声望，是国家广播、议会、政府和教育行业的默认语言（Trudgill，2002）[31]。尽管如此，该地区仍然存在方言和语言等级（language hierarchies）、霸权（hegemonies）和语言监管（language policing）等现象，一些语言和方言享有更高声望，语言和方言混合语通常会受到歧视（Jahr，1988）。城市接触方言是斯文森讨论的主题，他遵循佩内洛普·埃克特埃的用词（Eckert，2008），将其称为当代城市语言风格（urban speech styles）。虽然存在不同术语，但几乎所有多民族方言研究都以青少年群体为对象。以田海龙为代表的我国学者（田海龙 等，2021；赵芃 等，2022；田海龙，2022a；田海龙，2022b）近年来对语言变异和变化（LVC）的风格研究发表了较多的见解。挪威城市接触方言最早于 2000 年在其首都奥斯陆被记录下来。挪威语言学家也是全球最早开展城市语言研究的学者，早期城市语言研究可追溯到 20 世纪初，挪威语言学家阿蒙德·拉森（Amund Larsen B.）在首都奥斯陆和卑尔根市开展了两项方言调查研究，并出版了两部专著（1907，1911），虽然在方法上偏传统方言学，和社会语言学方法有所不同，自然也没有现代录音记录，但两项研究均以城市为背景，观察城市方言变化情况。①

3.2.4　荷兰城市接触方言变体

阿姆斯特丹大学变异语言学系高级研究员、拉德布大学语言变异和接触研究教授弗兰斯·欣斯肯斯（Frans Hinskens）、纪实文学作家卡里德·穆里格（Khalid Mourigh）博士和拉德布大学语言学教授皮特·穆伊斯肯（Pieter Muysken）在奈梅亨（Nijmegen）和阿姆斯特丹（Amsterdam）以及古达（Gouda）市开展了两项关于荷兰语变体的案例研究，报告了荷兰城市接触方言研究情况。穆伊斯肯是世界著名语言学家，主要研究人类语言互动方式，以及这种互动接触导致的语言变化。他于 2021 年逝世，因此，该书也是对穆伊斯肯教授的纪念。荷兰城市化程度很高，有多种城市接触方言。移民是城市现象的一部分，因此城市也是新接触变体出现的地方。荷兰民族语（Dutch ethnolect）是一种语音变体，在很大程度上遵循传统城市方言和口语区域标准荷兰语模式，但有一些特定特征，使其有别于更标准化的荷兰语，并且是（或最初是）一般移民身份或特定民族身份标志。

3.2.5　瑞典郊区语言变体

瑞典特罗尔海坦西部大学副教授约翰·格罗斯（Johan Gross）和致力于社会语言学和双语研究的哥德堡大学教授萨利·博伊德（Sally Boyd）对瑞典郊区语言变体进行了研究。在 19 世纪末，瑞典是欧洲最贫穷、最孤立的国家之一。因此，它是一个主要移民来源国，在 1850—1930 年，25% 的人移民至其他国家。瑞典没有主要的殖民地，在两次世界大战中保持中立，因此受外界影响相对较少，但这种相对孤立状态在 20 世纪下半叶被打破。20 世纪 60 年代中期之后，瑞典不断扩大的经济和工业对新的劳动力需求增大，因此政府开放移民政策，吸收来自芬兰、土耳其的移民，20 世纪 80 年代，又增加了希腊、智利、巴勒斯坦、伊朗和伊拉克等国难民。隔离地区的接触变体与瑞典其他城市有很大不同。

3.2.6　法国巴黎及其周边地区青少年口语变体

巴黎南特大学社会语言学教授弗朗索瓦·加德（Francoise Gadet）报告了法国巴黎及其周边地区青少年口语变体研究。法国是典型的欧洲民族国家，在意识形态上以单语为导向，但事实上存在多种语言，其中法语占主导地位，还有少部分区域语言或移民语言。法国的移民始于 19 世纪 80 年代，二战后来自西班牙和葡萄牙的移民明显增加。从 20 世纪 60 年代起，来自前殖民地和马格里布，特别是阿尔及利亚、撒哈拉以南非洲和远东的人口，纷纷涌入法国。与英国的自由主义模式（the British liberal non-interference model）不同，法国的共和模式（the

---

① 该信息以及挪威语言学家阿蒙德·拉森的两部文献由保罗·柯斯威尔教授提供。

French Republican model）促进了统一身份理念的形成，其中民族语言是一个主要特征，以世俗主义（secularism）的名义，对新移民及其后代强行实行法语融合和单语制。去殖民化后，一些来自北非和撒哈拉以南非洲并且出生在法国的移民后代，在非正式语境中使用法语方式略有不同。

3.2.7 单语习惯社会背景下的城市接触方言研究评述

布里顿和梅斯里针对 B 部分案例研究分别做了以"民族语言、多民族语言和城市接触方言：前瞻、回望与环视"和"非洲和欧洲的移民与城市接触社会语言学"为主题的评述。布里顿认为，对北欧城市出现的多民族变体（multiethnolects）和其他种族接触变体（ethnic contact varieties）的调查研究是变异社会语言学在 21 世纪的一项重要创新，研究成果使人们摆脱了对大城市语言的成见，强调语言研究需要更认真地对待社会和地域流动性的作用，揭示移民或外地人对当地语言影响的作用，并使青少年在语言变化中的引导作用成了研究热点。从表面上看，在全球各城市开展的调查研究中发现的多民族变体使用了多个不同术语，以反映这些变体相当分散的性质，如接触方言（contact dialect）、话语实践谱（spectrum of speaking practices）、风格（style）、资源（resource）和特征库（feature pool）等。也许还有一个事实，即至少其中一些最独特材料是词汇层面的，但几乎所有多民族方言研究都以青少年群体为对象。有不少章节讨论了某一城市接触方言在多大程度上被标记为特定名称的"事物"或"方言"。多民族语言研究涉及的社区成员通常来自全球各地，常因生活改变而发生远距离流动，具有高度分散特征（highly diffuse feature pools），研究人员面对的是新兴方言，而不是固定社区语言。因此，多民族语言研究探讨新方言如何在这种情况下开始形成并稳定，如何从特征库中选择特征并在当地社区及其他地区传播。多民族语言研究主要集中在对北（西）欧和城市社区的关注。过去几乎所有关于多民族语言的研究都是在北欧和西北欧地区开展的，这是因为北（西）欧的社会语言学家（包含第一代，但主要是第二代和第三代学者）特别受英美变异主义和社会语言学方法的影响。这些方法在法国和许多南欧国家的地方语言学传统研究中运用较少，因此这些国家的多民族语言变体研究相对较新，目前在这些国家之外还不太为人所知，因此，在已有英语文献中还较少出现。该书众多成就之一是将全球北部和南部的多民族语言研究整合到一个共同框架中，以发现北部和南部之间的异同。

倾向于变异研究的接触语言学家梅斯里对城市青年变体（urban youth languages）特别感兴趣。他说的青年变体主要指在城市中心开始出现的非正式群体内部变体，反映年轻男性言语行为、竞争和群体内部交流规范。梅斯里在评述里提到，自 20 世纪 90 年代以来，非洲年轻学者和学生声称在非洲城市地区萌芽的带有各种命名的新变体多达数十种，他本人也因此对青年语言产生了浓厚兴趣，尽管他已不年轻。城市方言变体是由它们与传统语言标准和方言形式的差异来定义的。也有学者（如 Mesthrie et al.，2021）持不同观点，城市接触方言应与青年语言区分开来，城市接触方言属于所有性别和年龄层次的人，而青年语言更限定于某一特定群体。梅斯里指出，柯斯威尔关于伦敦移民接触产生的新英语变体影响英国主流语言或至少是年轻群体主流语言方式的讨论特别有趣。柯斯威尔敏锐地观察到，对于某些学者来说，多元文化伦敦英语（MLE）是一种拉博夫式方言（Labovian vernacular），而对另一些学者来说，多元文化伦敦英语（MLE）是一种风格。语言变化通常通过传播（transmission）和增量（incrementation）发生，青少年说话人在语言变化中的引导作用在当其成年看护人使用第二语言而不是第一语言的环境下尤其突出。因此，柯斯威尔认为，使用特征库分析方法十分重要。人们对伦敦东区城市中心语言具有刻板印象，但随着 MLE 研究揭示的牙买加人（Jamaicans）、尼日利亚人（Nigerians）、孟加拉人（Bangladeshis）和其他民族的人对新兴城市方言的影响，对伦敦语言的刻板印象必须更新，正如柯斯威尔指出的那样，身份感知（senses of identity）已发生变化，可能是伦敦白人，也可能是伦敦黑人。

4 关于城市青年语言研究的理论起源与发展

该书涉及的研究案例重点关注城市青年群体语言变化。年龄是语言变异与变化中最重要的相关社会因素之一，城市青年语言研究是近年来全球社会语言学的关注热点。我们在此简要梳理一下年龄这一重要社会因素的理论发展过程。早期有关儿童和青少年语言研究主要在拉博夫的言语社区变异范式下进行的，未涉及语言或方言接触（李素琼，2022b）[25]。在变异框架下，语言变体之间的关系主要取决于性别和阶层（或其他相关参数）的社会分化。柯斯威尔等认为，拉博夫的方法可能只是部分适用（Kerswill et al.，2013）[261]。然而，拉博夫指出了社会环境的至关重要性，其中包括说话者年龄，无论是否涉及接触，年龄都是变化的重要因素（Labov，1969）。特鲁吉尔认为，建立接触的社会语言环境至关重要，他讨论的特定社会参数（social parameters）是接触主要发生在临界期后的说话者之间（即青少年和成人）或仍在语言学习关键期的说话者之间（Trudgill，2010）。但特鲁吉尔的描述缺少证据来表明儿童、青少年和成年人的语言表现确实和他的预测一致（Kerswill et al.，2013）。米尔顿·凯恩斯研究考察了英国战后新城镇米尔顿·凯恩斯儿童及其父母的语言，把第二阶段说话者（即移民子女）还是孩童时的语言与其父母（第一代移民）的语言进行直接对比，研究证明，儿童和青少年语言选择是语音变化主要来源（参见李素琼 等，2018）。基于此项研究，柯斯威尔提出了儿童与青少年语言变化三阶段模型（model of three life stages），重点关注三个关键阶段的人与人之间的关系，通过这些关系可引导变化：（1）看护人对婴幼儿的影响（从出生开始到 6 岁）；（2）同龄人对青春期前儿童（6—12 岁）的影响；（3）对青少年（12—17 岁）的影响（Kerswill，1996）。柯斯威尔考虑了关于儿童和青少年如何获得方言特征，包括他们自己的社区和他们接触到的社区方言特征。柯斯威尔和威廉姆斯通过细致语音分析和定量分析揭示了详细变异模式（Kerswill et al.，2000）。该项研究构建的理论和方法对青少年英语研究产生了直接影响。米尔顿·凯恩斯曾是一个名不见经传的小村庄，是英国政府于 1967 年规划建设的新城，由原有三座小镇以及十三座村庄组成（Kerswill et al.，2000）。米尔顿·凯恩斯研究也是学界首次以详细的实证语料探讨因城市化进程而带来的语言变异与变化问题（李素琼，2022b）[26]。米尔顿·凯恩斯研究对推动社会语言学研究发展的影响可参见相关文献（Stuart-Smith et al.，2009；Gorden，2006；Labov，2001；Labov，2010；李素琼 等，2021；李素琼，2022a；李素琼，2022b）。

5　结语

从整体上来说，该书中的系列研究将不同的方法和传统结合在一起，以不同的方式、时间、背景、分析技术、研究目标和理论假设展开实证调查，深入而全面地揭示了各地城市方言接触引发的语言变化，及时综合了学界对城市方言的了解，对移民背景下语言多样性以及语言变异和变化模式提供了新的视角，是普通语言学和语言结构、社会语言学、克里奥尔语研究、历时语言学、语言习得、人类语言学、语言教育和话语分析等领域可资借鉴的研究成果。最近一项在德国西南部开展的案例研究（Beaman，2020）[①] 报告了过去较少被研究的阿勒曼尼语方言（Alemannic dialect）施瓦本语（Swabian）使用变化情况，其中涉及关于年龄与语言变化的新见解。本文作者由此也得到启示，全球社会语言学家深入世界各地言语社区开展案例研究具有特别重要的价值，因为深刻的理论见解和扎根于言语社区的实证调查密不可分，这也许是我国从事变异社会语言学研究的学者可为中国社会语言学乃至全球社会语言学研究发展做出贡献的有效途径。

参考文献

李素琼，2022a. 英国社会语言学五十年述评 [J]. 语言政策与规划研究（1）：113-124.

李素琼，2022b. 方言接触与语言演变——从特鲁吉尔到柯斯威尔 [J]. 山东外语教学（5）：21-30.

李素琼，申阳琼（译述），2018. 新方言的诞生 [J]. 保罗·柯斯威尔，彼得·特鲁吉尔，2005. 中国社会语言学（1）：106-122.

李素琼，黄千智，何菁，2021. 城市语言接触经典案例 MLE 研究述评 [J]. 湘潭大学学报（哲学与社会科学版）（4）：181-186.

田海龙，2022a. 变异社会语言学的风格研究——兼谈与修辞学风格研究的互鉴 [J]. 当代修辞学

[①] 在本文撰写过程中，柯斯威尔教授提醒本文作者了解该博士论文提出的年龄与语言变化的最新见解，并提供了文献参考。

（4）：11-21.

田海龙，2022b. "语言" 与 "社会" 的互融：社会语言学的核心课题与理论聚焦 [J]. 山东外语教学（5）：9-20.

田海龙，赵芃，2021. 社会语言学新发展研究 [M]. 北京：清华大学出版社 .

张天伟，2020. 语言景观研究的新路径、新方法与理论进展 [J]. 语言战略研究（4）：48-60.

赵芃，田海龙，2022. 变异社会语言学研究的新发展 [J]. 现代外语（1）：137-147.

BEAMAN K, 2020. Coherence in real- and apparent-time: a sociolinguistic variationist investigation of language change in Swabia[D]. London: Queen Mary University of London.

CHESHIRE J, KERSWILL P, FOX S, TORGENSEN E, 2011. Contact, the feature pool and the speech community: the emergence of Multicultural London English[J]. Journal of sociolinguistics, 15 (2): 151-196.

ECKERT P, 2008. Variation and the indexical field[J]. Journal of sociolinguistics, 12(4): 453-476.

GORDON M, 2006. Interview with William Labov[J]. Journal of English linguistics, 34 (4): 332-351.

HOLME J, 1996. Paul Kerswill, dialects converging: rural speech in urban Norway[J]. Language in society, 25 (2): 301-305.

JAHR E H, 1988. Social dialect influence in language change: The halting of a sound change in Oslo Norwegian[A]// Historical dialectology. Berlin: Mouton de Gruyter: 329-335.

KERSWILL P, 1994. Dialects converging: rural speech in urban Norway[M]. Oxford: Clarendon.

KERSWILL P, 1996. Children, adolescents, and language change[J]. Language variation and change, 8(2): 177-202.

KERSWILL P, 2014.The objectification of "Jafaican": the discoursal embedding of multicultural London English in the British media[A]// The media and sociolinguistic chang. Berlin: De Gruyter: 428-455.

KERSWILL P, WIESE H (eds.), 2022. Urban contact dialects and language change: insights from the global North and South[C]. New York: Routledge.

KERSWILL P, CHESHIRE J, FOX S, TORGENSEN E, 2013. English as a contact language: the role of children and adolescents[A]// English as a contact language: studies in English language. Cambridge, U.K.: Cambridge University Press: 258-282.

KERSWILL P, WILLIAMS A, 2000. Creating a new town koine: children and language change in Milton Keynes[J]. Language in society, 29 (1): 65-115.

LABOV W, 1969. Contraction, deletion and inherent variability of the English copula[J]. Language, 45(4): 5-62.

LABOV W, 2001. Principle of linguistic change. Volumn 2. Social factors[M]. Malden, MA: Blackwell.

LABOV W, 2010. Principle of linguistic change. Volumn 3. Cognitive and cultural factors[M]. Oxford: Blackwell.

LARSEN AMUND B, 1907. Kristiania bymål[M]. Kristiania/Oslo: Cammermerers Boghandel.

LARSEN AMUND B, STOLTZ G , 1911/1912. Bergen bymål[M]. Kristiania/Oslo: Aschehoug.

MESTHRIE R, HURST-HAROS E, BROOKES H, 2021. Youth language practices and urban language contact in Africa[M]. Cambridge: Cambridge University Press.

PEDERSEN L, 2003. Traditional dialects of Danish and the de-dialectalization 1900-2000[J]. International journal of the sociology of language, 159 (1): 9-28.

RISAGER K, 2006. Hvilke sprog tales der i Danmark?[J]. Sprogforum, 36: 13-14.

STUART-SMITH J, HADDICAN B, 2009. Sociolinguistics in the British Isles[A]// Routledge handbook of sociolinguistics around the world. Abingdon, UK: Routledge: 296-309.

TRUDGILL P, 2002. Sociolinguistic variation and change[M]. Edinburgh: Edinburgh University Press.

TRUDGILL P, 2010. Contact and sociolinguistic typology[A]// The handbook of language contact. Oxford and Malden, MA: Wiley-Blackwell: 299-319.

TRUDGILL P, 2011. Sociolinguistic typology: social determinants of linguistic complexity[M]. Oxford: Oxford University Press.

WIESE H, 2012. Kiezdeutsch. Ein neuer Dialekt entsteht[M]. München: C.H. Beck.

WEINREICH U, LABOV W, HERZOG M, 1968. Empirical foundations for a theory of language change[A]// Directions for historical linguistics: a symposium. Austin: University of Texas Press: 97-195.

作者简介

李素琼，湘潭大学外国语学院教授，加拿大渥太华大学社会语言学实验室和英国约克大学语言与语言科学系访问学者。主要研究领域：社会语言学语言变异与变化、语言接触。电子邮箱：leesuqiong@163.com。

姚亚玲，湘潭大学外国语学院硕士研究生。主要研究领域：社会语言学语言变异与变化。电子邮箱：yaoyaling0202@163.com。

（责任编辑：濮实）

《语言政策与规划能动性研究》评介[*]

北京外国语大学　中国语言文学学院/石家庄铁道大学　语言文化学院　**刘立勇**

1 引言

　　自启蒙运动以来，人类能动性问题始终是不同学科的重要研究议题。能动性与自由意志、目的性、选择性、主动性、创造性、反省性等因素相关，指个人、群体、组织或机构运用语言和工具等支配和调节手段，实现改变自我、事件或社会等目标的能力（Giddens，1984；Pickering，1995；Layder，1997；Emirbayer et al.，1998；Ahearn，2001；Archer，2000；van Lier，2008；Glǎveanu，2015）。作为社会语言学的一个分支，语言政策与规划（language policy and planning，以下简称 LPP）的形成和发展与宏观社会政治环境、认识论以及发展策略等因素息息相关（Ricento，2000）。在社会快速变革和后现代主义思想深入发展的背景下，人在自我建构中的"主体性"意识越来越强，意识形态、语言生态和能动性成为语言规划的关键要素（Hornberger，2006）。LPP 学界愈发关注个体在语言政策各过程中的能动角色，认识到实际语言规划过程是各层级能动者在不同层面动态互动的结果，个人和地方微观领域能动性研究成为 LPP 研究热点（Baldauf，2006；Hornberger et al.，2007；McCarty，2011；Liddicoat et al.，2014；Bouchard et al.，2019）。诸多 LPP 专业学术期刊聚焦能动性研究，其中《语言规划中的现实问题》（*Current Issues in Language Planning*）最具代表性。该刊在 2021 年第 1—2 合期推出 LPP 能动性研究专刊，刊文 14 篇，文章主要聚焦语言教育政策及实践中不同类型能动者的能动行为，从语言生态视角探讨客观世界对 LPP 能动性的促进与制约作用，研究视野广阔，层次多样。

　　社会学、人类学、心理学、教育学等学科从后现代主义、后解构主义、社会文化、身份认同、生命历程等视角出发，构建能动性研究理论框架（Eteläpelto et al.，2013），但 LPP 领域还鲜见能动性理论构建和研究方法的专项著作。2019年，Gregory Paul Glasgow 和 Jeremie Bouchard 合编的论文集《语言政策与规划能动性研究》（*Researching Agency in Language Policy and Planning*）由劳特里奇出版社出版。该书是"劳特里奇多语主义批判性研究"系列丛书的第 8 卷，与该系列丛书第 7 卷《语言政策与规划能动性批判性探究》（*Agency in Language Policy and Planning: Critical Inquires*）各有侧重，互为补充。前者主要聚焦 LPP 能动性研究的方法论问题，后者更侧重 LPP 能动性理论框架构建研究，两者在理论研究和实

* 本文系北京高校高精尖学科"外语教育学"建设项目（项目编号：2020SYLZDXM011）的阶段性研究成果。

际应用方面都有突破和创新，可为语言政策和规划、语言教育、社会语言学等领域的研究者和学习者提供理论、方法论指导以及多国别的实证研究样本。以下逐章简述《语言政策与规划能动性研究》一书的主要内容，并进行简要评述。

2　内容简介

全书由导论和 7 个章节构成。导论部分由本书主编 Gregory Paul Glasgow 和 Jeremie Bouchard 合写，简要介绍该书的研究方法和各章的中心论点。作者从梳理 LPP 研究四次浪潮中占主导地位的研究方法入手，指出 LPP 能动性研究应以问题为研究导向，以民族志、定量分析及话语分析为主要研究方法，在特定社会结构和文化环境中考察解释不同类型能动者的能动表现。

正文共分七章。在第一章中，Lucija Šimičić 聚焦克罗地亚和意大利两国境内的两个少数族群言语社区的语言身份认同问题，考察并分析个人及社区在语言管理过程中能动性的践行情况。两个族群在克罗地亚和意大利建国之前就已存在，但目前尚未被认定为少数民族。他们没有共同的民族意识，亦未完全接受现代国家意识形态，经常成为不同意识形态争论和政治势力争取的焦点。本章旨在分析在意识形态和政治立场有别的情况下，两个族群如何平衡各方利益，根据不同环境调整对语言管理的态度。作者采用焦点小组讨论、（正式与非正式）个人访谈和参加社区组织的语言课程和文化活动等民族志方法收集数据，使用 MAXQDA 软件进行定性分析。研究发现，尽管两个族群言语社区规模都较小，其语言处于濒危状态，但社区内部未就语言管理达成一致意见，部分成员将政府的语言保护视为对其自身语言和族裔身份的威胁，甚至抵制某些语言管理方案。两个族群中多种意识形态和政治倾向的共存，以及不同群体权力分配的不平等，在一定程度上限制和束缚了个人能动性和社区集体能动性的发挥，拥有较大权力的个人和代理人承担更大的语言管理责任，在组织社区活动方面起决定性作用。

在第二章中，Anikó Hatoss 以澳大利亚昆士兰地区一个南苏丹难民社区为研究对象，从社会实在论角度研究语言保持问题，探索个体在社会结构和文化环境影响下自我认识的过程。作者采用语言调查、半结构化访谈、民族志观察以及定性话语分析相结合的方法，考察分析社区个人和群体对祖裔语言（heritage language）保持的期望和动机，社会现实对语言保持行为的影响，以及在实际语言保持行动中主体的能动表现。调查显示，在祖裔语言保持和代际传承中，南苏丹人的能动性、目的动机、群体团结之间呈现一种动态关系。面对不同语言，他们既能发挥主观能动性积极学习英语，又能团结一致抵制被英语同化的趋势，积极保持、传承自己的母语。但南苏丹人语言保持的期望动机与实际行为间存在差异，其原因在于言语社区内部因素和语言外因素制约了其能动性的发挥，进而影响其语言选择的结果。作者建议，阐释个人和群体能动性既要关注能动者内在心理因素，又要充分考量外在人口迁移推拉因素（push-pull factors）的影响，重视语言保持动机和行为的时空维度以及内因与外因的互动关系。

在第三章中，Peter K.W. Tan 聚焦马来西亚的街道语言景观，通过考察吉隆坡、怡保和槟城等地的街道名称，并引入政府和市议会的街道命名方案和将街道的英语名称改为马来语的实施方案，对比分析马来西亚复杂语言环境给国家语言规划带来的挑战，探索不同层级能动者在社会变化和转型中的能动表现。研究显示，街道名称所用语言的改变经常遇到来自社区的阻力。例如，新的街道路牌被社区居民破坏，民众日常生活中坚持使用殖民时期的英文名称而非马来语名称，甚至一些新街道名称只采用英文或者多语命名，而不是按照宪法规定仅使用马来语命名。究其原因，LPP 领域后现代主义转向导致国家宏观政策规范力量普遍弱化，一些个体和群体的国家认同感和对特定语言的忠诚度参差不齐，对政府语言规划方案反应各异。有些人甚至认为语言选择是社会互动的自然产物，与国家政策无关。此外，街道命名政策还受企业商业利益的驱使、多语人口的客观需要、地方政府政策对国家政策的挑战等因素的影响。最后作者呼吁，马来西亚的语言规划应实现语言实践和城市空间动态互动、协调发展。

在第四章中，Esther F. Boucher-Yip 通过问卷调查、半结构化访谈和参与观察的方法，基于民族语言活力和民族语言认同理论视角，考察马来西亚半岛最大土著群体闪迈人（Semai）的语言选择和语言保持情况，探讨个人、家庭、团体和社区在语言传承及语言保持中的能动作用及影响其语言代际传承的因素。调查显示，社区积极使用并大力传承维护闪迈语（Semai），其仍是族群代内和代际使用的主要语言，主要用于家庭、社区、宗教活动等领域，而马来语则主要用于群外交流及公共领域。多数受访者尤其是父母认为，孩子需要熟练掌握闪迈语和马来语。闪迈语是本族身份认同的重要标志，在保护传统和文化方面发挥核心作用；马来语则是获得工作、接受教育和融入社会的必要手段。尽管政府施加压力，要求 Semai 群体融入马来文化和马来社区，但他们对自己的语言高度认同，积极发挥主观能动性维持其语言身份和文化连续性。作者建议，LPP 的各级机构及个人应更多重视参与语言保持工作，以确保少数族裔的语言在马来西亚多元化的环境中生存。

在第五章中，Obaidul Hamid 等学者基于三项博士论文研究，考察越南高校英语语言教师和学科教师（English language and content area teachers）在实施语言教育政策中的能动表现及能动类型。本章聚焦三项互相关联的语言教育政策，分别为：推行英语作为学术课程教学语言（English as a medium of instruction），提高学生的专业知识和英语水平；基于《欧洲语言共同参考框架》（*Common European Framework of References for Languages*）实施英语课堂教学；提升学生英语学习自主性，培养学生成为具有批判精神、有责任心的终身学习者。作者采用政策文本分析、深度访谈、焦点小组讨论和课堂观察的研究方法收集数据并进行主题分析。

调查显示，受访教师在政策具体实施过程中的能动表现各异。根据教师的语言能力、教学经验、性格特点、对政策目标的理解等指标，作者将教师能动性分为适应型、服从型、支持型和不参与型。由于三项语言教育政策既缺乏明确的指导方针，又没有充足的资源和机构支持，这在一定程度上限制了教师能动性的发挥，但绝大部分教师能够积极适应和灵活执行政策，根据各自情况实施教学活动。作者建议，宏观语言政策的制定者应更多考虑地方的客观需求和现实情况，给予地方充分自主权，以便教师更充分地发挥能动性，采取切实可行的方案实现政策目标。

在第六章中，Sarina Chugani Molina 基于一项社区大学语言项目展开能动性研究，探讨该地语言生态在何种程度上影响教师在课程规划和教学实践中的能动性。该项目是美国圣地亚哥大学国际英语教师资格认证（TESOL）的一个预备项目，旨在考察职前教师（teacher candidates）在社区大学的英语教学情况。该社区是圣地亚哥最贫困的社区之一，居民使用 25 种语言，学生年龄在 20—70 岁，上课人数 6—17 人。研究者采用课堂观察、全员汇报与定性访谈等研究方法，从社会文化理论和批判话语视角分析职前教师的教学大纲、课程计划、教学反思、讨论记录等教学成果。调查显示，职前教师的能动性受多种因素影响，包括个人生活和学习经历，对教师身份的认同和对学生需求感知，以及社会结构、物质条件和人际关系等。通过此次项目，职前教师对教学实践的动态发展有了更深刻的理解，认识到应根据学生不同需求和现实情况，及时调整课程计划和教学安排，整合终结性和形成性评估结果进行自我反思，以更好满足未来发展需求。同时，教师教育者（teacher educators）应该多维度、多角度评估职前教师的教学工作，帮助他们更好实现从学生到教师社会角色的转变，使之成为积极主动的教学实践参与者。

在第七章中，Sue Ollerhead 探讨在澳大利亚单语制和唯英语政策背景下，中学英语教师如何发挥能动性，有效利用教师和学生的多语言资源，实施超语实践（translanguaging）和符号转换（trans-semiotizing）策略进行英语教学。作为一项描述性调研项目的子课题，该研究以一所英语强化中心的课堂教学为个案，探讨如何提高澳大利亚新入移民的英语水平，使其更好融入课堂教学。教师和研究人员合作制定教学计划，详细描述超语实践和符号转换教学法的实施过程，按照提出问题、收集数据、分析数据、分享结果四步开展研究。调研结果显示，在多语种语言资源与唯英语教育政策相冲突的背景下，超语实践和符号转换教学策略可冲破以英语为主导的限制性语言政策的束缚，最大限度利用教师和学习者的多语言资源促进课堂教学。一方面，教师可利用多语言、多文化、多模态资源，如文本、音乐、色彩等，丰富课堂教学内容，调动激发学生的主观能动性；另一方面，学生可用不同语言真实地展现自己，积极主动深度参与课堂互动，这不仅有助于提升其英语语言水平，也有利于培养他们的语言认同和自我认同。

3 简要评述

《语言政策与规划能动性研究》采用语言政策民族志、定量分析以及话语分析的研究方法，在多国别语境下考察不同类型能动者践行能动性的状况，提出激发调动其能动性的路径和建议。该书主要有如下三方面的特色。

第一，从社会实在论视角展开 LPP 能动性研究，探讨个体或群体在面对各种语言问题时的能动表现，为 LPP 能动性研究提供了新视角。社会实在论认为客观世界（structure）、能动性和文化是社会现实的三个层次，每个层次都有各自的独特属性（distinct properties），整合后具有聚现属性（emergent properties），能动者发挥能动作用，动态互动调节社会现实，导致社会发生变化（Archer，1995）。客观世界指一种社会模式化关系，塑造社会运作以及人们感知和思考世界的方式，包括个人和群体关系、行为模式以及构成社会行动的制度化规范、意识形态和认知框架等（Liddicoat et al.，2021）。文化包括两个层次：文化系统（包括文化知识、信仰、规范、语言和神话）和社会文化互动（对文化系统某一方面的接受、重复、抵制或挑战）（Archer，1996；Archer，2000）。社会实在论对研究 LPP 过程中能动性与客观世界之间的互动对话关系，理解社会与个人、主体与客体、宏观与微观等范畴之间的关系，尤其是社会现实对能动行为的促进与制约作用，具有积极的启示意义。本书将能动性视为社会参与过程中的重要因素，从社会实在论视角探索客观世界和文化对 LPP 不同层级能动者能动行为的影响，阐释影响主体能动性的条件和结果。各类能动者通过发挥能动性，调节社会语境因素，在与客观世界不断互动中，反思各种语言问题，阐释、接受、抵制或挑战语言政策，进而塑造社会结构，促进社会变迁（Bouchard et al.，2019）。

第二，超域整合多种研究路径，为多国别的 LPP 能动性实证研究提供参考样本。能动性的跨学科性、多层次等特点决定了其研究不可能从单一路径展开。近年来，LPP 研究有从交叉学科向超学科过渡的趋势，其研究路径和方法也呈多元的发展态势（张天伟，2016）。目前，LPP 研究的主要路径包括：早期语言规划时期的地位规划、本体规划和习得规划，历史—语篇分析，政治理论，法律和媒体语篇，世界体系论，语言生态观，语言资源观，语言治理观等（戴曼纯，2014；张天伟，2016）。本书结合人类学、社会学、教育学等多个学科概念和理论，整合多种研究路径，探讨澳大利亚、马来西亚、美国等 6 个国家的语言认同、语言景观、语言保持、语言转用、语言教学、语言多样性等问题，为能动性超学科研究奠定了方法论基础。例如，第一、三、四章作者从历史分析和政治理论视角，探讨具体语言政策的历史影响和背后的话语语境、意识形态和权力关系。第一、二、四、七章采用语言资源观和语言生态观的研究路径，关注少数族群、土著群体、难民社区、移民的语言权利，探讨语言多样性和社区语言对身份认同和归属感的价值，提出保护语言多样性、减少语言权力不平等现象的路径建议。

　　第三，综合运用多种研究方法，填补 LPP 能动性研究方法专题研究空缺。目前，LPP 研究已形成比较丰富的方法论体系（Ricento，2006；Johnson，2013；Hult et al.，2015），但尚未见探讨 LPP 能动性研究方法的专项著作。本书主要采取民族志、定量分析及话语分析的研究方法，对不同层次、不同类型的数据进行语言、话语和内容分析。民族志将语言实践的宏观研究与语篇微观研究相结合，关注社会个体或群体日常生活微观层面的互动，对能动性研究具有重要启示意义（Johnson，2013）。本书七章都采用了民族志方法，通过问卷调查、焦点小组讨论、半结构式深度访谈、课堂观察、参与式观察、反思日志等方式收集数据，对不同层级能动者参与 LPP 的实际过程进行描述和解释。第一、二章利用 MAXQDA 和 Nvivo 等软件对数据转录并编码，通过主题分析和内容分析对能动性相关问题的原始数据集进行认识论外推（epistemological extrapolation），对语言问题发展趋势进行预测。第二、三、五章采用批判话语分析理论，从语言学语境和社会语境层面，对访谈文本、媒体文章、政策文件等进行话语分析，揭示不同能动主体的能动表现。另外，第一、三章采用语言景观分析法，探讨路标、街道名称中语言使用反映的社会现实。第七章聚焦超语实践和符号转换教学法对激发学生能动性的作用，突出语言教学的多模态、多符号和多语言属性。超语实践强调个体超越语言和其他符号系统的边界，在社会交流和学习中创新表达与交流方式的能力，对语言教学、多语教育、身份认同、语言景观、语言管理等多个领域的语言政策与实践产生了积极影响（李嵬 等，2021）。

　　本书也存在一定的不足之处。首先，研究路径与研究方法可再充实完善。LPP 各层级能动者的语言态度在很大程度上影响到语言政策能否顺利实施，研究者虽然采取了焦点小组讨论、半结构式深度访谈、课堂观察等民族志方法收集数据，但如能结合态度量表设计进行补充，在传统民族志描述和阐释的基础上深入批判、反思语言实践背后的意识形态与权力结构，研究分析将更全面，结论也将更具说服力。多个章节采用了课堂观察法，但如何在课前准备、课堂教学、师生互动、课后反馈等方面增强教师和学生能动性还有待加强。另外，本书侧重对数据文本进行话语分析，对语言政策的批判性分析尚待深入。实际上，LPP 能动性研究可采用语言政策的话语研究路向（discursive approaches to language policy，DALP）。该路向更关注宏观政策活动中的客观世界和微观领域能动者的能动性，采用语言政策批判话语分析和民族志相结合的研究方法，从批判视角对语言政策及语言实践进行语篇、语境和历史层面的分析，聚焦 LPP 的地点、参与者及其二者之间的互动关系（张天伟，2017）。DALP 不仅有助于加深对语言政策的概念化和活动语境的理解，亦有助于增强对语言政策过程中客观世界和能动性关系的解释（Mortimer，2017）。

　　其次，个别句子论述逻辑表达欠周密。例如，第三章作者认为，地方政府作为 LPP 中重要的一环，其要求和关切应给予充分重视，主张国家权力下放，赋予地方政府更多权力。这种要求无可厚非，但以此否认国家政策的宏观导向作用，主张"在权力下放的框架下，地方决策比中央政府的决策更合理"不免有失偏颇。该章讨论部分亦未围绕能动性展开，导致结论没有足够的说服力。另外，个别章节段落论述不够简洁，同一观点在不同段落通过改变句式重复表达。比如，在 6.2.1 第一段，作者 4 次使用 in this case/in this setting，加入多个逗号和破折号解释观点。实际上，删除这些词组并不影响其意思的表达，反而会使观点更清晰，行文更流畅。

最后，个别文献引用的规范性尚待加强。比如，作者在导论部分根据概念和理论视角界定 LPP 四个发展阶段时，文内夹注只标出 Ricento 2000 年文献，未标注 Johnson 和 Ricento 2013 年发表的文章，但事实上该引用观点主要出自 2013 年的文献。另外，第四章 4.1 部分，有两处引文标注出自 Ahearn 2001 年文献的第 30 页和第 112 页，但参考文献只列出 Ahearn 2001 年发表在 *Annual Review of Anthropology* 的 "Language and Agency"。实际上，前者引文出自 2010 年出版的 *Society and Language Use* 一书，文章题目为 "Agency and Language"，是 Ahearn 在 2001 年论文基础上修订后重新发表的。

当然，瑕不掩瑜，《语言政策与规划能动性研究》是一部当前 LPP 能动性研究的前沿学术成果，可为进一步探究 LPP 不同层级能动者的能动作用提供有效路径和建议，值得反复研读。本书对我国 LPP 研究亦具有重要借鉴意义，可为我国 LPP 研究者结合中国语境，探讨当前语言生活中的现实问题，分析社会结构、文化环境对 LPP 不同层级能动者的促进或制约作用，提供研究参照。比如，Chen 等聚焦中国高校多语言教育政策，考察中观层次语言政策制定者如何调节多方因素，为个体能动性发挥创造有利环境（Chen et al.，2021）；张天伟运用能动性理论和语言景观分析法，探讨北京冬奥会语言景观反映的社会语言现实，凸显了中国特色的语言生活和语言景观（张天伟，2022）。

参考文献

戴曼纯，2014. 语言政策与语言规划的学科性质 [J]. 语言政策与规划研究（1）：5-15+72.

李嵬，沈骑，2021. 超语实践理论的起源、发展与展望 [J]. 外国语（4）：2-14.

张天伟，2016. 语言政策与规划研究：路径与方法 [J]. 外语电化教学（2）：40-47.

张天伟，2022. 语言景观理论与冬奥语言景观实践研究 [R]. 北京外国语大学外语教学与研究出版社 "规范使用国家通用语言文字，传承弘扬中华优秀传统文化" 系列公益讲座。

张天伟，高新宁，2017. 语言政策的话语研究路向：理论、方法与框架——高考外语改革政策的批评认知案例研究 [J]. 外语研究（6）：19-25.

AHEARN L M, 2001. Language and agency[J]. Annual review of anthropology, 30(1): 109-137.

ARCHER M S, 1995. Realist social theory: the morphogenetic approach[M]. Cambridge: Cambridge University Press.

ARCHER M S, 1996. Culture and agency: the place of culture in social theory[M]. Cambridge: Cambridge University Press.

ARCHER M S, 2000. Being human: the problem of agency[M]. Cambridge: Cambridge University Press.

BALDAUF R B, 2006. Rearticulating the case for micro language planning in a language ecology context[J]. Current issues in language planning, 7(2-3): 147-170.

BOUCHARD J, GLASGOW G P, 2019. Agency in language policy and planning: critical inquiries[C]. New York: Routledge.

CHEN X W, TAO J, ZHAO K E, 2021. Agency in meso-level language policy planning in the face of macro-level policy shifts: a case study of multilingual education in a Chinese tertiary institution[J]. Current issues in language planning, 22(1-2): 136-156.

EMIRBAYER M, MISCHE A, 1998. What is agency?[J]. American journal of sociology, 103(4): 962-1023.

ETELÄPELTO A, VÄHÄSANTANEN K, HÖKKÄ P, PALONIEMI S, 2013. What is agency? Conceptualizing professional agency at work[J]. Educational research review, 10: 45-65.

GIDDENS A, 1984. Constitution of society[M]. Cambridge: Polity Press.

GLĂVEANU V P, 2015. From individual agency to co-agency[A]// Constraints of agency: explorations of theory in everyday life. Cham: Springer International Publishing: 245-266.

HORNBERGER N H, 2006. Frameworks and models in language policy and planning[A]// An introduction to language policy: theory and method. Oxford: Wiley-Blackwell: 24-41.

HULT F M, JOHNSON D C, 2015. Research methods in language policy and planning[C]. West Sussex: Wiley-Blackwell.

JOHNSON D C, 2013. Language policy[M]. New York: Palgrave Macmillan.

LAYDER D, 1997. Modern social theory: key debates and new directions[M]. London: UCL Press.

LIDDICOAT A J, TAYLOR-LEECH K, 2014. Micro language planning for multilingual education: agency in local contexts[J]. Current issues in language planning, 15(3): 237-244.

LIDDICOAT A J, TAYLOR-LEECH K, 2021. Agency in language planning and policy[J]. Current issues in language planning, 22(1-2):1-18.

MCCARTY T, 2011. Ethnography and language policy[C]. London: Routledge.

MORTIMER K S, 2017. Discursive perspectives on language policy and planning[A]//Discourse and education. Cham: Springer International Publishing: 185-196.

RICENTO T, 2000. Historical and theoretical perspectives in language policy and planning[J]. Journal of sociolinguistics, 4(2): 196-213.

RICENTO T, 2006. An introduction to language policy: theory and method[C]. Malden: Blackwell Publishing.

PICKERING A, 1995. The mangle of practice: time, agency and science[M]. Chicago: University of Chicago Press.

VAN LIER L, 2008. Agency in the classroom[A]// Sociocultural theory and the teaching of second languages. London: Equinox Publishing Ltd: 163-186.

作者简介

刘立勇，北京外国语大学中国语言文学学院博士研究生，石家庄铁道大学语言文化学院副教授。主要研究领域：语言传播、语言政策与规划。电子邮箱：llykevin@bfsu.edu.cn。

（责任编辑：王伶）

Abstracts of Major Articles in This Issue

Language of the New Media in Community and Identity Construction: An Online Ethnography Study of Bilibili Bullet Screen Interaction

DONG Jie

This article investigates bullet screen comments and explores the connections between online interaction, virtual community and discursive identity construction on the video-streaming website Bilibili. It first reviews the development of the new media and evaluates its impact on language use on the Internet. It then discusses the classic sociolinguistic concept of speech community and the recently coined notions of "light community" and "light identity". Drawing on online ethnographic fieldwork, the research presents bullet screen comments collected from three video channels, and analyzes the data in relation to communicative interaction, community and identity construction. The research demonstrates that bullet screen comments are at the center of the interaction between the viewer and the video, the viewer and the video maker, and among the viewers. Meanwhile, viewers construct multiple light communities and identities, and by their use of bullet screen comments, they switch between and adapt to these new forms of online communities and identities. The research results also show that light communities are different from as well as intertwined with the traditional "thick communities".

Chinese Migrant Children's Bilingual Development and Their Family Language Management: Taking Chinese Migrant Families in Britain as an Example

SHENG Jing

Since 21st century, Chinese white-collar families have increasingly migrated overseas. Chinese migrant children's bilingual development has become a hot topic accordingly. By taking Chinese migrant families in Britain as major cases, this paper investigates their language management, especially parents' influence on Chinese migrant children's English development and mother tongue maintenance. This research shows that these parents are significant mediators in their children's bilingual development. In terms of family language management, Chinese parents should enhance their English ability, explore British education system and get engaged in English society. In this way, they can familiarize their children with the local culture. In terms of mother tongue maintenance, these parents should give priority to their children's identification with their mother tongue and Chinese culture. While teaching Chinese, parents should select Chinese translated version of English novels in order to reduce the semantic differences.

The Operating Strategy of Alliance Française and Its Useful Lessons
DAI Dongmei

Founded in France in 1883, Alliance française takes the overseas spread of the French language and francophone cultures as its mission and it is now a major disseminator of languages and cultures in the world. With its long history, its well-articulated mission, organizational flexibility, as well as its wide-spread network, this highly adaptive Alliance française has emerged stronger from repeated crises. This analysis explores the operating strategy of Alliance française by probing its operating principles, its operating model and its on-the-ground operations. To do that well, it offers a brief survey of the history and current status of Alliance française. Finally its lessons and implications for the cause of the international spread of Chinese are also discussed.

A Study on Language Policy and Planning of French Regional Languages: The Case of Breton
LIU Hongdong; WEI Jinhong

As a typical monolingual country, France has long been committed to "one nation, one people, one language", and has worked to maintain the exclusive status of French, suppressing the development of regional languages. In recent years, in response to the rapid changes in the global linguistic environment and the trends towards cultural diversity in the world, the French only policy is changing from monolingualism to multilingualism, and a series of measures have been taken to protect and preserve regional languages. In this article, we adopt the methods of documentation, and chronological analysis to review the evolution of regional language policy and planning in France from three dimensions, namely status planning, corpus planning and acquisition planning. Moreover, we make a case study of Breton language, analyzing its current situation and challenges.

The Interaction Between China's Foreign Language Education Policy and Cultural Self-confidence Since 1949
ZHANG Sihong; JIANG Rong; LI Mengyuan; WU Jichen

In the context of political and economic situations at home, China's foreign language education policy (FLEP) and cultural self-confidence have always been in interaction with obvious mutual influences. Since 1949, their interaction can be roughly divided into four stages: germination, fragmentation, imbalance and reshaping, and at each stage, the interaction has its own characteristics. From our survey and analysis, an interaction mechanism is manifested as follows. On the one hand, cultural self-confidence influences the formulation and implementation of FLEP; on the other hand, FLEP in turn helps to shape and cultivate the citizens' cultural self-confidence. In the future, the interaction between these two should be further optimized by cultivating Chinese culture awareness in the research of China's FLEP. To achieve this, Chinese elements should be introduced into foreign language education and improve the intercultural communication ability of foreign language learners.

Research on the Background, Present Situation and Task of the Development of Beijing Language Industry
LI Yan

This paper analyzes the macro background of the development of Beijing Language industry, including its demographic factors, economic foundation and industrial policies; summarizes the present situation of the branches of Beijing language industry, focusing on the scale of output value of different kinds of language products. On this basis, it is estimated that language industry accounts for about 5.5% of GDP. At the end of the paper, three tasks are proposed to promote the development of language industry of Beijing. First, suppliers should enhance the awareness of language industry and strengthen their capabilities of operation and management. Second, the internal drive for sustained high-effect and high-quality development needs to be strengthened. Third, intellectual support and coordination among all relevant aspects should be reinforced.

The Influence of Myanmar Language Policy on the Adaptability of Ethnic Chinese Language and Culture
LI Chunfeng

There is a growing tendency that the language and culture of cross-border immigrants are assimilated by the main national language and culture of the country. The greater the assimilation of Chinese language and culture in Myanmar, the more diversified the local language and culture of Myanmar has assimilated them in different periods and regions, thus forming Northern Myanmar and Southern Myanmar assimilation chains. The Northern chain has mainly followed a process of natural assimilation through "Coexistence → Competition → Fusional Assimilation → Natural Assimilation". The Southern chain has seen a process of forced assimilation through "Coexistence → Forced Assimilation → Natural Assimilation". This Southern assimilation lasted about 30 years. The formation of the two chains was mainly caused by three factors: (a) the national language policies in different periods; (b) the Chinese propensity of modesty, tolerance and gratitude; and (c) the needs of language value from the Chinese perspective. China's economic strength and the inheritance of the Chinese language and culture also contributed to the curve of the assimilation.

Self-building of National Images by Chinese Media's Reports From the Perspective of Language Security Planning

CHEN Yun; CHEN Jianlin

From the perspective of language security planning, the paper analyzes the themes of and the images built by the reports about China published by China's official media such as People's Daily Online, China Daily and CGTN, employing the semantic network technology and the transitivity concept. The results show that the reports mainly cover 7 themes: development, foreign affairs, national affairs, regional affairs, economy, COVID-19 and Party affairs. Differences are spotted in the themes between reports of high-praise and dispraise. Most of the reports portray a positive image for China that is highlighted more by the favourable reports. Based on these findings, the paper proposes some suggestions on how to enhance the impact of the reports and improve the effectiveness of self-building of images in the context of language security planning.

An Overview of Australian Language Policy and Culture: Based on *Intersections in Language Planning and Policy-Establishing Connections in Languages and Cultures*

ZHU Yan

The research on Australian language policy and culture is summarized based on the book *Intersections in Language Planning and Policy-Establishing Connections in Languages and Cultures*. On the basis of clarifying the Australian language policy and the development history of language disciplines in colleges and universities, combined with specific cases in Australian higher education, the formulation, interpretation, application and practice of language policy are discussed, so as to summarize the impact and existing problems of language policy on the development process of language and culture in Australian higher education.

Experiences and Implications of Cross-border Language Education in Romanian Universities: A Case Study of the Babeș-Bolyai University of Cluj-Napoca

XU Taijie; DONG Xixiao

Cross-border ethnic groups and cross-border languages exist in many countries around the world. The way educational institutions deal with cross-border language matters is directly related to the resolution of language issues, the preservation of language rights, and the development of language resources. The Babeș-Bolyai University of Cluj-Napoca, located in a multi-ethnic region in the northwest of Romania, has developed a distinctive language policy within the EU context. Considering its geographical location, historical traditions and development goals, the university has adopted a trilingual education model in which Romanian, Hungarian, and German are taught in parallel, and has achieved remarkable results. This paper analyzes their successful experience from the perspective of language-as-resource and tries to provide suggestions for Chinese universities on how to tap and utilize cross-border language education resources.

The Law on the Use of Languages and Reaffirmation of National Bilingualism in North Macedonia

DONG Hongjie; WANG Yali; LI Beilei

This article focuses on the issue of bilingualism in North Macedonia. It takes the establishment of the Socialist Republic of Macedonia during the Yugoslav period as the starting point, and examines the historical path of the development of the relationship between Macedonian and Albanian as well as the process of the legal confirmation of national bilingualism. The study found that language education right is the main driving force behind the formation of Macedonia's national bilingualism, embodied in the process of de-subjectification of Macedonia's language policy. The article reveals that the construction of national bilingualism is a response to the governance of the new nation-state in terms of language policy, influenced by multiple factors, including geopolitics, nationalism and ethnic minority.

Montenegrin Language Planning Under the Influence of Linguistic Nationalism

PENG Yuchao

Montenegro officially became independent in 2006 and declared Montenegrin the official language of the country in 2007. In 2017, the Montenegrin language was granted the code ISO 639-2, which not only became an important node in the planning of the country's language status, but also marked the beginning of the transition from "name" to "reality" in its language corpus planning. After reviewing the process of language identity construction in Montenegro, this paper finds that the "radicals" who hold a nationalist stance dominate the language planning and try to separate the new language from the historical period and historical state it once lived in so as to construct the language of "independence" and "purity". Linguistic nationalism has gained the upper hand in terms of ideology and politics, and under its influence, the country's language identity construction and language planning may continue to develop in a radical direction.

北京外国语大学国家语言能力发展研究中心介绍

北京外国语大学国家语言能力发展研究中心（以下简称"中心"）成立于2014年7月，系国家语言文字工作委员会科研机构，由教育部语言文字信息管理司与北京外国语大学共建共管。中心是中国语言学会语言政策与规划研究会主要组织成员，国家级学术智库之一，以"服务国家、服务社会、服务学科"为理念，聚焦于"国家语言能力""世界语言生活、资源研究和数据库建设""语言文字国际标准"等研究方向。

自2014年中心创办以来，已成功申请并获批"语言政策与规划学"二级学科硕士和博士学位点，先后创办《世界语言战略资讯》（内刊）和《语言政策与规划研究》（集刊），已完成国家社科基金重大项目"国家外语人才资源动态数据库建设"，正在承担国家社科基金重点项目"世界语言生活观测分析及数据库建设"、国家语委重大项目"'国家语言能力'内涵及提升方略研究"等近三十项国家级和省部级科研项目。中心以"聚焦语言文字重大问题，服务国家战略"为导向，充分发挥咨政献言和社会服务功能，先后有几十篇资政报告被党和政府有关部门采纳，部分成果入选光明日报内参《情况反映》、教育部简报《高校智库专刊》、CTTI智库最佳实践案例等。2018年，中心入围南京大学中国智库研究与评价中心和光明日报智库研究与发布中心联合发布的"CTTI高校智库百强榜"。2019年，中心被教育部语信司遴选为国家语言文字智库建设试点单位。

中国外语与教育研究中心介绍

　　中国外语与教育研究中心所依托的北京外国语大学（以下简称"北外"），是我国开办历史最长、开设语种最多的外语院校，设有我国第一批外国语言文学博士点和第一个外国语言文学博士后流动站，师资力量雄厚，学术成果丰富。2000年3月，北外以外国语言研究所为基础，吸收英语系等院系的科研力量，组建了中国外语与教育研究中心（以下简称"中心"）。同年9月，中心被教育部正式批准为"教育部人文社会科学重点研究基地"。

　　中心同时也是北外国家重点学科"外国语言学及应用语言学"的主体单位。中心拥有一支精干的科研教学队伍，现有专职研究员13名（均为博士），其中11人为教授、2人为副教授，多为北外国家重点学科的学科带头人或学术骨干；同时中心还在国内外聘请了4位兼职研究员（均为博士）。中心以科研为主导，主要研究方向为应用语言学、普通语言学、计算语言学，努力在国内外语言政策与规划、外语教育理论与实践、外语教育资源与技术等研究领域作出重要标志性成果。近五年来，中心新立项课题44项，其中国家级和省部级项目29项（含国家社科基金重大项目2项）、国际合作项目2项，多次荣获教育部和北京市人文社科优秀成果奖。中心研究人员发表论文和出版专著共计392篇/部，举办全国性或国际性学术会议22次，每年赴海内外名校学术访问约40人次；每年有20余位国内外专家学者来中心进行学术交流。中心是我国高级外语人才的重要培养基地，每年招收博士后2—4名，博士生15名左右，硕士生约20名。此外，中心还常年接受培养国内外高校的访问学者和硕士/博士交流生、进修生以及留学生。中心开展多方位的国内外学术交流，与英国伦敦大学教育学院、圣安德鲁斯大学、谢菲尔德大学和新西兰奥克兰大学等签有合作培养协议。中心开设的专业课程，内容丰富、新颖，紧跟国际前沿。硕士研究生教育改革项目荣获第六届国家级教学成果奖二等奖。学生在导师指导下，视野开阔，思想活跃，勤奋钻研，并积极参与导师主持的科研项目。中心现有博士研究生50余名，硕士研究生50余名。每年有多名毕业生获北外优秀博士/硕士论文奖，并有多位博士生获北京市和全国优秀博士论文奖。

　　中心资料室拥有丰富的语言学和应用语言学专业书刊。现有中文图书6,700余册、英文图书7,800余册、中英文期刊350余种。中心承办的北外学报《外语教学与研究》是全国外语界有重大影响力的学术期刊之一。此外，中心还创办了《外语教育研究前沿》（季刊）、《语料库语言学》（半年刊）、《语言政策与规划研究》（半年刊）和内部刊物《世界语言战略资讯》（月刊），均受到学界关注。

《语言政策与规划研究》征稿启事

　　《语言政策与规划研究》是国内第一种以语言政策与语言规划学科名称命名的专业出版物，由北京外国语大学主办，国家语委科研机构国家语言能力发展研究中心、教育部人文社科重点研究基地中国外语与教育研究中心承办，现为人大复印报刊资料转载来源集刊，多篇文章被人大复印资料转载。目前常设栏目有语言政策与规划理论研究、语言政策国别研究、外语教育政策研究、国际中文教育政策研究、书刊评介等，并长期关注语言政策与规划领域中的新动态、新主题、新方法。刊物每年出版两辑，欢迎海内外学界同仁踊跃赐稿！

　　稿件要求如下。（1）原创性论文：要求具有较新的观点，或在研究过程中采用新的理论视角、研究方法；基于数据且比较扎实的个案研究；写作规范，方法科学，论证围绕核心观点展开，长度10,000—16,000字。（2）书评：主要针对近三年出版的语言政策与规划研究领域论著，以国外新书为主；在介绍的同时，以研究性评论为主；内容可涉及该书的选题、价值、特点、研究方法以及不足之处等，长度8,000—12,000字。（3）来搞要求遵守学术规范。参考文献格式体例参照中华人民共和国国家标准《信息与文献 参考文献著录规则》（GB/T 7714-2015）。（4）投稿请登录中国知网语言政策与规划研究主页或直接发送投稿邮箱yyzcghyj@126.com。初审通过后，编辑部将邀请专家进行外审，一般在三个月内就刊登与否予以答复，若到期未收到录用通知，作者可自行处理稿件。稿件内容文责自负，编辑部保留对稿件进行必要修改的权利。

版权声明

对于本书所收录文章，作者承担其知识产权等保证责任。作者保证其享有该文章著作权及其他合法权益，保证无"抄袭""剽窃""一稿两投或多投"等学术不端行为，保证其文章中不含有任何违反我国法律法规的内容，不侵害其他任何方的任何合法权益。

作者同意将其作品整体以及附属于作品的图、表、摘要或其他可以从作品中提取部分的全部复制传播的权利，包括但不限于复制权、发行权、信息网络传播权、表演权、翻译权、汇编权等，许可外语教学与研究出版社有限责任公司使用。未经作者和本出版单位事先书面授权，任何机构和个人不得以任何形式予以转载、摘录、使用或实施其他任何侵害作者和本出版单位合法权益的行为，否则作者和本出版单位将依法予以追究。